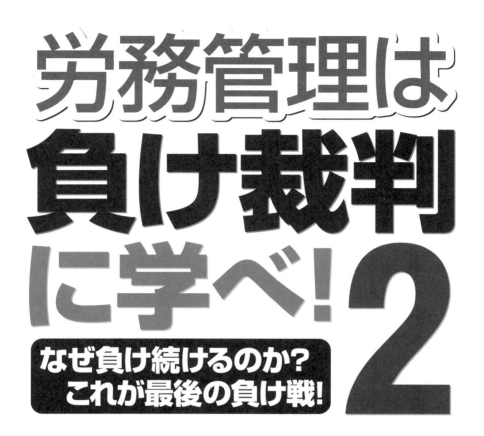

労務管理は負け裁判に学べ！2

なぜ負け続けるのか？
これが最後の負け戦！

社会保険労務士	社会保険労務士	弁護士	弁護士	著
堀下和紀	望月建吾	渡邉直貴	浅野英之	

労働新聞社

はじめに

「労務管理は負け裁判に学べ！2～なぜ負け続けるのか？これが最後の負け戦！～」は、「労務管理は負け裁判に学べ！～なぜ負けたのか？どうすれば勝てたのか？～」の第2弾です。

「負けに不思議の負けなし」「会社側が負けた裁判例にこそ学ぶ点がある」というコンセプトは、経営者、社会保険労務士、弁護士の皆さんなど多くの方々にご好評いただき、ご要望にお応えすることができました。

本書はコンセプトそのままに、裁判例を新しく入れ替え、より分かりやすく、より現代の労務管理に役立つ内容に仕上がっています。前作をお読みになった方にもそうでない方にもぜひお読みいただきたい内容です。

労働法務を専門的に取り扱う**弁護士 渡邉直貴、弁護士 浅野英之**が負け裁判の敗因を分析し、ポイントを解説します。

労務管理、人事制度構築で数多くの実績を持つ**社会保険労務士 堀下和紀、社会保険労務士 望月建吾**があるべき労務管理の構築方法を解説します。

可能な限り分かりやすいように書きましたが、法律を正面から論じていますので、少しだけ難しいかもしれません。しかし、**正しい法律の解釈に基づいた、正しい労務管理のあり方**を構築されたい方には、最適の一冊と確信しています。

平成30年10月吉日

社会保険労務士　堀下　和紀

社会保険労務士　望月　建吾

弁護士　渡邉　直貴

弁護士　浅野　英之

労務管理は負け裁判に学べ！ C O N T E N T S

第1章　労働契約の成立・内容・変更

1．虚偽求人
（福祉事業者A苑事件） ……………………………………………… 10

2．内定・内々定
（コーセーアールイー（第2）事件） ……………………………… 18

3．就業規則の不利益変更
（クリスタル観光バス（賃金減額）事件） ………………………… 30

4．配転命令
（ネスレ日本事件） ………………………………………………… 37

5．競業避止義務違反
（アメリカン・ライフ・インシュアランス・カンパニー事件） ………… 46

6．同一労働同一賃金
（ハマキョウレックス事件） ………………………………………… 63

7．定年後継続雇用
（津田電気計器事件） ……………………………………………… 83

8．副業
（十和田運輸事件） ………………………………………………… 95

第2章　労働時間・割増賃金

9．固定残業手当
（テックジャパン事件） ……………………………………………… 108

10．管理監督者
（ゲートウェイ21事件） ……………………………………………… 126

11．事業場外みなし制度
（阪急トラベルサポート（派遣添乗員・第2）事件） ………………… 142

CONTENTS

第3章　安全配慮義務

12. セクハラ
（イビケン（旧デン建装）元従業員ほか事件） ……………………………… 152

13. パワハラ
（K化粧品販売事件） ………………………………………………………… 169

14. マタハラ
（広島中央保健生協（C生協病院・差戻審）事件） ……………………… 190

15. 労働時間把握義務と安全配慮義務
（萬屋建設事件） ……………………………………………………………… 201

16. メンタルヘルス不調者への対応
（東芝（うつ病・解雇）事件） …………………………………………… 211

第4章　懲戒処分等

17. 私生活上の非違行為を理由とする解雇
（東京メトロ（諭旨解雇・仮処分）事件） ……………………………… 224

18. 労働者への損害賠償
（茨城石炭商事事件） ………………………………………………………… 232

第5章　労働契約の終了

19. 能力不足社員の解雇
（ブルームバーグ事件） …………………………………………………… 242

20. 精神疾患の疑いのある社員への対応
（日本ヒューレット・パッカード事件） ………………………………… 252

21. 協調性不足社員の解雇
（大和倉庫事件） ……………………………………………………………… 260

22. 雇止め
（龍神タクシー事件） ………………………………………………………… 272

（凡例）

本文中で略記した法令名等は下記のとおり

　労働基準法（労基法）

　労働契約法（労契法）

　労働安全衛生法（安衛法）

　雇用の分野における男女の均等な機会及び待遇の確保等に関する法
　　律（男女雇用機会均等法）

　育児休業、介護休業等育児又は家族介護を行う労働者の福祉に関す
　　る法律（育児・介護休業法）

　職業安定法（職安法）

　高年齢者等の雇用の安定等に関する法律（高年齢者雇用安定法）

　労働安全衛生規則（安衛則）

　職業紹介事業者、求人者、労働者の募集を行う者、募集受託者、募
　　集情報等提供事業を行う者、労働者供給事業者、労働者供給を受
　　けようとする者等が均等待遇、労働条件等の明示、求職者等の個
　　人情報の取扱い、職業紹介事業者の責務、募集内容の的確な表示、
　　労働者の募集を行う者等の責務、労働者供給事業者の責務等に関
　　して適切に対処するための指針（厚生労働大臣の定める指針）

　事業主が職場における性的言動に起因する問題に関して雇用管理上
　　講ずべき措置についての指針（セクハラ指針）

　職場のいじめ・嫌がらせ問題に関する円卓会議ワーキンググループ
　　報告書（円卓会議報告書）

（お断り）

　本書の事例は、特定の会社を想定したものではありません。また、法的な結論
は、個別具体的な事案の詳細に応じ、容易に変わり得るものであり、類似の事案
で必ず本書と同一の結論となるものを保証するものではありません。本書の回答
を利用されたことによって生じた結果については、筆者ら及び出版社は、一切の
責任を負いかねますことをご理解ください。

第1章 労働契約の成立・内容・変更

1. 虚偽求人
（福祉事業者A苑事件）

2. 内定・内々定
（コーセーアールイー（第2）事件）

3. 就業規則の不利益変更
（クリスタル観光バス（賃金減額）事件）

4. 配転命令
（ネスレ日本事件）

5. 競業避止義務違反
（アメリカン・ライフ・インシュアランス・カンパニー事件）

6. 同一労働同一賃金
（ハマキョウレックス事件）

7. 定年後継続雇用
（津田電気計器事件）

8. 副業
（十和田運輸事件）

1. 虚偽求人

| 判 |
| 例 |

福祉事業者Ａ苑事件

（京都地裁平成29年3月30日判決）

負け判例の概要

1. 事案の概要

　本件は、入社当時64歳であったＸ（原告）が、障がいのある児童に放課後デイサービス事業を提供するＹ社（被告）に対して、ハローワークで申込を行ったときに閲覧した同社の求人票に記載された、①雇用期間の定めなし、②定年制なしという労働条件に基づく労働契約上の権利を有する地位にあることの確認等を請求した事案である。

2. 被告から示された労働条件の内容

(1)　求人票（平成26年1月10日）

　　Ｘがハローワークで閲覧したＹ社の求人票には①雇用期間について「雇用期間の定め無し　平成26年2月1日〜」、②定年制について「定年制なし」との記載があった。

(2)　採用面接（平成26年1月17日）

　　Ｙ社が行った採用面接で、Ｙ社の代表者はＸに対し、①雇用期間及び雇用の開始時期についての話はせず、②定年制について「まだ決めていない」と回答した。

(3)　就業開始（平成26年2月12日以降）

　　求人票に記載された就業開始の予定日（平成26年2月1日）以前には、労働契約書が作成されなかった。Ｙ社はＸに対し、事業所の開業前であるため2月中の業務があまりなく、都合のいい日に出勤すれば足りると伝えた。その結果、同月中の出勤は11日間、合計91時間となり、給与は時給で算出されて清算さ

10

れた。

(4)　労働条件通知書（平成 26 年 3 月 1 日）

　　Xは、平成 26 年 3 月 1 日よりフルタイムで就業を開始した。Y社は、同日に「労働条件通知書」を作成し、Xは同日これに署名押印した。「労働条件通知書」には、①雇用期間について「期間の定めあり（平成 26 年 3 月 1 日〜平成 27 年 2 月 28 日）更新する場合があり得る」、②定年制について「定年制　有（満 65 歳）」との記載があった。なお、「労働条件通知書」の裏面には、「本通知書に記された労働条件について承諾します」、「本通知書を本日受領しました」と不動文字で記されていた。

3．裁判所の判断

　　求職者は、当然に求人票記載の労働条件が雇用契約の内容となることを前提に雇用契約締結の申込をするものであるとして、XとY社の間で求人票記載の労働条件とは異なる合意をする等の特段の事情がない限り、求人票の記載内容が雇用契約の内容となると判断した。

　　本件では、求人票記載の労働条件とは異なる内容を記載した労働条件通知書があったが、Y社が労働条件通知書を示したのは、既にXが就業を開始した後であった。そのため、Xが自由な意思に基づいて署名押印したと認めるに足りる合理的な理由が客観的に存在するとは認められないとして、労働条件通知書の作成、交付によっても、既に成立した求人票記載の労働条件による雇用契約の内容は変更されないと判断した。

なぜ会社は負けたのか？　弁護士のポイント解説

　　求人票とは、ハローワーク（公共職業安定所）において会社が求職者を募集するにあたって、入社後の労働条件を明示することを目的とした書類をいいます。求人票は、「雇用契約書」のように「雇用契約」それ自体を証明するものではなく、あくまでも、**「雇用契約締結の申込を誘因する」** 書類です。

第1章 労働契約の成立・内容・変更

　しかし、求人票は「雇用契約」それ自体ではないものの、求人票を閲覧して応募するときは、求人票に記載された労働条件で雇用してもらえると期待して応募するのが通常でしょう。そのため、**当事者間（労使間）で求人票とは異なる別段の合意をする等の特段の事情のない限り、求人票記載の労働条件が雇用契約の内容となる**と判断したのが本判決です。

　特に、本判決では、入社時のXの年齢が64歳と比較的高齢であったことから、雇用期間の有無、定年制の有無は、求人に応募する際にXが重要視した労働条件でした。このような**重要な労働条件について、求人票に記載された内容が変更されると求職者に与える不利益が重大である**ことが、裁判所が会社側の敗訴と判断した一因です。

　本判決では、まず、冒頭で解説したとおり、当事者間で求人票と異なる別段の合意をする等の特段の事情のない限り、求人票記載の労働条件が雇用契約の内容となると判断しました。その上で、「特段の事情」の有無について、採用面接時のY社代表者の発言等、求人票記載の労働条件と異なる旨の明確な説明が入社前にされていないことから「特段の事情」は存在しないと判断しています。

　次に本判決は、既に求人票記載のとおり、平成26年2月1日時点から、①雇用期間の定めなし、②定年制なしという労働条件の雇用契約が成立したと判断した上で、その後に、**求人票とは異なる労働条件を記載した「労働条件通知書」に求職者が署名押印したことによっても、雇用契約の内容は変更されない**と判断しました。

　Y社はこれに対して、平成26年2月中は雇用期間を1か月としたパート契約であると採用面接時に説明し、その後に「労働条件通知書」にXが署名押印したことをもって「労働条件通知書」に記載されたとおり①雇用期間について「期間の定めあり（平成26年3月1日～平成27年2月28日）更新する場合があり得る」、②定年制について「定年制　有（満65歳）」という内容の雇用契約が成立したと反論しました。しかし、本判決は認めませんでした。

　なぜ本判決では、会社側の反論が認められず、Y社は負けてしまったのでしょうか。本件で会社側が負けた決定的理由は以下の2点です。

12

1．求人票と異なる労働条件の説明がなかったこと

　求人票が、「雇用契約」それ自体ではなく、あくまでも「雇用契約締結の申込の誘因」である以上、求人票を閲覧して応募した求職者との間で、求人票とは異なる労働条件を内容とする雇用契約を締結することも可能です。

　しかし、**求職者の立場からすれば、閲覧した求人票どおりの労働条件で入社できると期待しても無理からぬものです。**特に少子高齢化による人手不足が深刻な問題となっている昨今、実際の労働条件よりも高い賃金、短い労働時間を求人票に記載することで応募を増やしながら、入社後は求人票よりも低い労働条件での就業を強制する**「求人詐欺」**が社会問題化しています。そのため、求人票に応募した求職者との間で、求人票とは異なる労働条件で雇用契約を締結する場合には、その雇用契約の内容を説明するだけにとどまらず、**求人票とは異なる労働条件であることを、通常の労働条件の通知にもまして丁寧に行う必要があります。**

　したがって、**求人票とは異なる労働条件となる旨の丁寧な説明が入社前になかったこと**が、本判決で会社側が負けた1つ目の理由です。

　なお、本判決の認定した事実によれば、Y社の代表者は取締役に対し、できるだけ多くの応募が集まるように募集要領を作成するよう指示した結果、取締役が実際とは異なる労働条件を内容とする求人票を作成してしまいました。そして、Y社代表者は求人票の内容を把握していませんでした。**人手不足を補うために実際よりも良い労働条件を提示して応募を増やそうというY社代表者の不当な動機は、求人票を信じて応募した求職者に対して非常に大きな不利益を与える**ため、会社側を敗訴させるという厳しい判断となりました。

2．重要な労働条件についての配慮が不足していたこと

　労基法15条では、**労働者を雇用する際、使用者は労働者に対し、賃金、労働時間、その他の労働条件を明示しなければならない**と定められており、この際に用いられるのが「労働条件通知書」です。

　本判決では、Y社がXに対して労働条件通知書を交付したのは、Xの就業開始後でした。そのため本判決では、この労働条件通知書は、入社時の労働条件を示すものとしては扱われず、求人票記載の労働条件を内容とする雇用契約が成立後、この雇用契約の内容を変更し得るものとして取り扱われました。しかし本判決は、労働

第 1 章　労働契約の成立・内容・変更

条件通知書によって雇用契約の内容が変更されたという会社側の反論も認めませんでした。これが本判決で会社側が負けた 2 つ目の理由です。

本判決でも引用されている山梨県民信用組合事件（最判平 28.2.19）等によれば、労使間の指揮命令関係や情報の偏在に照らして、賃金等の重要な労働条件の変更に関する労働者の同意の有無は慎重に判断されることとなっています。具体的には「**労働者の自由な意思に基づいてされたものと認めるに足りる合理的な理由が客観的に存在**」**することが必要**とされています。

本判決では、雇用期間の有無、定年制の有無はいずれも、入社時に既に 64 歳であった X にとって、雇用の安定性を大きく左右する重要な労働条件でした。そのため、Y 社の主張するように労働条件通知書の主要な内容を説明した上で X の署名押印を得ていたとしても、なお不十分であると判断されたのです。

本件の負けたポイントをまとめますと、以下の 2 つです。

裁判で負けたポイント	
1	求人票と異なる労働条件の説明がなかったこと
2	重要な労働条件についての配慮が不足していたこと

勝つために会社は何をすべきか？　社労士のポイント解説

1．求人票の労働条件は真実を記載

平成 30 年 1 月 1 日付施行の職安法 65 条 9 号（罰則を定めた規定）に、「**虚偽の条件を提示**して、公共職業安定所又は職業紹介を行う者に**求人の申込みを行つた者**」という条文が追加されました。また、厚生労働大臣の定める指針（平 29 年厚生労働省告示 232 号）の第 3 の 1 の 3 号では、労働者の募集を行う者等は、「**明示する従事すべき業務の内容等は、虚偽又は誇大な内容としないこと**」とされています。

職安法の規定に違反して、**虚偽又は誇大な内容の求人を行つた者は、6 月以下の罰金又は 30 万円以下の罰金**に処せられます。

1．虚偽求人

　労働者の募集や求人の申込みの際には、**少なくとも以下の事項を書面により明示**しなくてはなりません。この明示は、求職者が希望する場合には、電子メールによる明示も可能です。☆印の内容が、平成30年1月1日付施行の職安法の改正に伴って追加となった明示事項です。

記載が必要な項目	記載例
業務内容	営業事務
契約期間	期間の定めなし
試用期間　☆	試用期間あり（3か月）
就業場所	本社（東京都○○区○○0－0－0　○○ビル○階）
就業時間	9：00～18：00
休憩時間	60分間（12：00～13：00）
休　　　日	土曜日、日曜日、国民の祝日、年末年始（12月30日～1月3日）
時間外労働	あり（月間平均20時間） ※裁量労働制を採用している場合には以下のように記載する必要あり　☆ 「専門業務型裁量労働制により、1日○時間労働したものとみなす。」
賃　　　金	23万円（試用期間中も変更なし） ※いわゆる「固定残業代」を採用する場合は以下のように記載する必要あり　☆ 基本給：23万円（うち、3万円を時間外労働の有無にかかわらず19時間分の時間外労働手当として支給する。19時間分を超える時間外労働についての割増賃金については追加で支給）
加入保険	労災保険、雇用保険、健康保険、厚生年金保険
募集者の氏名又は名称　☆	株式会社○○
派遣労働者として雇用する場合　☆	※雇用形態として「派遣労働者」である旨の明示が必要

（参考）厚生労働省資料　「労働者を募集する企業の皆様へ～労働者の募集や求人申込みの制度が変わります～＜職業安定法の改正＞」

　法改正に伴い、ハローワークや民間の求人サイト、職業紹介事業者等は、詐欺求人と判断されうる求人の申込みを受け付けなくなりました。特に、前述の「固定残

第1章　労働契約の成立・内容・変更

業代」の表記については正しい表記が厳格に求められます。虚偽又は誇大な内容の求人は絶対に止めるべきです。

　求人の段階で明示されていた「従事すべき業務の内容及び賃金、労働時間その他の労働条件を変更する場合」には、**その変更内容を求職者に対して明示する義務（職安法5条の3の3号）が新設**されました。変更の明示は、以下のいずれかの方法によることが義務とされました。1の方法が望ましいですが、2の方法でも構いません。

1	当初の明示と変更された後の内容を対照（比較）できる書面を交付する
2	「労働条件通知書」で変更箇所に下線・着色・脚注をつける

　今回の裁判例は、求人票に記載された労働条件のうち、「期間の定め」「定年」という極めて重要な労働条件で、求人票と実際の労働条件との間に大きな相違・変更があった事例です。仮に、平成30年1月1日の改正職安法の施行日以降であった場合、同法違反に問われた事例です。

　求人票と異なる労働条件での契約締結を打診する場合には、事前のなるべく早い段階で、その変更内容を書面で比較対照できる形式で明示しなくてはなりません。

2．採用面接でも真実を話し、曖昧な表現は避ける

　求人票での記載内容はもとより、**会社側の面接時の労働条件の説明にも虚偽があってはなりません。**また、**誤解を与えるような曖昧な表現をするのもやめましょう。**

　今回の裁判例では、面接時に会社側は定年制の定めについて、「まだ決めていない」と回答しています。これは、本来は有期労働契約であるところを一見期間の定めのない労働契約であると求職者に誤解を招かせる意図とも、また、実際に決まっておらず曖昧な回答しかできなかったとも解釈でき、いずれにしても正しい労務管理を行っているとは言い難い状況です。

　労基法89条において、常時10名以上の労働者を使用する事業には、就業規則の作成及び所轄労働基準監督署への届出義務が課せられています。今回の事例の定年に関する定めについては、「退職に関する事項」として、**就業規則の絶対的必要記載事項です。労働条件の統一的な集合体として就業規則を事前に作成しておき、**

定年の定めをしていれば、曖昧な回答をしなくて済んだ可能性が高いです。

３．労働条件通知書等は内定後速やかに交付

　　労基法 15 条で、使用者には採用時の労働条件明示の義務が課せられています。今回の裁判例では、使用者側が「労働条件通知書」を労働者に対して明示したのが、現に就業を開始した後であったことがトラブルの元となりました。

　　「求人票」と「労働条件通知書」との相違が重要な「労働条件」である場合には、特に注意しなければなりません。

　　労基法 15 条の大前提として、**「労働条件通知書」は、事前に採用者に対して提示して**ください。同法では、労働条件明示の時期を「労働契約の締結に際し」とし、特定していないものの、**実務的には内定段階で交付しておくことを推奨します。**

2. 内定・内々定

判例 **コーセーアールイー（第2）事件**
（福岡高裁平成 23 年 3 月 10 日判決）

負け判例の概要

1．事案の概要

　本件は、採用選考に応募したX（原告・被控訴人）が、Y社（被告・控訴人）から「採用内々定のご連絡」と題する書面を受領し、他社の選考を辞退したにもかかわらず、Y社がリーマンショックによる経済状況の悪化を受け、内定通知授与を予定していた日の直前に突然、「採用内々定取り消しのご連絡」と題する書面により内々定を取り消したことについて、①始期付解約権留保付労働契約の一方的な解約であるとともに、②期待権侵害の不法行為にあたるとして1年分の賃金相当額の逸失利益及び慰謝料等の損害賠償請求を行った事案である。

2．採用内々定の取消に至る経緯について

　Y社はXに対し、平成 20 年 4 月に説明会を開催後、適性検査、面接試験を経て、同年 5 月 30 日頃、「採用内々定のご連絡」と題する書面を交付した。この通知には、内定通知授与が同年 10 月 1 日に予定されていることが記載されていた。また、平成 21 年 4 月 1 日より入社することを承諾する旨の、Y社代表者宛の入社承諾書が同封されていた。

　その後に起こったリーマンショックによる経済状況の悪化が明らかになった後も、Y社人事担当者はXに対し、平成 20 年 7 月 30 日にY社で行われた説明にて、リーマンショックによる入社の取消はない旨説明した。さらに、同年 9 月 25 日にも、電話にて、同年 10 月 2 日に内定通知授与を行うことを伝えた。

　しかし、そのわずか4日後（内定通知授与予定日の3日前）である同年 9 月 29 日、リーマンショックに伴う会社の経営環境の悪化等を理由に、Y社はXに対し、「採

18

用内々定の取り消しのご連絡」と題する書面を送付し、採用内々定を取り消した。

3．裁判所の判断

　本判決は、「採用内々定」の段階で「採用内定」と同様に「始期付解約権留保付労働契約」が成立しており採用内々定の取消は「解雇」を意味するとのＸ側の主張は認めなかった。採用内々定の段階で入社承諾書の提出が求められていたものの、具体的な労働条件が提示されておらず、入社手続の準備も行われなかったことがその理由である。

　一方で本判決は、Ｘに入社を強く期待させるＹ社の態度を理由とし、労働契約が確実に締結されるであろうとのＸの期待は法的保護に十分に値するとし、不法行為による損害賠償請求権を認め、会社に対し、慰謝料 50 万円、弁護士費用 5 万円の合計 55 万円の賠償を命じた。

なぜ会社は負けたのか？　弁護士のポイント解説

　採用内定の法的性質については、大日本印刷事件（最判昭 54.7.20）で示された「**始期付解約権留保付労働契約**」という考え方が一般的です。つまり、採用内定時に既に労働契約が成立するものの、入社日（始期）が来て初めて就労する義務が生じ、それまでは、内定時に会社側が知りえなかった事由等によって会社側が労働契約を解約する権利があるという意味です。

　本判決では、「採用内々定」は採用内定以前の状態であり、採用内定とは区別されるという考え方が示されました。つまり、「**採用内々定」は、採用内定とは異なり労働契約が既に成立している状態ではないけれども、確実に入社できると期待させる言動等がある場合には一定の期待権が認められる**ということです。そして、本判決では、Ｙ社側の言動、書面の交付等を理由に、Ｘの期待権が法的保護に値することから、これを侵害したＹ社に対して損害賠償請求権を認めました。

　なお、採用内々定は労働契約が未成立の状態であることから、会社による一方的な取消が不当であるとしても、解雇トラブルのように労働者としての地位の確認が問題

第1章　労働契約の成立・内容・変更

となることはありません。労働者側の争い方は、**期待権を侵害したという不法行為（民法709条）に基づく損害賠償請求**となります。

　本件で会社側が負けた決定的理由は以下の３点です。

１．求職者の期待を高める行為を複数回行ったこと

　本判決では、採用内々定を通知する連絡文書に、Y社代表者宛の入社承諾書が同封されていたこと、リーマンショックによって経済状況が悪化した後にもなお、採用内定通知を予定どおり行う旨を直前まで説明し続けたこと等の事実が認定されています。

　そして、これらの行為を受ければ、Xとしては、Y社に入社できるという強い期待を抱いてもやむを得ないといえますから、その期待は十分に保護に値します。これが本判決の会社側の敗因の１つ目です。

２．求職者が他社への入社可能性を放棄したこと

　採用内々定がまだ労働契約の締結を意味しないにもかかわらず、取り消すと労働者の期待権を侵害すると判断された敗因の２つ目は、本件では、**Y社が複数回にわたって期待を高める行為を行ったことを理由として、Xが既に他社への入社可能性を放棄していたこと**です。

　本件における採用内々定の段階で、入社承諾書が添付されておらず、就職活動を続けてよいことが明示されており、実際にも求職者が就職活動を続けていたのであれば結論は異なったでしょう。そうであれば、求職者の入社への期待は、保護に値するほどに高く評価されなかったと考えられます。

３．採用方針の変更について直前まで説明しなかったこと

　Y社は、Xに対してはリーマンショックを受けてもなお採用予定に変更はないと説明しながら、実際は、採用担当者に伝えずに新卒者の採用計画の見直しを行っていました。

　当時、リーマンショックの影響によって、採用内定取消が社会的にも話題となっ

20

ていた最中であり、**会社を取り巻く経済状況の悪化が、採用予定の変更につながり
かねないことは、周知の事実でした**。このような状況であれば、Xの期待がY社の
様々な行為によって高まっていたとしても、もし採用計画を変更せざるを得ないの
であれば、**すぐさまXに伝え、少しでもXに与える損害を減らすよう配慮すべきで
した**。

　以上のとおり、採用計画の変更を秘匿するという誠意ない対応によって、Xの他
社への入社可能性を放棄させた上、採用内定通知の直前まで採用内々定取消の通知
を引き延ばしたことが、会社側の敗因の3つ目です。

　なお、Y社が採用内定授与を予定していた10月1日とは、**経団連の定める倫理
憲章**で、学生が本分である勉学に励むために、早くともこれ以降とすべきと定めた
日付です。そのため、この日付の直前まで他社への入社可能性を放棄させ続けるこ
とは、その後に就職活動を再開しても同日付を守る会社への入社が困難となり、不
利益が非常に大きいことを意味しています。

　本件の負けたポイントをまとめますと、以下の3つです。

裁判で負けたポイント	
1	求職者の期待を高める行為を複数回行ったこと
2	求職者が他社への入社可能性を放棄したこと
3	採用方針の変更について直前まで説明しなかったこと

勝つために会社は何をすべきか？　社労士のポイント解説

1．内定と内々定の性質の違い

　内定と内々定は、性質が異なります。

　まず、内定の定義は、前掲の大日本印刷事件の最高裁判決の判示のとおり、**始期
付解約権留保労働契約**です。この留保された解約権の行使である「内定取り消し」
については、同判決で、「採用内定の取消事由は、採用内定当時知ることができず、

第 1 章 労働契約の成立・内容・変更

また知ることが期待されないような事実であつて、これを理由として採用内定を取消すことが解約権留保の趣旨、目的に照らして客観的に合理的と認められ社会通念上相当として是認することができるものに限られる」と判示されました。

つまり、**内定取り消しは以下の2点を満たさないと認められません。**

1	客観的で合理的な理由であること
2	社会通念上相当として是認できる場合であること

一方、内々定の定義について判示している最高裁判例はありません。前掲のコーセーアールイー（第2）事件では、本来の内々定は、**採用内定以前の状態**を指し、**採用内定とは異なり労働契約が既に成立している状態とはいえない**と判示されました。また、同判決では、会社が求職者の内定への期待を高める言動をしている場合、それによって求職者が他社への就職機会を放棄してしまっている場合、会社の経営状態悪化による採用方針の変更等の重要な情報を直前まで求職者に伝えていない場合について、**内々定を受けた求職者に一定の期待保護の必要性がある**ことを認めています。しかし、内々定は、明確な定義がなく、実態により性質が判断されます。

2．内定と内々定の時系列

内々定は、採用内定以前の状態です。経団連の倫理憲章は、新卒求職者の6月1日以降の内々定を半ば認めており、時系列は以下のとおりです。

～5月下旬	・内々定者の選考完了 ・6月1日に全ての内々定者の自宅に「内々定通知書」が到着するように発送を手配
6月1日	**内々定**
6月1日～9月上旬	・内定者の選考 ・内定に至らなかった求職者に連絡
9月上旬～中旬	・内定者の選考完了 ・内定者に内定式の日時・場所等のお知らせ
10月1日	・**内定式**開催 ・内定証書や内定通知書など入社時の必要書類を交付
10月2日～3月中旬	必要に応じて内定者研修
4月1日	・**入社日** ・入社式開催

2．内定・内々定

　内々定は、内定以前の状態といえど、会社が内々定者の期待を過度に高める言動を行ったうえで内定に至らない場合には、会社に法的責任が発生する場合があります。したがって、9月上旬まで待つのではなく、**内定に至らないことが判明した時点で速やかに、その旨を求職者に連絡してください。**

3．内定取り消しが認められるか否か具体的なケース解説

　労基法などの強行法規で内定取り消しが認められる具体的な事由について規定されていません。内定通知書に記載されることが多い内定取り消し事由について裁判例で可否を解説します。

(1) 学校を卒業できない場合

　「採用の前提となる条件（卒業、免許の取得等）が達成されなかったとき」は、**内定取り消しが認められる可能性が高い**です。

　「青少年の雇用機会の確保及び職場への定着に関して事業主、特定地方公共団体、職業紹介事業者等その他の関係者が適切に対処するための指針」（平成27年厚生労働省告示406号）で、「採用内定者が学校等を卒業することを採用の条件としている場合についても、内定時にその旨を明示するよう留意すること」と記載していることから、**典型的な内定取り消し事由です。**

　「採用の前提となる条件（卒業、免許の取得等）が達成されなかったとき」は、**内定取り消しが認められる可能性が高い**です。

(2) 健康状態が悪い場合

　「入社日までに健康状態が採用内定時より低下するなど、健康状態が職務に堪えられないと会社が判断したとき」は、事情により判断が異なります。内定後に業務に支障をきたす程の著しい悪化が発生した場合や、健康状態に関して虚偽の報告（又は業務に支障のある疾病を隠匿）をしていた場合などについて、**個別具体的に前述の、①客観的で合理的な理由であること、②社会通念上相当として是認できる場合であることの、2つの要件の該当性により判断します。**

　内定取り消しが無効とされた裁判例として、「原告は左足に小児麻痺後遺症があり、現場作業者として不適格である」ことをあげたものの、当初予定されていた現場作業員業務には何ら支障はないとして無効となった森尾電機事件（東

23

第1章　労働契約の成立・内容・変更

京高判昭 47.3.31）があります。

　「入社日までに健康状態が採用内定時より低下するなど、健康状態が職務に堪えられないと会社が判断したとき」は、上記２つのポイントで内定取り消しの有効性を判断してください。

(3) 提出書類の虚偽記載・面接時における不実の申述

　「採用選考時の提出書類に偽りの記載をし、又は面接時において事実と異なる経歴等を告知していたことが判明し、会社との信頼関係を維持することが困難になったとき」は、事情により判断が異なります。これも、前述の健康状態同様、直ちに内定取り消しが認められるわけではありません。虚偽記載・面接時での不実の申述の程度を、**個別具体的に前述の、①客観的で合理的な理由であること、②社会通念上相当として是認できる場合であることの、２つの要件の該当性により判断します。**

　内定取り消しが無効とされた裁判例に、在日韓国人であることを秘匿したことによってなされた内定取り消しを無効とした日立製作所事件（横浜地判昭 49.6.19）があります。一方、内定取り消しが有効とされた裁判例に、内定後に内定者が現行犯逮捕され、起訴猶予処分を受ける程度の違法行為をしたことを理由としてなされた内定取り消しを有効とした電電公社近畿電話局事件（最判昭 55.5.30）があります。

　「採用選考時の提出書類に偽りの記載をし、又は面接時において事実と異なる経歴等を告知していたことが判明し、会社との信頼関係を維持することが困難になったとき」は、上記２つのポイントで内定取り消しの有効性を判断してください。

(4) 採用内定時には予想できなかった会社の経営環境の悪化等

　「採用内定時には予想できなかった会社の経営環境の悪化、事業運営の見直し等が行われたとき」は、事情により判断が異なります。このケースでも、**個別具体的に前述の、①客観的で合理的な理由であること、②社会通念上相当として是認できる場合であることの、２つの要件の該当性により判断します。**

　インフォミックス事件（東京地判平 9.10.31）では、「いわゆる**整理解雇の有効性の判断に関する (1) 人員削減の必要性、(2) 人員削減の手段として整理解雇**

2．内定・内々定

することの必要性、(3) 被解雇者選定の合理性、(4) 手続の妥当性、という 4 要素を総合考慮して判断することを判示しています。

なお、「内定者への入社辞退勧告が入社予定日の 2 週間前」（同事件）、「採用方針変更を直前まで内定者に伝えない（コーセーアールイー第 2 事件）のような不誠実な対応も内定取消を無効とする要素の 1 つとなります。

「採用内定時には予想できなかった会社の経営環境の悪化、事業運営の見直し等が行われたとき」は、「整理解雇の 4 要件又は 4 要素」を踏まえつつ、上記 2 つのポイントで内定取り消しの有効性を判断してください。

(5) その他（いい加減な取消事由）

会社がいい加減に内定を出し、**前述の、①客観的で合理的な理由であること、②社会通念上相当として是認できる場合であることの、2 つの要件の該当性**を満たさない内定取り消しは無効とされます。

大日本印刷事件は、会社が内定者にグルーミー（陰気）な印象を当初から抱きつつも、それを打ち消す材料が出るかもしれないと内定を出したものの、その材料が出てこなかったためなされた内定取り消しが無効となった事例でした。前職での悪い噂を理由としてなされた内定取り消しが無効とされたオプトエレクトロニクス事件（東京地判平 16.6.23）があります。

いい加減な理由での内定取り消しは無効となります。

4．内定の規定・書式の整備と担当者教育の必要性

内定の性質を踏まえ、会社が内定取り消しする事由を詳述した、**就業規則の規定と「内定通知書」を作成しましょう。**

候補者が内定を受諾したことの書面として「内定承諾書」も整備してください。前掲のコーセーアールイー（第 2）事件の 2 つ目の負けポイントを踏まえて、**内定承諾書は内定時に入手すること**に留意してください。

また、これらの内容に関する**採用担当者への教育**も正しく行ってください。特に、あくまで内々定段階に過ぎないにもかかわらず、他社への転職活動を辞退させるなどの前掲事件の 1 つ目の負けポイントの轍を踏まないようにしてください。

第1章　労働契約の成立・内容・変更

５．内々定通知書の整備

　　コーセーアールイー（第２）事件の１つ目の負けポイントで、内々定段階で候補者のうち内定に至る期待を高める行為を複数回行っていたことが問題となっていました。採用担当者に内定に関する正しい教育を実施するとともに、**「内々定通知書」**をぜひ作成してください。**内々定なので内定日までの就職活動に制限は加えないことを必ず明記してください。**

2．内定・内々定

平成○年○月○日

○○ ○○ 様

株式会社○○○○
代表取締役○○○○　㊞

内 定 通 知 書

　採用試験について厳正に審査を行った結果、貴殿を採用することを内定しましたので、通知します。つきましては、○月○日までに下記書類を当社総務部へご郵送ください。
1．身上届（本通知書に同封）
2．扶養控除等申告書（本通知書に同封）　※扶養親族が居なくても記入して下さい
3．内定承諾書（本通知書に同封）
4．労働契約書2部（本通知書に同封）
5．採用時誓約書（本通知書に同封）
6．身元保証書（本通知書に同封）
7．賃金の口座振込に関する同意書（本通知書に同封）
8．個人番号（マイナンバー）のご提供のご依頼（本通知書に同封）
9．健康告知書（本通知書に同封）
10．通勤経路申出書（本通知書に同封）
11．住民票記載事項証明書（市区町村が発行）
12．身元保証人様の印鑑証明書（市区町村が発行）
13．年金手帳の基礎年金番号通知書のページの写し
14．前職の給与所得の源泉徴収票　※本年中に給与所得がある方のみ
15．前職の雇用保険被保険者証の写し　※雇用保険被保険者であったことのある方のみ

　ただし、下記のいずれかの事由に該当する場合は、採用の内定を取り消すことがありますので、あらかじめご了承ください。
1．採用の前提となる条件（卒業、免許の取得等）が達成されなかったとき。
2．入社日までに健康状態が採用内定時より低下するなど、健康状態が職務に堪えられないと会社が判断したとき。
3．暴力団員又は暴力団関係者（半グレ組織等準暴力団も含む）と関わりがあることが判明したとき。
4．採用選考時の提出書類に偽りの記載をし、又は面接時において事実と異なる経歴等を告知していたことが判明し、会社との信頼関係を維持することが困難になったとき。
5．採用内定後に犯罪、反社会的行為その他社会的な信用を失墜する行為を行ったとき。
6．採用内定時には予想できなかった会社の経営環境の悪化、事業運営の見直し等が行われたとき。
7．その他前各号に準ずる又はやむを得ない事由があるとき。

　本件に関するお問合せにつきましては、担当：総務部　○○までご連絡ください。

第1章　労働契約の成立・内容・変更

平成○年○月○日

株式会社○○○○
代表取締役○○○○　様

内 定 承 諾 書

　私は、貴社の平成○○年○月○日付の内定通知書を受領いたしました。つきましては、入社取り消し等の貴社へご迷惑をおかけするような行為をしないことをここにお約束し、貴社へ平成○○年○月○日付入社にて就職することを承諾いたします。
　ただし、内定期間中に下記の事項に該当する場合は、内定を取り消されても異議のないことを承諾いたします。

記

1．採用の前提となる条件（卒業、免許の取得等）が達成されなかったとき。
2．入社日までに健康状態が採用内定時より低下するなど、健康状態が職務に堪えられないと会社が判断したとき。
3．暴力団員又は暴力団関係者（半グレ組織等準暴力団も含む）と関わりがあることが判明したとき。
4．採用選考時の提出書類に偽りの記載をし、又は面接時において事実と異なる経歴等を告知していたことが判明し、会社との信頼関係を維持することが困難になったとき。
5．採用内定後に犯罪、反社会的行為その他社会的な信用を失墜する行為を行ったとき。
6．採用内定時には予想できなかった会社の経営環境の悪化、事業運営の見直し等が行われたとき。
7．その他前各号に準ずる又はやむを得ない事由があるとき。

以上

住所

氏名　　　　　　　　　㊞

2．内定・内々定

平成○年○月○日

○○ ○○ 様

株式会社○○○○
代表取締役○○○○　㊞

内 々 定 通 知 書

　この度は、当社新卒採用募集にご応募頂きありがとうございました。
　厳選な選考の結果、あなたの採用を内々定致しましたので、ここにご通知申し上げます。

　正式な内定は、平成○○年１０月１日を予定しており、同日付の内定式での内定通知書の交付及び内定承諾書の当社へのご提出という流れとなります。
　なお、今回の通知は内々定の通知でありますので、本日以降内定日までの間で、内定に至らぬ場合もございますことあらかじめご留意頂きたく存じます。

　従いまして、内定日まではこれまで通りのご就職活動をご継続頂き、当社も含めご就職先を広くご検討下さい。
　残り少ない学生生活を、健康に十分にご留意の上、有意義にお過ごしください。

以上

３．就業規則の不利益変更

判例	**クリスタル観光バス（賃金減額）事件**
	（大阪高裁平成 19 年 1 月 19 日判決）

負け判例の概要

１．事案の概要

本件は、Ｙ社（一審被告・双方控訴）が、年功序列型の旧賃金体系から、成果主義型の新賃金体系に変更したことについて、新賃金体系導入に伴って賃金が減額されるＸら（一審原告・双方控訴）が、賃金減額相当分の支払等を請求した事案である。

２．被告の状況

Ｙ社は、貸切バス事業を営む会社である。昭和 55 年 2 月の設立当時はＮ電鉄の子会社であったが、経営悪化に伴う買収によってＫグループの傘下となった。この買収の直前にＹ社は、Ｎ電鉄から債務超過額である 18 億 1700 万円と同額の増資を受け、債務超過を解消していた。

３．賃金規程等の変更

Ｙ社が導入した成果主義型の新賃金体系導入にあたり、賃金規程及び退職手当支給規程が変更されたのは、次の点である。
① 基本給を全員一律 15 万円とする。
② インセンティブ給を 1 人当たり売上高の 8 ％を支給する。
③ ワンマン手当及びキロ手当を減額する。
④ 臨時給及び住宅手当（住宅補助金）を廃止する。
⑤ 平成 15 年 10 月 20 日付で退職金を清算し、退職金制度を廃止する。

4．労働者に対する影響

　Y社は、Xらの所属する労働組合の同意のないまま、成果主義型の新賃金体系を適用し、退職金の清算と、成果主義型の新賃金体系に基づく月例賃金の支給を行った。なお、Xらの所属する以外の労働組合は新賃金体系への同意の意思を表明していた。

　この諸規程の変更のうち、本件の主要な争点となった賃金規程の変更がXらに与えた影響の大きさは、次のとおりである。

(1) 3名（X1～X3）につき、1か月当たり約10万円の賃金減額となった。これは、月例賃金が約40万円ないし50万円であった同人らにとって、月額賃金の2割程度が減額されたことを意味する。

(2) (1)に加えて年間30万円の住宅補助金の廃止により、1人当たり年間150万円以上の減額が加わり、年間の減額率は30％以上となった。

(3) 1名（X4）につき、新賃金体系導入に伴う1年間当たりの賃金減額は15万円弱であった。

5．裁判所の判断

　一審は、X4については不利益の程度がわずかであることを理由に、労働条件の不利益変更が不合理であるとはいえないと判断した。しかし、X1～X3については、賃金減額の程度が大きく不利益の程度が大きいことから、成果主義賃金型の新賃金体系を導入する必要性は認めながらも、その必要性が差し迫ったものとはいえないこと、代償措置が十分ではないこと、経過措置がないこと等を理由に、変更後の賃金規程の効力は生じないものと判断し、賃金減額相当分の支払を命じた。

　労働者、使用者の双方が控訴した本判決では、一審判決を相当として是認した。

なぜ会社は負けたのか？ 弁護士のポイント解説

　労働条件は、会社と労働者の「合意」によって決まるのが原則であり、**ひとたび合意された労働条件を変更することもまた、双方の合意を必要とするのが原則**です。

第1章 労働契約の成立・内容・変更

　しかし、多くの労働者に適用される労働条件を変更する場合にまで、対象となる労働者全員と合意しなければ労働条件を一切変更できないとすれば、企業経営が緩慢になり、機を逸するおそれがあります。そこで**労働契約法では、例外的に、その変更が合理的である場合に限り、就業規則を変更することによって合意なく労働条件を労働者の不利益に変更することを認めています。**

（就業規則による労働契約の内容の変更）

第9条　使用者は、労働者と合意することなく、就業規則を変更することにより、労働者の不利益に労働契約の内容である労働条件を変更することはできない。ただし、次条の場合は、この限りでない。

第10条　使用者が就業規則の変更により労働条件を変更する場合において、変更後の就業規則を労働者に周知させ、かつ、就業規則の変更が、労働者の受ける不利益の程度、労働条件の変更の必要性、変更後の就業規則の内容の相当性、労働組合等との交渉の状況その他の就業規則の変更に係る事情に照らして合理的なものであるときは、労働契約の内容である労働条件は、当該変更後の就業規則に定めるところによるものとする。ただし、労働契約において、労働者及び使用者が就業規則の変更によっては変更されない労働条件として合意していた部分については、第12条に該当する場合を除き、この限りでない。

　就業規則の不利益変更の有効性について、秋北バス事件（最判昭43.12.25）、第四銀行事件（最判平9.2.28）、みちのく銀行事件（最判平12.9.7）等の多くの判例が積み重ねられており、これらの判例によって示された判断基準を一般化したのが、上記の労働契約法の条文です。なお、過去の判例における判断基準は、前作「労務管理は負け裁判に学べ！」をご参照ください。

　一審判決の時点では労働契約法は制定されていなかったことから、一審判決は、第四銀行事件（最判平9.2.28）及びみちのく銀行事件（最判平12.9.7）の判断基準を引用して判断しています。すなわち、**①労働者が被る不利益の程度、②会社側の変更の必要性の内容・程度、③変更後の就業規則の内容自体の相当性、④代償措置その他**

関連する他の労働条件の改善状況、⑤労働組合等との交渉の経緯、他の労働組合又は他の従業員の対応、⑥同種事項に関する我が国社会における一般的状況等を総合考慮して、就業規則変更の合理性について判断しました。

終身雇用、年功序列という日本の伝統的な雇用慣行が崩壊し、雇用形態が多様化した昨今において、年功序列型に変わる新しい賃金の考え方として成果主義型の賃金制度が注目されています。本判決も、年功序列型から成果主義型への変更の必要性があることは認めています。

では、なぜ成果主義型の賃金制度の導入が必要であるにもかかわらず、本判決では会社側が負けてしまったのでしょうか。本件で会社側が負けた決定的理由は以下の4点です。

なお、以下の解説は、会社側が負けたＸ１～Ｘ３についての判決部分に限定しています。

１．労働者側の不利益の程度が大きかったこと

本判決は、成果主義型の新賃金体系の導入によって、Ｘ１～Ｘ３の賃金の減額は年間150万円以上、減額率にして30％以上となることから、**賃金減額の程度が大きく、不利益の程度が大きい**と判断しました。

さらには、新賃金体系導入前後で、**支給額が減額されたにもかかわらず労働時間が増加したこと**もまた、労働者側の不利益が大きいと判断された一因です。

２．会社側の必要性が切迫していなかったこと

Ｙ社は、成果主義型の新賃金体系の導入について、当時のＹ社の経営悪化に伴う人件費抑制の必要性を反論として挙げましたが、本判決はこれを否定しました。

冒頭で解説したとおり増資によって債務超過を解消したとしても、これまで赤字経営を続けてきた経営状態からすれば人件費を抑制する必要がありました。しかし本判決は、その必要性も「中長期的にみれば、新賃金体系を採用する必要性がある」という程度に過ぎず、次に述べる**代償措置、経過措置が不十分ないし存在しないまま導入するほどの切迫した必要性はない**と判断しています。

第 1 章　労働契約の成立・内容・変更

　各判断基準は「総合考慮」によって判断されます。そのため、日本の伝統的な雇用慣行が崩壊した昨今における**成果主義型の賃金体系の必要性が一般的に認められるからといって、それだけで労働者の同意のない不利益変更が許されるわけではない**ことに注意が必要です。

３．代償措置が不十分であったこと

　Ｙ社は、新賃金体系の導入によって新設されたインセンティブ給が代償措置となるという反論をしています。

　しかし、**その金額は少額であり、かつ、金額が少額であることがＸ１～Ｘ３固有の事情によるものでもなかったことから、不利益の大きさ、切迫していない必要性の程度とあわせて考えると、代償措置が不十分との結論に至っています。**インセンティブ給が少額であった理由が、労働者の営業力の低さ等労働者固有の事情によるのであればまだしも、Ｘらはバスの運転手であり、金額が少額であることはひとえにＹ社の与える代償措置が不十分であることを意味します。

４．不利益を緩和する経過措置がなかったこと

　本判決では、**不利益を緩和する経過措置が一切とられていなかったこと**もまた、会社が負けた理由の１つとして挙げられています。

　結局、本件の負けたポイントをまとめますと、以下の４つとなります。

裁判で負けたポイント	
1	労働者の不利益の程度が大きかったこと
2	会社側の必要性が切迫していなかったこと
3	代償措置が不十分であったこと
4	不利益を緩和する経過措置がなかったこと

勝つために会社は何をすべきか？　社労士のポイント解説

１．就業規則の変更は、全員の合意があれば、問題なし

　労働条件は、使用者と労働者の「合意」により決まることが原則です。**労働条件の変更は、双方の「合意」があれば可能です。**

　全ての労働者に対して、新たな労働条件を明示し、これに「承諾」してもらえれば、争いの余地はありません。この際、「合意」内容を文書にして、個別に署名、押印をすることが新たな労働条件に「合意」したことの証明となります。

　就業規則の変更も同様です。**全ての労働者が変更内容を「承諾」していれば、就業規則の変更に争いの余地はありません。**

２．例外として全員の合意がなくても就業規則変更は可能

　就業規則は、個別の労働者との労働条件の約束ごとを包括的にまとめたものに過ぎません。弁護士が解説したとおり、**合理的な必要性がある場合には、例外的に個別の労働者との「合意」がなくとも変更が有効になる場合があります。**

３．経営状態と就業規則の不利益変更の経営判断

　例えば、売上高が半減した、債務超過で金融機関などの支援も受けられないなどといったいわゆる倒産の危機の状態とそうでない場合の就業規則の不利益変更の合意については、分けて考えることが良い方法です。経営の危機にある場合には、訴訟のリスクを覚悟してでも不利益変更を行うべき場合があります。

　「会社側の必要性が切迫している」場合には、不利益変更が有効とされる可能性が高まります。

4．激変緩和措置（3年程度の経過措置等）の検討

　就業規則の不利益変更が違法とされる要素として激変緩和措置を設けていないことが挙げられることがあります。**激変緩和措置とは、人事制度を変更したことにより賃金が低下した場合において、その低下分を調整手当などの名目で差額を補充し、人事制度の変更前の賃金を一定期間補償すること**です。経過措置とも呼びます。

　経過措置の期間をどれだけの期間とするのが相当かは事案ごとに異なりますが、成果型の賃金制度へ変更を行うのであれば、**3年程度の経過期間を設けることを推奨します**。もちろん、切迫した経営状態の場合は、極めて短い期間の経過期間でも許されるでしょうし、逆に経営状態が良い場合の制度変更であれば、3年以上の経過期間を設ける方が良い場合もあります。

【激変緩和措置イメージ図】

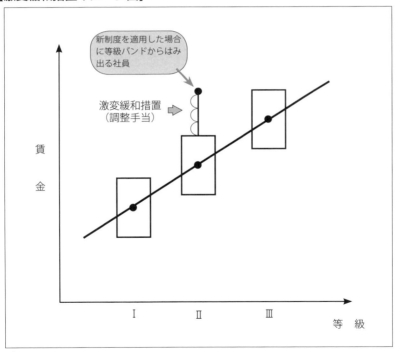

4. 配転命令

| 判例 | **ネスレ日本事件**
（大阪高裁平成 18 年 4 月 14 日判決） |

負け判例の概要

1. 事案の概要

　本件は、Y社（被告・控訴人）が、一部の業務の廃止に伴って約60名に対して行った配転について、同業務に従事していたXら2名（原告・被控訴人）が争った事案である。Y社は、Xらに対して、姫路工場（兵庫県）から霞ケ浦工場（茨城県）への配転を命じ、配転命令に応じるか、割増退職金を受領して自主退職するかを選択するよう通知した。Xらが、家族の事情等、配転命令に応じられない理由を挙げて同命令を拒否し、霞ケ浦工場に勤務する義務のないことの確認と、未払賃金を請求して争ったのが本判決である。

2. 問題となった配転命令の内容等について

　Y社は、食品メーカーであり、配転命令の当時、本社を神戸におき、事業所は全国に複数あり、工場は、霞ケ浦工場（茨城県）、島田工場（静岡県）、姫路工場（兵庫県）の3つであった。

　Xらが担当していた業務が廃止となり、当時同業務に従事していた約60名の労働者に対して、姫路工場から霞ケ浦工場への異動を命じたのが、今回問題となった配転命令の内容である。

3. 配転命令を拒否する労働者側の事情

　Xら2名はそれぞれ約32年間、約29年間という長期間にわたり姫路工場で勤務していたが、廃止された業務に配属されたのは直近4年間であった。Xらは、姫路工場に現地採用者として雇用されたが、勤務地を限定する合意はしていなかった。

37

第1章　労働契約の成立・内容・変更

　配転命令を拒否してY社と争うこととなったXら2名の抱える事情は、それぞれ次のとおりである。X1の事情は、X1の妻が、非定型精神病にり患し、一人で生活することは困難であり、治療や生活のための支援を必要とすることである。X2の事情は、X2の母が、要介護であり、妻だけでは介護が困難であるか悪化するおそれのあることである。いずれも、その事情によって、配転命令に応じる不利益が大きいことを主張した。

4．裁判所の判断

　Xらは、配転命令に従うか自主退職するかを選択させた点が「実質解雇」であるとも主張した。しかし本判決は、この処遇の対象となった約60名の労働者のうち49名が退職したことをもっても、「実質解雇」とまではいえないとした。そして、配転命令自体が不当な動機、目的に基づいて行われたとはいえず、工場内の一部業務の廃止に伴っての配転命令の業務上の必要性は肯定した。

　しかし、本判決は、育児・介護休業法に定められた配慮に言及した上、上記のXらの配転命令を拒否する事情は、労働者の不利益が通常甘受すべき程度を著しく超えると判断し、配転命令権の濫用にあたるとし、会社側を敗訴させる判断を下した。

なぜ会社は負けたのか？　弁護士のポイント解説

　会社は、人員の適正配置等の理由によって、社員に対して配置転換を命令することができます。会社が社員に配置転換を命令するためには、**配転命令の根拠があること**と、**配転命令が権利濫用にあたらないこと**が必要です。今回はこのうち、**配転命令が権利濫用にあたるか否か**が争いとなりました。

　配転命令が権利濫用にあたるか否かの判断については、東亜ペイント事件（最判昭61.7.14）で、判例の基準が次のとおり示されています。

配転命令については、

Ⅰ　業務上の必要性がない場合、

　　又は、業務上の必要性がある場合であっても

Ⅱ－(1)

　　その配転命令が他の不当な動機・目的をもってなされたものであるとき、
　　若しくは

Ⅱ－(2)

　　労働者に対し通常甘受すべき程度を著しく超える不利益を負わせるもので
　　あるとき

等の特段の事情のある場合には権利の濫用となり、当該配転命令は無効となる

　そして、本判決では前述のとおりⅠ、Ⅱ－(1) の理由は満たさないものの、Ⅱ－(2) の理由で配転命令が権利濫用となり無効であると判断しました。なお、労働者の受ける不利益の程度が通常甘受すべき程度を超えるかどうかは、**「その配転の必要性の程度、配転を避ける可能性の程度、労働者が受ける不利益の程度、使用者がなした配慮及びその程度等の諸事情を総合的に検討して判断する」**と判示しました。

　以上の基準に従って、本件で会社側が負けた決定的理由は以下の4点です。

1．配転を避けられる可能性の検討が不十分であったこと

　Xらは、姫路工場で長年勤務してきた社員ですが、ずっと同じ業務を行っていたわけではありません。今回廃止された業務に配属された期間は直近4年間であり、さらにその業務は何ら特殊なものではありませんでした。

　そのため、Y社が、Xらの配転をできる限り避けようとすれば、**工場内配転の可能性を探ること**も考えられました。Xらの工場内配転によって工場内で余剰人員が生じるのであれば、工場全体で、今回Xらに配転拒否の代替案として提示した内容の希望退職を募集すべきであったと判断されています。これらの**配転回避の努力をしていなかったこと**が、本判決の1つ目の敗因です。

第1章　労働契約の成立・内容・変更

２．労働者の受ける不利益の程度を軽く見たこと

　　Ｘらは、それぞれ家族の事情を理由に、配転命令に従った場合の不利益を主張しています。**Ｙ社側の業務上の必要に比して非常に重大な不利益であるにもかかわらず配転命令を行ったこと**が、本判決の２つ目の敗因です。

　　本判決によれば、Ｘ１の妻が精神疾患にり患していることによって生ずる不利益については、単に「世話が必要である」という程度を超えて、家族とともに暮らすという目標を失うこと、一人暮らしとなると精神的安定に影響を及ぼすこと、帯同して転居すると主治医との信頼関係が消滅すること等が重視されました。また、Ｘ２の母が介護を必要としていることによって生ずる不利益についても、妻がいるとしても１日中見守りを行うには妻単独では困難であること、帯同して転居すると新しい土地での生活に慣れることが難しいこと等の事情が、詳細に検討されています。

　　育児・介護休業法 26 条に「**事業主は、その雇用する労働者の配置の変更で就業の場所の変更を伴うものをしようとする場合において、その就業の場所の変更により就業しつつその子の養育又は家族の介護を行うことが困難となることとなる労働者がいるときは、当該労働者の子の養育又は家族の介護の状況に配慮しなければならない**」と定められています。労働者の事情に配慮する努力をしなければならないと定められていることが、本判決の判断に大きく影響しています。

３．事前に聴取を行わなかったこと

　　本判決の敗因の３つ目は、社員の不利益に対して配慮する前提として、**社員側の事情を配転命令よりも前に聴取する必要があったにもかかわらず、これを怠ったこと**です。

　　本判決によれば、Ｙ社が個人面談によって事情聴取をしたのは配転命令後のことでした。社員ごとの個別事情を考慮することなく配転命令を先に発して、後から事情聴取をするというのでは、配慮として不十分といわざるを得ません。

4．配転命令

4．社員に対し、積極的に聴取する姿勢が不足していたこと

　最後に、本判決の敗因の４つ目は、**事情聴取の手続が不十分、不適切であったこ**とです。本判決によれば、Y社はXらに対し、前述「3」のとおり配転命令後に初めて個人面談を行ったのですが、そこでの聴取も不十分、不適切でした。

　具体的には、個人面談では家族環境等の事情聴取を行ったものの家族の病状や介護についての具体的な申告はなく、Xらの申告によってその不利益が明らかとなったのは、その後にXらが書類を送付した時点でのことでした。

　配転命令は「命令」であって、会社から社員に対して一方的になされるものです。しかし、育児・介護休業法に努力義務が定められていることからもわかるとおり、**有効に行うためには、社員側に大きな不利益があるかを事前に丁寧な事情聴取で確認すべきでした。** 面談時に社員側からの積極的な申告がなくても、実際に不利益となる事情があれば、裁判で配転命令が無効となってしまうおそれもあります。面談時に、**配転命令が無効となるような不利益がないかどうか、会社側が積極的に聴取**しなかったことが、本判決の敗因の１つです。

　配転命令の有効性について争われた明治図書事件（東京地決平 14.12.27）でも、「少なくとも当該労働者が配置転換を拒む態度を示しているときは、真摯に対応することを求めているものであり、**すでに配置転換を所与のものとして労働者に押し付けるような態度を一貫してとるような場合は、同条（筆者注：育児・介護休業法 26 条）の趣旨に反し、その配置転換が権利の濫用として無効になることがある**」と判示していることからも、**会社側が、社員の不利益について積極的に聴取し、配慮する姿勢を示すこと**が重要であることがわかります。

　本件の負けたポイントをまとめますと、以下の４つです。

裁判で負けたポイント	
1	配転を避けられる可能性の検討が不十分であったこと
2	労働者の受ける不利益の程度を軽く見たこと
3	事前に聴取を行わなかったこと
4	社員に対し、積極的に聴取する姿勢が不足していたこと

41

第1章 労働契約の成立・内容・変更

勝つために会社は何をすべきか？ 社労士のポイント解説

1．配置転換とは

　「配置転換」とは、社員の配置の変更であって、職務内容又は勤務場所が相当の長期間にわたって変更されるものです。狭義の意味では、勤務場所の変更を伴わない職務内容の変更のみを「配置転換」という場合があります。

　「配置転換」のうち、勤務場所の変更を伴うものを「転勤」といいます。

2．就業規則の確認

　長期的な雇用を予定した社員については、職種・職務内容や勤務地を限定せずに採用されていることが一般的です。このような長期雇用を前提として労働契約では、会社の人事権として「配置転換」の権限があります。

　これを就業規則において表現するのが**「業務の都合により配置転換、転勤を命じることがある」などの一般条項**です。就業規則に「配置転換」が可能となる条文があるかどうか確認してください。

　配置転換は、就業規則の配置転換の一般条項を根拠に行われますが、**「就業規則を労働者に周知させていた場合」**（労契法7条）に限り有効となりますので、就業規則に規定することはもちろん、各事業場に備え付け、周知することを忘れないでください。

3．労働条件通知書（労働契約書）の確認

　実際の訴訟の場面では、会社は就業規則の一般条項による包括的な配転命令権を主張し、社員は職種ないし勤務地を限定する合意の存在を主張することが多くみられます。

　このリスクを低減させるためには、**労働契約の締結の際に、配転の可能性があることを文書により明確にしておく**ことが良いでしょう。労働条件通知書（労働契約書）の参考例を挙げます。

42

> 勤務場所
> 　　　○○支店（○○市○○１－２－３）
> 　　　（ただし、業務の都合により変更する場合がある）
> 業務内容
> 　　　○○業務及び○○に付随する業務
> 　　　（ただし、業務の都合により変更する場合がある）

　労働契約を締結する際に、勤務場所、業務内容の変更の可能性がある場合は、その旨を社員に伝え、上記のとおり書面にして**本人の署名捺印をもらう**とよいでしょう。

４．黙示の勤務地限定特約

　労働条件通知書（労働契約書）に勤務地限定特約が明示されていない場合であっても、**採用時の言動や求人票などの事情から黙示の勤務地限定特約があったと認定される場合があります。**

　①過去に転勤の事例がない会社の場合、②対象者がパートタイマーの場合などがあります。このような場合は、黙示の勤務地限定特約があると認定されないためにも労働条件通知書（労働契約書）に転勤の可能性がある旨を記載しましょう。ただし、パートタイマーの場合は、そもそも転勤させないことを前提に考える方がよいでしょう。

５．限定正社員制度の検討

　本人が、勤務場所、業務内容の変更が難しい旨を主張した場合には、限定正社員制度の創設と適用をお勧めします。

　限定正社員制度とは、勤務場所、業務内容等を限定した労働契約です。限定正社員は、正社員より賃金が低くなることが一般的です。もちろん、技術や能力が高い限定正社員が正社員より賃金が高くなることは当然です。訴訟リスクの低減、多様な働き方を推進する観点からも限定正社員制度は有効と考えられます。会社に応じた限定正社員制度を賃金テーブルの検討を含め社会保険労務士などの専門家に相談

第1章　労働契約の成立・内容・変更

されることをお勧めします。

6．配置転換を避けることができないか検討

　事業所閉鎖、新規事業所の開設など様々な業務上の必要性から配置転換を行わなければならない事情が発生します。しかし、業務上の必要性がある場合であっても、**「労働者に対し通常甘受すべき程度を著しく超える不利益を負わせるものであるとき等の特段の事情のある場合には権利の濫用となり、当該配転命令は無効」**（東亜ペイント事件（最判昭 61.7.14））となります。

　可能な限り、配置転換を避けることができないか検討することが重要です。特に勤務地の変更を伴う配置転換、転勤は、社員の不利益となる場合が多く考えられます。転勤を行わなくてもよい方法がないか十分に検討すべきです。

7．育児・介護休業法 26 条の配慮義務

　育児・介護休業法 26 条は、「事業主は、その雇用する労働者の**配置の変更で就業の場所の変更を伴うものをしようとする場合**において、その就業の場所の変更により就業しつつその子の養育又は家族の介護を行うことが困難となることとなる労働者がいるときは、当該労働者の**子の養育又は家族の介護の状況に配慮しなければならない**」と定めています。

　配慮する義務ですので、配置転換してはいけないのではありません。しかし、社員が配置転換を拒否したい態度を示しているにも関わらず、真摯に対応せず、社員の都合を聞くこともなく、一方的に配置転換を命令した場合、同法の趣旨に反し、権利の濫用として無効と判断される場合があります。

8．育児・介護休業法 26 条の配慮義務の具体的な内容

　育児・介護休業法 26 条の配慮義務の具体的な内容は、「子の養育又は家族の介護を行い、又は行うこととなる労働者の職業生活と家庭生活との両立が図られるようにするために事業主が講ずべき措置に関する指針（平成 16 年厚生労働省告示460 号）」に例示されています。

1	当該労働者の子の養育又は家族の介護の状況を把握すること
2	労働者本人の意向をしんしゃくすること
3	配置の変更で就業の場所の変更を伴うものをした場合の子の養育又は家族の介護の代替手段の有無の確認を行うこと

9．事前ヒアリングで社員の不利益の程度を把握

　育児・介護休業法26条の配慮義務を果たすためにも、勤務地の変更を伴う配置転換の場合には、事前ヒアリングが必須です。事前ヒアリングにより、①子の養育や家族の介護の状況を把握してください。そして、②本人の意向をくみ取ってください。そのうえで、③配置転換を行った場合、子の養育や家族の介護はどのような状況になるか、といったことを確認してください。

　事前ヒアリングで確認された社員の不利益の程度、本人の意向を踏まえて、それでも配置転換を行うことが必要か総合判断することになります。

　事前ヒアリングにおいては、子の養育や家族の介護の状況について**本人からの積極的な申告がなくても、会社側からしっかりと確認しておいてください。**

5．競業避止義務違反

判例 **アメリカン・ライフ・インシュアランス・カンパニー事件**
（東京地裁平成 24 年 1 月 13 日判決）

負け判例の概要

1．事案の概要

　本件は、Y社（被告）が、退職後に競合他社へ転職したことを理由に、在職中に結んだ競業避止条項に基づき退職金を不支給としたところ、X（原告）が、この競業避止義務を定める合意は無効であるとして、退職金の支払を請求した事案である。

2．本件の競業避止条項について

　Y社は、日本において保険業を行う外国保険業者で、外国会社である。Xは、Y社の日本支店でバンクアシュアランス業務（金融機関など募集代理店による販売）を担当し、退職時には執行役員の地位にあった。なお、本判決は、執行役員についても「労働者」であると判断した。

　Xは、Y社に在職中、退職金に関する合意をするとともに競業避止条項を結んだ。退職金に関する合意の内容は、月額賃金とは別に毎年月額給与 6 か月分を限度として翌年 2 月に業績賞与を支給し、毎年業績賞与と同額を退職金として積み立て、退職時に積み立てられた退職金が払われるというものであった。ただし、競業避止条項に違反した場合には退職金は不支給とされることとなっていた。

　結ばれた競業避止条項は英文で、競業が禁止される職種に関する解釈は労使間で主張が異なったものの、本判決では、同条項が締結された経緯からして「少なくとも、バンクアシュアランス業務を営む生命保険会社を転職禁止の対象としていた」と認定した。

3．競業避止義務違反かどうかが争われた労働者の転職について

　Xは、Y社を退社後、競業避止条項の期間内である2年以内に、バンクアシュアランス業務を営むA社の取締役執行役員副社長に就任した。そのためY社は、この転職を理由としてXに退職金を支払わない旨を通知した。

4．裁判所の判断

　本判決は、競業避止条項を定めた使用者の目的、労働者の退職前の地位、競業が禁止される業務の範囲、期間、地域の範囲、代償措置の有無、その他の事情（退職金の性質、使用者の損害の程度、労働者の背信性の程度）を総合的に考慮して、本件における競業避止義務を定める合意は合理性を欠き、Xの職業選択の自由を不当に害するもので公序良俗に反して無効であるとして、Y社に退職金の支払を命じた。

なぜ会社は負けたのか？　弁護士のポイント解説

　退職後に、競合他社に転職されてしまうことは、**ノウハウの流出、顧客奪取の可能性があることはもちろん、企業秘密の流出、売上低下など、会社経営に大きな影響を与えるおそれ**があります。そのため、できることなら競合他社への転職を完全に禁止したいというのが会社経営者の素直な気持ちでしょう。

　しかし、憲法22条は、労働者に対して「**職業選択の自由**」を保障しており、退職した後は、どのような企業に再就職、転職することも労働者の自由であるのが原則です。

　他方で、憲法上の自由といえども絶対的に保障されるわけではありません。原則の例外として、労使間で競合他社に転職しないことを内容とする合意、すなわち「**競業避止義務**」を負わせる合意（競業避止条項）を結ぶことが可能です。ただし、憲法上の自由は相当重要なものですから、職業選択の自由を制限する合意は、**合理性のある制限でなければ、公序良俗に反して無効**となります。

47

第 1 章　労働契約の成立・内容・変更

　本判決では、この競業避止条項の合理性を判断する際の判断基準を列挙し、本件の競業避止条項は合理性がなく無効であるとして、会社側を敗訴させる判断を下しました。Ｘは、外資系企業の執行役員であり、賃金も相当高額であったにもかかわらず、競合他社への転職という競業避止義務違反の行為を理由としてもなお退職金を不支給にできなかった理由はどのようなものでしょうか。

　本件で会社側が負けた決定的理由は以下の 4 点です。

1．競業が禁止される業務の範囲が厳密でなかったこと

　本件の競業避止条項は、どのような業務を競業避止の対象としているかについて、労使間で争いがありました。本判決では、少なくとも今回Ｘが行った転職は競業避止条項の範囲に含まれるものとしましたが、**競業避止条項を見れば一見して禁止される転職が明らかとなるよう、より厳密な特定をして記載しておくべき**でした。

　今回Ｘが転職した会社は、Ｘが在職中行っていたバンクアシュアランス業務を営む生命保険会社ではあるものの、Ｘが転職後実際に従事した業務はこの業務ではありませんでした。果たしてこのＸの転職が、本件の競業避止条項で禁止されるものであるのかどうか、明確に記載しておくべきでした。

　類似の裁判例において、**競業が禁止される対象を業務単位でより厳密に限定したことから、競業避止条項が有効であると判断された裁判例**があります（東京地決平16.9.22、東京地決平 22.9.30）。それぞれの判断内容は、判例分析表をご参照ください。

2．競業避止条項の必要性に関する理解が不十分であったこと

　Ｙ社が、競業避止条項を結んだ目的は、①**ノウハウの流出防止**、②**顧客情報の流出防止**、③**競合他社への人材流出の防止**でした。これ以上に「**不正競争防止法上の営業秘密の存在**」などの高度の必要性まではありませんでした。

　業務遂行過程において得たノウハウは、労働者の能力、努力などによって獲得したものであって、その流出禁止は正当な目的とはなりません。また、顧客情報の流出防止という目的のためには、本件の競業避止条項は過大でした。加えて、競合他社への人材流出を防止するために転職を制限することは正当な目的とはいえませ

48

ん。したがって、**本判決では①、②、③の会社の目的はいずれも、正当な利益を図るものとはいえないと判断されました。**

　以上のような**競業避止条項を締結するときに求められる正当な目的を、正しく理解していなかったこと**が、本判決で会社側が負けた理由の１つです。

　なお、不正競争防止法上の営業秘密と認められるためには、**①秘密管理性、②有用性、③非公知性**が必要とされ、特に**①秘密管理性**（秘密として管理されていること）が重要です。Ｘが「執行役員」という相当高度な地位に就いていることから、Ｘの知り得た情報の中に不正競争防止法上の営業秘密に該当する高度の秘密が存在していた場合には、結果は別のものになっていた可能性があります。

３．期間及び地域の制限が不十分であったこと

　本件の競業避止条項では、期間の制限が退職後２年とされ、地域の制限がなかったことが、合理性を有しない制限であると判断された理由となっています。特に本判決では、保険商品は次々と新商品が設計され、退職後２年もの間保険業界に関与することができないと経験の価値を陳腐化させてしまうことを重視しています。

　したがって、**期間及び地域の制限の範囲をどの程度限定できるかが、会社側としては重要**となります。期間及び地域の制限の範囲を決定する際、競業避止条項を有効とし得る適切な範囲は、**業界の特性によって個別に考える必要があります。**

４．代償措置が不十分であったこと

　最後に、会社側が負けた理由として、**代償措置が不十分であったこと**が挙げられます。

　ただ、Ｘは、外資系企業の執行役員として、月額賃金、業績賞与を合わせて相当高額の賃金をもらっていたことから、この判断には、**退職金の算出方法から伺える退職金の性質**が影響しているように思います。本件における退職金の算出方法は、業績賞与と同額を、業績賞与を算出するごとに退職金として積み立てるというものでした。そして、執行役員就任の前後でもさほど賃金額に差がないことを考えると、**本判決では、この退職金が「賃金の後払い」という性質が強いものであると判断されている**からです。

第1章　労働契約の成立・内容・変更

　以上の負けポイント以外にも、多くの考慮要素について判断されていますが、主要な負けポイントに絞って解説をしました。

　本件の競業避止条項は、入社時の雇用契約や就業規則などで定められたものではありません。むしろ、入社後に退職金の合意と同時に定められたもので、同合意締結前に労使間で協議、交渉を行い、労働者側の意見も反映された条項となった事情があります。

　しかし、前述1つ目の負けポイントを考えれば、禁止対象となる行為を細かく定める等、緻密な協議を重ね、より有効性の認められやすい条項とすることも可能でした。

　本件の負けたポイントをまとめますと、以下の4つです。ただし、**地域の制限がなかったり、代償措置がなかったりしても競業避止条項を有効とした裁判例も存在する**ことから、あくまでも総合考慮による判断であることをご理解ください。

　判例分析表では、有効性の判断基準を理解していただく目的で、競業避止条項の有効性について正面から判断したものに絞ってあげています。なお、参考として、競業避止条項自体を裁判所が限定的に解釈して、文言どおりであれば無効の可能性のある条項を有効と判断した裁判例（三田エンジニアリング事件（東京高判平22.4.27））を掲載しています。

裁判で負けたポイント	
1	競業が禁止される業務の範囲が厳密でなかったこと
2	使用者側の必要性の主張が不十分であったこと
3	期間及び地域の制限が不十分であったこと
4	代償措置が不十分であったこと

50

勝つために会社は何をすべきか？　社労士のポイント解説

1. 競業避止義務契約を締結すべきか検討すること

　競業避止義務契約は、**限定的に適用すべき**ですから、各人ごとに競業避止義務を締結すべきかを検討することがよいでしょう。

　①守るべき企業の利益があるかどうか、②競業避止義務契約の内容が目的に照らして合理的な範囲に留まっているかという観点について検討する必要があります。

　競業避止義務契約を締結する際には、**企業の守るべき秘密の利益と職業選択の自由を制限する労働者の不利益とを比較**し、不均衡とならないようにすることが重要です。

　競業避止義務契約を締結すべきかどうかを下記の観点で検討してみましょう。

【競業避止義務契約を締結すべきか検討するポイント】

1	企業の利益	・企業側に営業秘密等の守るべき利益が存在するか？ ・守るべき秘密とは何か？
2	従業員の地位	・従業員の地位が競業避止義務を課す必要性が認められる立場にあるか？ ・限定する地位はどの職位以上か？
3	地域的限定	・地域的な限定を行うことが可能か？ ・限定する地域はどの地域か？
4	期間	・退職後の競業避止する期間を限定することが可能か？ ・限定する期間は何か月か？
5	禁止行為の範囲	・禁止する競業行為の範囲はどこか？ ・具体的にどのような行為を行ってはいけないのか？
6	代償措置	・金銭的な代償措置を講じることは可能か？ ・具体的な金額はいくらか？ ・代償措置は純粋に競業避止義務の代償のみか？

51

第1章　労働契約の成立・内容・変更

2．就業規則の競業避止義務規定、競業避止義務契約書のポイント

就業規則の競業避止義務規定、競業避止義務契約書を作成する場合には、以下のポイントに注意して作成しましょう。

【就業規則の競業避止義務規定、競業避止義務契約書のポイント】

1	企業の利益	企業に営業秘密等の守るべき利益が存在することを明記する	大きい方が有効となりやすい
2	従業員の地位	従業員の地位が、競業避止を課す必要性が認められる立場にあるといえることを明記する	限定的である方が有効となりやすい
3	地域的限定	地域的な限定があることを明記する	限定的である方が有効となりやすい
4	期間	競業避止義務の存続期間に制限があることを明記する	限定的である方が有効となりやすい
5	禁止行為の範囲	禁止される競業行為の範囲について必要な制限があることを明記する	限定的である方が有効となりやすい
6	代償措置	代償措置が講じられていることを明記する	大きい方が有効となりやすい

3．不正競争防止法上の営業秘密であるかを検討すること

競業避止義務は、憲法22条を修正する義務を課すことを鑑みると、限定的に解釈することが求められます。企業側が守るべき秘密であるかどうかを慎重に検討する必要があります。

これにあたり、不正競争防止法2条6項が規定する営業秘密「**秘密として管理されている生産方法、販売方法その他の事業活動に有用な技術上又は営業上の情報であって、公然と知られていないもの**」に該当するか検討すると良いでしょう。

【不正競争防止法2条6項の営業秘密の要件】

1	秘密管理性	秘密として管理されていること
2	有用性	事業活動に有用な技術上又は営業上の秘密であること
3	非公知性	公然と知られていないこと

　会社側の守るべき利益が不正競争防止法上の営業秘密に該当しないからといって、ただちに競業避止義務契約が無効になるとは限りません。しかし、**不正競争防止法上の営業秘密に該当しない場合であれば、不正競争防止法上の営業秘密に該当しないけれども会社側の守るべき利益があることを具体的に証明する必要があります。**

　不正競争防止法上の営業秘密に準じるほどの価値を有する営業方法や指導方法等に係る独自のノウハウについては、営業秘密として管理することが難しいものの、競業避止によって守るべき企業側の利益があると判断された裁判例（ヤマダ電機（競業避止義務違反）事件（東京地判平19.4.24））など）も数多く存在します。

4．競業避止義務契約の個別性

　競業避止義務契約については、個別性が強いため、どのような規定であれば競業避止義務契約が有効となるか、について一般論を示すことは非常に困難です。

　明らかにいえることは、企業の守るべき利益と労働者が競業避止義務を課されることによる不利益の均衡が保たれたときにおいてのみ競業避止義務が有効となりやすいということです。

　競業避止義務契約を締結する場合には、社会保険労務士や弁護士の助言を得て契約を締結することが必要でしょう。競業避止義務契約を作成するにあたっては、「判例分析表」を参考にして競業避止義務契約の有効性が認められる可能性が高い契約書を作成するとよいでしょう。

第1章　労働契約の成立・内容・変更

【判例分析表】

事件名	有効性	使用者の利益の有無	在職中の地位	競業の禁止される業務
フォセコ・ジャパン・リミテッド事件（奈良地判昭45.10.23）	有効	・製品の成分、製造方法は、市販されている会社製品を分析することによって直ちに製造しうるものではないことから、技術上の秘密が存在する	・研究部で、製造後の製品検査に従事した後、検査課長として製品の品質管理にあたっていた等、製品の製造方法等の技術的秘密を知りうる地位にあった	・会社の営業目的である金属鋳造用副資材の製造販売と競業関係にある企業への就職 ・会社の営業が化学金属工業の特殊分野であることを考えると、制限の対象は比較的狭い
ヤマダ電機（競業避止条項違反）事件（東京地判平19.4.24）	有効	・使用者の店舗における販売方法や人事管理のあり方を熟知し、その全社的な営業方針、経営戦略等をしることができた労働者が、使用者を退職した後ただちに直接の競合他社に転職した場合に想定される不利益を未然に防ぐという目的は、不合理、不相応ではない	・地区部長・店長等を務めた従業員であった	・同業種（同業者、競合する個人・企業・団体とされ、同種の家電量販店に限定されると解釈できる ・転職先の一部門と評価できる子会社における派遣就労も含まれると判断された
（東京地判平21.5.19）	有効		・代表取締役	・同一若しくは直接、間接に競業する業務

5．競業避止義務違反

期間の制限	地域の制限	代償措置	その他の事情
・退職後2年間	・無制限	・退職時の代償はないが、在職中、機密保持手当あり	
・退職後1年間	・無制限 ・ただし、全国展開する会社であることから、禁止範囲が過度に広範であるとはいえない	・代償措置なし	
・取締役の地位を喪失後2年間	・無制限	・なし	・株主と代表取締役との間で締結された経営 及び株式の取扱いについて定めた株式譲渡契約に記載された競業避止義務は、労使間にみられるような優劣関係があるとはいえず、無効であるとするには慎重であるべきと判断した

55

第 1 章　労働契約の成立・内容・変更

事件名	有効性	使用者の利益の有無	在職中の地位	競業の禁止される業務
新大阪貿易事件 （大阪地判平 3.10.15）	有効	・使用者の得意先ないしそれに関する顧客情報の防衛がある	・営業部長として、営業活動を統括する地位にあった	・使用者あるいはその親会社が取り扱う商品の販売をしない
（東京地決平 5.10.4）	有効		・会社設立当初から株主であり、かつ、代表取締役社長、代表取締役副社長であった	・日本における飲食物の輸入、流通、販売と関係するいかなる業務をも含む、使用者と協業する業務
ダイオーズサービシーズ事件 （東京地判平 14.8.30）	有効	・マット・モップ類のレンタル事業は、特殊技術こそ要しないが、契約獲得・継続のための労力、資本投下が不可欠であり、B社が市場を支配しているため新規開拓には相応の費用を要する		・使用者と同じマット・モップ類のレンタル事業
トーレラザールコミュニケーションズ（業務禁止仮処分）事件 （東京地決平 16.9.22）	有効	・営業上の秘密の保持、取引先や下請け業者、協力専門医等を含む人的関係の維持を目的としたものであって、会社の正当な利益の保護を目的とするものと一応認められる	・部長級の役職を兼任し、執行役員に就任した	・広告業務一般でない ・既存の顧客に対して、顧客の医療用医薬品の周知 ・販促に向けられた、媒体を利用した宣伝活動の企画・実行等の 5 業務に限定されていた

5．競業避止義務違反

期間の制限	地域の制限	代償措置	その他の事情
・退職後3年間	・無制限	・代償措置なし	・得意先名簿の引継ぎをした程度で具体的内容などの顧客情報を引き継がず、顧客情報を持ち出して、使用者には利用できないようにして独占的に利用するという形での競業行為を行った
・取締役でなくなった日又は株主でなくなった日のいずれか遅い日から5年間	・日本国内	・競業避止義務を課す金銭的補償として高額の経済的利益（前身である会社の株式の対価としての合計2億5,250万円の現金を含め、合計4億3,750万円）を与えたほか、就任中は報酬額と昇給について格別の配慮を行った	・会社設立以前に、その前身の会社の買収交渉の当時から、既に競業避止義務を課すことを重要な条件としていた
・退職後2年間	・在職時に担当したことのある営業地域並びにその隣接地域にある同業他社（支店、営業所を含む。）	・代償措置なし	
・退職後2年間	・無制限 ・ただし、保護しようとする利益の主要なものが営業上の秘密にあたり、顧客に大手製薬会社を抱えている以上、地域的制限を設けなくてもやむを得ない	・代償措置はないが、会社の平均給与額と比較すると相当厚遇されていた	・競業避止の誓約書を提出する際に、転職先において競業する業務を展開する経営方針を秘匿していた疑いがあること、退職前に、転職先の代表就任予定者として転職先の取引先を訪問していることなどからすると、労働者側に一定の背信性があるものと評価できる

57

第 1 章　労働契約の成立・内容・変更

事件名	有効性	使用者の利益の有無	在職中の地位	競業の禁止される業務
東京リーガルマインド事件 （東京地決平 7.10.16）	有効	・退職後の競業避止義務条項が設けられた背景として、同業他社に引き抜かれた他の従業員が、同業他社でほぼ同じテキストを作成、使用されたことがあり、社内の営業秘密の管理、競業避止義務を定める就業規則及び特約整備の必要性が強く認識されていた	・退職後の競業避止義務条項が、秘密保持義務確保の手段であるという趣旨に照らすと、その職務内容が営業秘密、企業秘密等に関わる職種の従業員のみを対象とするものと解すべきとした	・会社の行っている司法試験、国家公務員試験、司法書士試験その他の法律に関係する資格試験の受験指導及び受験情報提供サービス業務
		・「LEX」と呼ばれる業務系列の情報管理システムに蓄積されているデータ、文書管理データベースを使用して受験指導用の教材、試験問題を作成するノウハウが、営業秘密として保護に値する		
キヨウシステム事件 （大阪地判平 12.6.19）	無効	・単純作業であり、会社独自のノウハウはない ・使用者の取引先を獲得するという営業目的のために従業員の異動そのものを禁止することは適切ではない	・単純作業を行う有期契約の従業員であった	・現在勤務する職場のある使用者の取引先企業及び同じ職場にある同業他社には就職しない旨の条項が、雇用契約書に規定されている
競業避止仮処分命令申立事件（東京地決平 22.9.30）	有効	・会社の営業上の秘密、保険代理店との人的関係の維持を実質的に担保すること、という会社側の目的は、会社の正当な利益の保護を目的とするものと認めることができる	・営業推進部の部長及び執行役員の地位にあり営業上の秘密を把握し、多くの保険代理店の経営層と密な信頼関係、人的関係を構築し得る地位にあった	・日本全国において医療保険やがん保険などを販売する生命保険会社であるＡ生命の取締役、執行役、及び執行役員の業務並びに同社の営業部門の業務に関する競業行為に限定されている

5．競業避止義務違反

期間の制限	地域の制限	代償措置	その他の事情
・退職後2年間	・無制限	・代償措置なし	
・退職後6か月	・現在勤務する職場内	・代償措置なし ・年収は300万円台と決して高額ではなく、退職金もない	・新聞広告等により転職先の会社のほうが時給が良いことをしり、本判決の複数の被告が別々に連絡をとって転職したのであって、移籍につき社会通念上違法とされるような事情はない
		・その他、勧誘行為自体に違法はなく、また、社会通念上の自由競争の範囲を逸脱する手段はなかった	
・競業避止義務を定めた契約書上の期間の制限は「退職後2年間」であるものの、マーケットにおける新商品の流動性などを考慮し、本判決では「退職後1年間」に限定して有効性を認めた	・無制限 ・ただし、会社も競合他社もともに、日本全国において営業を展開している保険会社であることから、地域的制限を設けないこともやむを得ない	・代償措置はないが、執行役員の地位に基づく相当額の賃金（2,000万円〜5,000万円程度）、ストックオプションの付与等の厚遇を受けていた	

59

第 1 章　労働契約の成立・内容・変更

事件名	有効性	使用者の利益の有無	在職中の地位	競業の禁止される業務
新日本科学事件 （大阪地判平 15.1.22）	無効	・労働者が在職中に従事した治験プロジェクトのモニタリング業務の内容に、使用者独自のノウハウといえるものではなかった	・臨床開発グループ内の小グループのマネージャーであり、部下は3名いたが、人事考課などに関する権限は有していなかった	使用者及び使用者のグループ会社と協業関係にある会社への就職
			・入社したばかりであり、従事していた治験プロジェクトのモニタリング業務のすべての知識やノウハウを知ることができる地位になかった	
三田エンジニアリング事件（東京高判平成22.4.27）	有効（ただし、限定解釈により就職自体は適法）	・使用者が従事していたビルの空調自動制御機器・システムの保守点検等の作業は、主に機械メーカーの操作説明書にしたがって行うものであり、このような作業のノウハウが使用者の営業秘密にあたるものではない		・使用者と競合する事業を行い、又は競業他社へ就職してはならない
			・本判決においては、誓約書の記載において営業機密の開示、漏洩、第三者のための使用が禁止されていることから、競業禁止規定についても、競業他社への転職などのうち、営業秘密の開示、漏洩、あるいは第三者のための使用を行うような態様のものに限定されるとし、限定解釈を加えた ・限定解釈の結果、今回の就職自体は禁止される範囲に該当せず競業避止義務違反とはならないとした		

5．競業避止義務違反

期間の制限	地域の制限	代償措置	その他の事情
・退職後1年間	・無制限	・在職中に月額4,000円の秘密保持手当が支払われていただけで、退職金その他の代償措置はない	・労働者は薬科大学を卒業後、使用者を退職するまでの17年間のうち約12年間は、使用者で従事していたのと同様の治験プロジェクトのモニタリング業務に従事していた
・退職後1年間	・無制限	・代償措置なし	

第1章　労働契約の成立・内容・変更

【競業避止義務契約の有効性が認められる可能性が高い規定】

1	企業の利益	企業の利益が不正競争防止法2条6項に規定する営業秘密に相当する程度
2	従業員の地位	事業部長や執行役員に相当する程度
3	地域的限定	都道府県単位や近隣都道府県程度
4	期間	6か月から1年程度
5	禁止行為の範囲	退職前の職務を勘案し、退職後に禁止する業務内容や職務が極めて限定的であること
6	代償措置	月例給、賞与、退職金などに明確に金銭的代償が定められ、相当程度高額な賃金であること

【競業避止義務に関する規定例】

（競業避止義務）

第○条　退職後6か月間、○○県内において、会社と競合する他社に就職及び競合する事業を営むことを禁止する。

（補償手当）

第○条　私は、本誓約書各項の遵守のため、貴社給与及び退職金の他、補償手当○○万円の交付を受けたことを確認いたします。

6. 同一労働同一賃金

判例	**ハマキョウレックス事件**
	(最高裁平成 30 年 6 月 1 日判決)

負け判例の概要

1. 事案の概要

(1)　Y社（上告人、被控訴人兼控訴人、一審被告）は、一般貨物自動車運送事業等を経営する会社であり、契約社員X（被上告人、控訴人兼被控訴人、一審原告）は配車ドライバーとしてY社に勤務した。

(2)　本件は、Xが、Y社に対し、正社員と契約社員との諸手当等の相違が労契法20条に違反しているとして、労働契約又は不法行為に基づき、①無事故手当、②作業手当、③給食手当、④住宅手当、⑤皆勤手当及び⑥通勤手当に関し、正社員に支払われた諸手当との差額を求めた事案である。

(3)　なお、本件は、①～⑥の諸手当のほか「家族手当、賞与、定期昇給及び退職金」も含めて、労契法20条違反を理由に、契約社員Xが正社員と同一の権利を有する地位にあることの確認も求めた。

　　この点について、本判決は、労契法20条違反の「民事的効力として、当然に正社員（無期契約労働者）の労働条件と同一になる補充的効力を有するものとは認められない」ことなどを理由に、「家族手当、一時金の支給、定期昇給及び退職金の支給に関する労働条件の相違が同法20条に違反するか否かについて判断するまでもなく、…正社員（無期契約労働者）と同一の権利を有する地位にあることの確認を求めることはできない」とした原審の判断を支持したため、「家族手当、賞与、定期昇給及び退職金」に関する相違が労契法20条に違反か否かの判断はなされていない。

　　本書でも、労契法20条違反の有無が審理された、①無事故手当、②作業手当、③給食手当、④住宅手当、⑤皆勤手当及び⑥通勤手当に限り、解説を加えていく。

63

第1章　労働契約の成立・内容・変更

2．契約内容

(1)　Xの有期労働契約の内容

　　Xは、平成 20 年 10 月 6 日ころ、Y 社との間で、以下の内容の有期労働契約を締結した。

契　約　期　間	平成 20 年 10 月 6 日～平成 21 年 3 月 31 日
業　務　内　容	配車ドライバー
賃　　　　　金	時給 1,150 円（現在の X の時給は 1,160 円）
通　勤　手　当	月額 3,000 円
昇給・賞与支給	原則として昇給・賞与支給はない。ただし、会社の業績及び勤務成績を考慮して、昇給又は賞与支給することがある

(2)　正社員の労働契約との比較

　　正社員は月給制で、①無事故手当（1 万円）、②作業手当（1 万円）、③給食手当（3,500 円）、④住宅手当（2 万円）、⑤皆勤手当（2 万円）、⑥通勤手当（Xと同じ通勤距離の正社員に支払われる通勤手当は月額 5,000 円）等の諸手当の支給があるのに対し、契約社員については時給制で通勤手当を除く諸手当の支給もなかった。

　　また、正社員には原則として、定期昇給及び賞与・退職金の支給があるのに対し、契約社員にはこれらが原則としてないなど、賃金等に関して相違があった。

3．裁判所の判断内容

　　諸手当のうち、④住宅手当については、「住宅手当は、従業員の住宅に要する費用を補助する趣旨で支給されるものと解されるところ、契約社員については就業場所の変更が予定されていないのに対し、正社員については、転居を伴う配転が予定されているため、契約社員と比較して住宅に要する費用が多額となり得る」ことを理由に、その相違は不合理ではなく、労契法 20 条に違反しないとした。

　　他方、①無事故手当、②作業手当、③給食手当、⑤皆勤手当及び⑥通勤手当については、労契法 20 条にいう「不合理と認められるもの」に当たるとして、その差額の損害賠償請求が認められた。

6．同一労働同一賃金

　なお、本判決で示された各手当等に関する判断内容を整理すると以下のとおりである。

支給内容	正社員	契約社員	判断
無事故手当	1万円	なし	不合理・要支給
作業手当	1万円	なし	同上
給食手当	3,500円	なし	同上
通勤手当	通勤距離に応じて5万円を限度に支給（本件原告と同じ支店市内居住者は5,000円）	3,000円	同上
皆勤手当	1万円	なし	同上
住宅手当	2万円	なし	不合理ではない
家族手当	あり	なし	判断されず
定期昇給	原則あり	原則なし	同上
賞与	原則あり	原則なし	同上
退職金	原則あり	原則なし	同上

なぜ会社は負けたのか？　弁護士のポイント解説

　労契法20条では、有期契約労働者と無期契約労働者との間の労働条件の差異が不合理と認められるものであってはならないと定められています。本判決は、この労契法20条の解釈が真正面から争われたものであり、同一労働同一賃金の原則に向けた法改正が進む中で注目を集めた裁判です。

　労契法20条の不合理性の判断は、労働条件の相違について、**（1）職務の内容及び責任の程度**、**（2）職務の内容及び配置の変更の範囲（転勤、昇進といった人事異動や本人の役割の変化等の有無や範囲＝人材活用の仕組みと運用）**、**（3）その他の事情（合理的な労使の慣行等）**が考慮されますが、本判決は、これらを考慮して、諸手当のうち、①無事故手当、②作業手当、③給食手当、⑤皆勤手当及び⑥通勤手当が労契

65

第1章　労働契約の成立・内容・変更

法20条にいう「不合理と認められるもの」に当たるとして、その差額の損害賠償請求が認められました。

このように「不合理」と判断された敗因は何でしょうか。

1．契約社員にも要請される手当を支給しなかったこと

　本判決は、正社員と契約社員を比較して、「両者の職務の内容に違いはない」としながら、「職務の内容及び配置の変更の範囲に関しては、**正社員は、出向を含む全国規模の広域異動の可能性がある**ほか、**等級役職制度が設けられており、職務遂行能力に見合う等級役職への格付けを通じて、将来、上告人の中核を担う人材として登用される可能性がある**のに対し、契約社員は、就業場所の変更や出向は予定されておらず、将来、そのような人材として登用されることも予定されていないという違いがある」としました。

　ところが、①無事故手当と⑤皆勤手当については、その必要性が正社員か契約社員かで差異が生じるものではなく、また正社員の人材活用の仕組みとは直接の関連性を有するものではないことなどを理由に、契約社員に支給しないことが「不合理」と判断されました。

　①無事故手当は、優良ドライバーの育成や安全な輸送による顧客の信頼の獲得を目的として支給されるものですが、契約社員と正社員の職務の内容が異ならないから、**安全運転及び事故防止の必要性については、職務の内容によって両者の間に差異は生じません。**

　⑤皆勤手当は、会社が運送業務を円滑に進めるには実際に出勤するトラック運転手を一定数確保する必要があることから、皆勤を奨励する趣旨で支給されるものですが、契約社員と正社員の職務の内容は異ならないから、**出勤する者を確保することの必要性についても、職務の内容によって両者の間に差異は生じません。**

　さらに、①無事故手当や⑤皆勤手当を設けた必要性は、将来転勤や出向をする可能性や、会社の中核を担う人材として登用される可能性の有無といった事情により異なるともいえません。

　このように、正社員と契約社員の両者に等しく要請される①無事故手当、⑤皆勤手当について、支給の有無で差異を設けたことが、「不合理」と判断される敗因となりました。

2．実態に沿わない手当を整理しなかった

　②作業手当は、特定の作業を行った対価として支給されるものであり、作業そのものを金銭的に評価して支給される性質の賃金ですが、本判決は、契約社員と正社員の職務の内容は異ならないことや、職務の内容及び配置の変更の範囲が異なることによって、行った作業に対する金銭的評価が異なることになるものではないことを理由に、②作業手当につき差異を設けたことが、「不合理」と判断されました。

　ところで、この②作業手当は、元来、過去にリフト等がない時代に手で積み降ろしをする仕事が非常に多かったことから、そのような仕事をする者について手当として支払っていたものでした。現在はそのような趣旨は薄まっており、過去からの既得権ということで、正社員に一律に支給されていたため、会社は、この②作業手当が実質的に基本給としての性質を有していると主張しました。

　しかし、原審判決は、「作業手当が現在は実質上基本給の一部をなしている側面があるとしても、本件正社員給与規程において、**特殊業務に携わる者に対して支給する旨を明示している以上、作業手当を基本給の一部と同視することはできない**」として、会社のこのような主張を退け、本判決もこの判断を追認しています。

　むしろ、原審判決では、過去に手で積み降ろしの仕事をしていたドライバーが正社員だけでなく、契約社員も従事していた可能性を否定しきれないことから、「作業手当」の支給に差異を設けることは「不合理」と判断されました。

　仮に、**「作業手当」が過去からの既得権ということで実質的に基本給としての性質を有していたのであれば、給与規程をそのように変更すれば良かったのです。**

　このように実態に沿わない手当を整理せず放置したままであったことも、「不合理」と判断される敗因となりました。

3．職務の内容等に無関係な手当に差異を設けた

　③給食手当は、従業員の食事に係る補助として支給されるものであるから、勤務時間中に食事を取ることを要する社員に対して等しく支給することがその趣旨にかなうものであり、**正社員の職務の内容や当該職務の内容及び変更の範囲とは無関係に支給されるもの**です。

　このように、正社員の職務の内容や当該職務の内容及び変更の範囲とは無関係に支給される③給食手当について、支給の有無で差異を設けたことが「不合理」と判

断される敗因となりました。

　また、⑥通勤手当についても、同じ理由により、正社員には月額 5,000 円を支給し、契約社員には月額 3,000 円を支給することが「不合理」と判断される敗因となりました。

　⑥通勤手当は、会社に勤務する社員が通勤のために要した交通費等の全額又は一部を補填する性質のものであり、**本来は職務の内容や当該職務の内容及び変更の範囲とは無関係に支給されるもの**です。

　このように、正社員の職務の内容や当該職務の内容及び変更の範囲とは無関係に支給される⑥通勤手当について、支給金額に差異を設けたことが「不合理」と判断される敗因となりました。

　本件の負けたポイントをまとめますと、以下の 3 つとなります。結局のところ、各種手当について、正社員の人材活用の仕組みと関連性を有するか否か、慎重に検討がなされていないことが最も大きな敗因といえます。

裁判で負けたポイント	
1	契約社員にも要請される手当を支給しなかった
2	実態に沿わない手当を整理しなかった
3	職務の内容等に無関係な手当に差異を設けた

＜参考＞長澤運輸事件の内容

　最後に、同一労働同一賃金の参考判例として、本判決と同日に下された長澤運輸事件（最判平 30.6.1）について紹介します。

　長澤運輸事件は、正社員乗務員と嘱託乗務員との賃金格差の合理性が争われた事案ですが、この事件の最高裁判決では、両者の「業務内容」自体に大きな相違はなく、さらに、「職務の内容及び配置の変更の範囲」も、会社が業務の都合により勤務場所や業務の内容を変更することがある点で両者の間に差異がないと判断しました。

　ところが、長澤運輸事件の最高裁判決は、「有期契約労働者が定年退職後に再雇用された者であることは、当該有期契約労働者と無期契約労働者との労働条件の相

違が不合理と認められるものであるか否かの判断において、労働契約法 20 条にいう「その他の事情」として考慮されることとなる事情に当たると解するのが相当である。」と判示しており、この点が実務上大いに参考になります。なお、X 運輸事件（大阪高判平 22.9.14）でも同様の判示がなされ、高年齢雇用継続給付の制度から定年前後で 4 割程度の賃金減額は想定されているものとより踏み込んだ判示がなされています。

今後、同一労働同一賃金を考えるうえで、大いに参考になる判例ですので、あわせて押さえておいてください。

勝つために会社は何をすべきか？　社労士のポイント解説

1．基本給に関する対応策

いわゆる正社員と正社員以外の雇用形態との基本給の賃金格差づけは雇用形態によってではなく、可視化された人事制度によって行ってください。

前掲のハマキョウレックス事件や同じく同一労働同一賃金について重要な判示がされた長澤運輸事件を見て分かるとおり、基本給については、いわゆる正社員とそれ以外の雇用形態で、月給制と時給制というような支給形態や、支給水準に差を設けることは、同一でないことを使用者側が立証できれば比較的許容されます。したがって、「等級制度」と「役割責任制度」といった人事制度のしくみが必須になってきます。

2．等級制度の整備

次頁のように、等級制度を整備してください。この等級は、社員の最高格付け（本部長、事業部長、部長などの上級管理職の格付け）から一般社員の属する格付けまでが必要です。ここでのポイントは、**いわゆる正社員と契約社員・パート社員など正社員以外の雇用形態を分けず統一の等級制度にすること**です。

第1章　労働契約の成立・内容・変更

【等級制度の一例】

等級	定義	対応役職
ダイレクター級 （Ｄ級）	(1) 本部、事業部、部又はそれに準ずる部署を統率し、会社方針に基づき自部署の目標等を立案し、旗下の担当組織又はメンバーに業務を実施させる (2) 前号に準ずる極めて高度の業務を専門職として遂行する	本部長、事業部長、部長、専任部長
マネージャー級 （Ｍ級）	(1) 本部、事業部、部又はそれに準ずる部署の長を援け又はその職務を代行する (2) グループ、課又はそれに準ずる組織を監督し、上位の部署の目標を達成するために自組織の目標等を立案し、メンバーに業務を実施させる (3) 前二号に準ずる高度の業務を専門職として遂行する	部長代理、次長、グループマネージャー、課長、専任課長
アシスタント・スタッフ級 （ＡＳ級）	上司や先輩社員の指示を受けながら、限られた範囲で補助的・見習い的業務を遂行する	（契約社員・パート社員の初任格付け）

3．役割責任制度の整備

　社内の全ての業務を、以下のような「役割責任定義書」に定義していきます。この役割責任定義書は、その等級であれば部署や担当業務に関係なく共通して求められる役割を定義した「共通部分」と、部署や担当業務ごとの「担当業務別部分」から成り立っています。**役割責任定義書は、待遇の格差付けのための資料であり、人事評価の基準**でもあります。同一労働同一賃金の流れの中では、こうした人事評価の基準の可視化は必須の流れです。

【役割責任定義書の一例】

	Ｄ級	Ｍ級	ＡＭ級
能力基準	担当業務に関して、相当の知識・経験を有し、会社の目標を達成するために部門方針・目標を徹底させ担当部門全体の目標を達成させることができる	担当業務に関して、相当の知識・経験を有し、部門方針・目標を達成するために、会議や日常の指示を通して部下を指導し、自身や部下の1人ひとりの目標を達成させることができる	担当業務に関して、必要なし、包括的指示に従い複雑な下位者を指導遂行することができる
求められる考慮範囲	会社全体の工程（自分の担当部門だけでなく会社全体のこと）を考慮できる	部全体の工程（自分の課・チームだけでなく部全体のこと）を考慮できる	課全体の工程（自身の担当後だけではなく課全体のこ

70

6．同一労働同一賃金

業務改善・工夫	①担当する部を効率よく運営するために、常に部全体の流れを意識して部下を指揮して改善することができる ②部下の改善案を活かす等して、部内のモラールを高め、仕事の改善に結びつけることができる	①ムダ・ムラ・ムリをなくす問題意識をもって、担当する課・チーム全体に関する改善・工夫を部下を指揮して行うことができる ②業務の効率化や環境の変化を見極めながら、担当する課・チームの業務マニュアルの見直し等を行うことができる	①ムダ・ムラ・ムリをなくを持って、自分自身の改善・工夫ができる指導を任されている下務に関する改善・工夫 ②業務の効率化や環境のら、自分自身の担当業ュアルの見直し等の改とはもちろん、指導を後輩の業務に関する業し等の改善・工夫も指
情報収集能力	会社に役立つ情報を収集・整理・分析し、適宜必要な形に加工しながら活用することができる	自身の部及び専門分野に役立つ情報を収集・整理・分析し、適宜必要な形に加工しながら自身の課・チームの業務に活用でき	自身の課・チームに役立つ理・分析し、自身の担当業
企画・立案能力	経営方針に基づいて、担当する部の実施計画を策定し、実現可能性を判断して決定できる。また、環境の変化を見極めながら、新しい仕事の企画・立案ができ	部の方針に基づいて、担当する課・チームの具体的実施計画を所属長に提案することができる	課・チームの方針に基づい務及び指導を任されている育成に関する提案を所属長きる
問題解決能力	担当する部で生じた問題については、会社の方針を踏まえて部下を指揮して適切に対応することができる	担当する課・チームで生じた問題については、会社及び部の方針に基づき、部下を指揮して適切に対応することができる	自身の担当業務で生じた問課・チームの方針に基づき踏まえながら適切に対応す
折衝力	①常に相手の立場に配慮し折衝にのぞみ、知識と経験を活かして重要事項を取りまとめることができる ②部門間にまたがる調整・苦情・トラブル等が発生したような場合でも担当する部だけにこだわることなく会社全体の立場に立って折衝することができる	①関係各所に対して情報・資料入手等の折衝ができ、また上司から指示された報告、申請、折衝等を適切に行うことができる ②担当業務の遂行にあたり他の課・チームとの調整が必要な場合は、関連する課・チームと適切な折衝を行い、業務遂行に効果を上げることができる	担当業務の遂行にあたりが必要な場合は、上司のら担当者と適切な折衝を行効果を上げることができる
指導力	部下の能力向上のために計画的にＯＪＴを実施することができる	部下の仕事上の問題点を把握してその都度指導できるだけではなく、ある程度のスケジュール指導ができる	下位者・後輩の仕事の仕方ある点についてその都度指

４．賃金バンドの整備

　次頁のような「賃金バンド」を設計します。各等級ごとの上限額と下限額を設定し、上限額を超えての昇給は上位の等級に昇格することで、下限額を下回っての降給は下位の等級に降格することで実施されます。**同じ等級であれば、フルタイム・パートタイム、無期労働契約・有期労働契約などに関係なく、基本給については時間当たりの賃金額は同じ水準（幅）になるように設計してください。**

【賃金バンド一例】

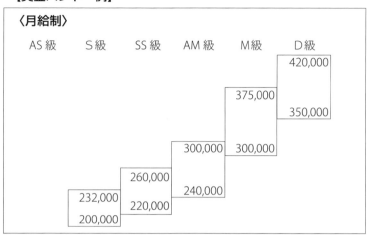

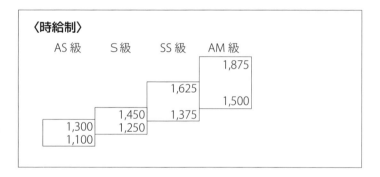

5．諸手当に関する対応策

　諸手当については、前掲の弁護士パートを踏まえて、以下の2つの対応策を実施してください。

---
① 格差をつけることが不合理な手当の格差をなくすこと
② 有名無実化した手当を整理すること
---

6. 同一労働同一賃金

　また、前述の弁護士パートでも解説したとおり、**同一労働同一賃金かどうかは、総支給額だけではなく個別の賃金項目でも判断**されます。したがって、正社員の基本給が非正社員と比較して同等又は未満であり、諸手当の支給でそれをなんとか凌駕しているケースであっても、差異を設けることが不合理な手当が正社員にだけ支給されていたり、正社員の方が高額な手当が支給されている場合には、当該手当を非正社員にも支給する必要が出てくるなど、早急な対応を求められるケースもあるので注意してください。

6．格差をつけることが不合理な手当の格差をなくすこと

　このケースは、**不合理な差がある手当を支給する又は同一水準に引き上げる**ことで解決するしかありません。注意するべき主要な手当とポイントは以下のとおりです。

手当の種類	判断ポイント
家族手当	正社員は60歳等の定年年齢までの雇用で子どもなどの家族を扶養する可能性が高いが、嘱託社員は定年年齢後の雇用のため必ずしもその必要性があるわけではないといった、差異を設ける合理性があるかどうか等
住宅手当	正社員は全国転勤が求められるので住宅に関する費用軽減をしてあげたいという要請がある反面、それ以外の雇用形態では全国転勤がなくその要請が少ないという、差異を設ける合理性があるかどうか等
役職手当	同じ役職に就いていたら差異は設けにくい。ただし、所定労働日数・労働時間での按分は許容される可能性大
皆勤手当	差異は設けにくい。ただし、所定労働日数・労働時間での按分は許容される可能性大
通勤手当	同上

7．有名無実化した手当を整理をすること

　このケースは、**有名無実化した正社員に支給される手当を廃止し、基本給等に統合**していくことで解決してください。
　よくある事例として、家族手当が支給されていた社員に対して扶養家族が減少した後も減額せず当該手当を支給し続ける、○○歩合という名称で昔は真に歩合の意

| 第 1 章　労働契約の成立・内容・変更 |

【判例分析表】

事件名	賃金格差の有効性判断	業種	待遇の差異
日本郵便事件 （東京地判平 29.9.14）	一部無効 （年末年始手当、住居手当、夏期冬期休暇、病気休暇のみ）	郵便物の運送等	＜正社員＞ ・外務業務手当：日数に応じて ・年末年始手当：あり、4,000 円又は 5,000 円 ・早出勤務等手当：350 円〜 800 円 ・祝日給：通常の賃金の 1 時間当たり 3 割 5 分増し ・夏期年末手当：労使妥結額を支給 ・住居手当：あり ・夏期冬期休暇：あり ・病気休暇：有給で原則最大 90 日 ・夜間特別勤務手当：なし ・郵便外務・内務業務精通手当：あり
			＜契約社員＞ ・外務業務手当：時間数に応じて ・年末年始手当：なし ・早出勤務等手当：200 円、300 円又は 500 円 ・祝日給：なし ・夏期年末手当：なし ・住居手当：なし ・夏期冬期休暇：なし ・病気休暇：無給で最大 10 日 ・夜間特別勤務手当：なし ・郵便外務・内務業務精通手当：なし
那覇市臨時調理員賃金差別事件 （那覇地判平 13.10.17）	有効	地方公務員	＜正規調理員＞ ・月給制 ・交通費、退職金も支給対象 ・昇給あり ＜臨時調理員＞ ・日給制 ・交通費、退職金は支給非対象 ・昇給なし

6. 同一労働同一賃金

職務の内容	当該職務の内容及び配置の変更の範囲	その他の事情
＜正社員＞ ・旧一般職は、郵便局の内務事務に幅広く従事。また、管理者へと昇任昇格が 期待 ・新一般職は、窓口営業、内務事務、外務事務又は各種事務等の標準的な業務に従事。2級以上の職位に昇任昇格することは予定されていない ・新旧ともに人事評価に人材育成等に関する項目あり ＜契約社員＞ ・外務事務又は内務事務のうち、特定の定型業務にのみ従事。職位なく、昇任昇格もない ・人事評価で人材育成等の項目なし	＜正社員＞ ・就業規則上、配置転換が規定され、実績あり ＜契約社員＞ ・職場及び職務内容を限定して採用されており、人事異動なし	
・給食調理という業務面においては格別の相違はない ・就労期間中の労働時間は正規調理員と同様 ・正規調理員は、学校給食がない期間中にも厨房設備の整備や補修、食器の補修、プレートの書換等の業務や、研修への参加と健康診断の受診等が義務付けられ、公務員として一定の拘束 ・臨時調理員は、休業期間は雇用保険の給付金を受給し、他の仕事に就くことも自由	＜正規調理員＞ ・長年にわたって組織内で就労することが予定され、場合によっては管理職に就く可能性も含めて、調理能力や資質、素養等が評価されるべき地位にある ＜臨時調理員＞ ・上記のような立場ではない	・正規調理員と臨時調理員は、そもそも採用方法が異なる ・正規調理員は試験によって採用され、特別な能力が求められていた ・試験を受けて正規調理員に採用される機会が認められており、実際に臨時調理員から試験に合格して正規調理員になった者もいる ・臨時調理員の日給は同市の他の臨時職員とのバランスで決定されており（他自治体より高水準）、組合との団体交渉の結果、順次逓増してきた経緯がある

事件名	賃金格差の有効性判断	業種	待遇の差異
長澤運輸事件 （最判平30.6.1）	一部無効 （精勤手当及び精勤手当を計算基礎に入れていない超勤手当のみ無効）	一般貨物自動車運送事業	＜正社員＞ ・勤続年数に応じて基本給が増額 ・そのほかの賃金項目については、勤続年数や年齢による違いがない ・精勤手当：5,000円 ・賞与あり ・勤続3年以上で退職金 ＜嘱託社員＞ ・定年前の79％程度になるように設計し、実際も年収ベースで2割程度の減額範囲 ・勤続年数に応じて基本賃金はじめその他の賃金も変更されず ・精勤手当：なし ・賞与・退職金なし ・賃金格差の是正（基本賃金の一律増額、正社員の能率給に対応してそれ以上の支給割合の歩合給、無事故手当の増額、老齢厚生年金の報酬比例部分が支給されない期間について調整給など）
メトロコマース事件 （東京地判平29.3.23）	一部無効 （早出残業手当のみ）	駅構内における新聞、たばこ、飲食料品等の物品販売等	＜正社員＞ ・本給：月給制 ・資格手当：該当者に3,000円〜5,000円 ・住宅手当：9,200円か1万5,920円 ・早出残業手当：2時間までは1時間につき通常賃金の2割7分増し、2時間を超える分は3割5分増し ・賞与：年2回、本給2か月分＋一定額 ・退職金：あり ・褒賞：あり
		＜契約社員＞ ・本給：時給制 ・資格手当：なし ・住宅手当：なし ・早出残業手当：2割5分増し ・賞与：年2回、一律12万円 ・退職金：なし ・褒賞：原則なし	

職務の内容	当該職務の内容及び配置の変更の範囲	その他の事情
・正社員と嘱託社員で、業務の内容及び当該業務に伴う責任の程度に差異がない ・職務内容に照らし、定年の前後においてその職務遂行能力について有意の差が直ちに生じているとは考えにくい	・会社が業務の都合により勤務場所や業務の内容を変更することがある点でも両者の間に差異はない	・定年後の継続雇用としての有期雇用契約は、社会一般で広く行われているもの ・従業員が定年退職後も引き続いて雇用されるに当たり、その賃金が引き下げられるのが通例であることは、公知の事実
	・定年後継続雇用者の賃金を定年時より引き下げることそれ自体が不合理であるということはできない ・定年前後で継続雇用者の業務内容並びに勤務の日数及び時間を変更せず、継続雇用者に定年前と同じ業務に従事させながら、定年前に比べて賃金を引き下げていることが広く行われている	
＜正社員＞ ・約600名の正社員のうち売店業務に従事する者はわずか18名であり、大半の正社員は売店業務以外の多様な業務に従事 ・大半の正社員はキャリア形成の過程で1、2年程度売店業務に従事するに過ぎない ＜契約社員＞ ・売店業務に専従しており、数年おきに売店間の配置換えはあっても売店業務以外の業務に従事することはない	＜正社員＞ ・各部署において多様な業務に従事し、業務の必要により配置転換、職種転換又は出向を命じられることがあり、正当な理由なくこれを拒むことはできない ＜契約社員＞ ・売店業務に専従し、業務の場所（売店）の変更を命じられることはあっても、原則として配置転換や出向を命じられることはない	

第 1 章　労働契約の成立・内容・変更

事件名	賃金格差の有効性判断	業種	待遇の差異
京都市立浴場運営財団ほか事件 （京都地判平 29.9.20）	一部無効 （正規職員らに関する退職金規程にもとづいて算出された退職金相当額）	自治体の外郭団体	＜正規職員＞ ・退職金あり ・週 5 日、1 日 7 時間 45 分勤務 ＜嘱託職員＞ ・退職金なし ※規程自体がなし ・週 4 日、1 日 7 時間 15 分勤務 ・月給ベースで正規職員より約 10 万円低い
X 運輸事件 （大阪高判平 22.9.14）	有効	一般貨物自動車運送事業	＜正社員の時＞ ・基本給 15 万 5,914 円のほか業務手当、能率給、賞与相当額などで月額合計 42 万 6,197 円 ＜シニア社員の時＞ ・時給 1,000 円 ・賞与なし ・基本給 15 万 7,500 円のほか深夜残業手当と有給手当のみで月額合計 23 万 875 円 ※従前の嘱託社員 ・時給 900 円 ・賞与あり
日本郵便逓送事件 （京都地判平 14.5.22）	有効	郵便物の運送等	・同年度入社の本務者と比較した場合、臨時社員の年収は、およそ 7 割程度、賞与を除いた平均賃金日額では 6 割程度

6．同一労働同一賃金

職務の内容	当該職務の内容及び配置の変更の範囲	その他の事情
業務内容及び責任の程度は全く同じ	・嘱託職員でも主任になる者もいた ・両者で異動など人材活用の仕組みに差異なし	・嘱託職員は有期労働契約であったが、少ないものでも5回、多いものでは13回にもわたって更新されている
	・契約の更新手続も形骸化していた ・正規職員を削減し、その後は正規職員を採用せず、嘱託職員との契約を繰り返し更新することで経費削減を図る経営方針だった ・反復して更新されることによって期間の定めのない労働契約と同視することが社会通念上相当と認められる期間の定めのある労働契約であると認められる	
・4トン車の運転手で定年前後でほとんど業務内容に変更なし		・従業員らに65歳までの安定的な雇用が確保されるという大きな利益がもたらされた
	・従前の嘱託制度に比較して従業員に有利に改正されたことは明らか ・高年齢雇用継続給付金が、60歳到達時の賃金月額の61%となるので、定年前の4割減額までは制度上織り込み済みのことである ・正社員とシニア社員（嘱託）とは労働契約の種類・内容が異なり、異なる賃金体系に基づくものであるから、両者の間には、同一労働同一賃金の原則や均等待遇の原則は適用されない	
・郵便物の収集という業務では、本務者と臨時社員運転士で異なるところはない ・臨時便とはいいながら多くの便が恒常的に運行されており、これを本務者に乗務させられない理由は少ないのに臨時社員運転士で代替してる面もなくはない	＜本務者＞ ・将来の期待を含めて年功型賃金体系 ・年功によって賃金の増加が保障される一方でそれに相応しい資質の向上が期待 ・将来の管理者的立場に立つことも期待	・両者で雇用形態も賃金制度も異なる ・同一労働同一賃金の原則が一般的な法規範として存在しているとはいいがたい ・両者の差異は契約の自由の範疇
	・これらに対応した服務や責任が求められ、研鑽努力も要求され、配転、降級、降格等の負担も負う ＜臨時社員＞ ・賃金は、原則的には短期的な需要に基づき決定 ・将来に対する期待がない	

79

事件名	賃金格差の有効性判断	業種	待遇の差異
ニヤクコーポレーション事件 （大分地判平 25.12.10）	無効	一般貨物自動車運送事業	＜正社員＞ ・賞与額：55 万～58 万円 ・退職金：あり ＜準社員＞ ・賞与額：15 万円 ・退職金：なし ・年間休日：年間 31 日少ない
京都市女性協会事件 （大阪高判平 21.7.16、最高裁上告棄却平 22.2.5）	有効	地方自治体によって設立された財団法人	・一般職員に比し労働時間は短い（週 35 時間の契約） ・年間約 375 万円の差異（※原告主張）
丸子警報器事件 （長野地裁上田支部判平 8.3.15）	一部無効（正社員の賃金の 8 割相当額までの差額につき、損害賠償請求を認容）	製造メーカー	＜正社員＞ ・年功序列によって上昇 ＜臨時社員＞ ・2 か月ごとの雇用期間の更新を形式的に繰り返し、正社員との顕著な賃金格差はどんどん拡大（勤続 25 年の者で正社員を 100 とすると 66.3） ・勤続年数に応じ、基本給 ABC の三段階の区分が設けられていたが、その額の差は些少 ・勤続 10 年以上は一律額で固定

6．同一労働同一賃金

職務の内容	当該職務の内容及び配置の変更の範囲	その他の事情
・タンクローリーによる危険物等の配送及び付帯事業で正社員と準社員で差異はない	＜正社員＞ ・就業規則上、転勤・出向の規定自体はあるものの、その実例が少ない ・事務職への職系変更の可能性があったものの、例外的なケースに過ぎない	・有期契約を8年以上更新してきた ・労働契約は反復更新されることにより、期間の定めのない労働契約と同視されるものと認められる
	＜準社員＞ ・就業規則上、転勤・出向の規定なし ・正社員同様準社員もチーフやグループ長等への任命が規定され、実績もあり ・事務職への職系変更はなし	
・一般職員が配属されていない相談室での相談業務 ・比較対照すべき一般職員がいない	＜一般職員＞ ・業務全体に通暁した基幹職への成長が期待されていた ・他部署への人事異動の対象 ＜嘱託職員＞ ・比較的短期間、在職することが予定されていた ・相談という専門的で特殊な職務のみに限定 ・他部署への人事異動は想定されていない ・採用後も職務上の拘束が弱く、負担も一般職員より軽い扱いであったことなどの差異があった	・年齢等の採用条件が一般職員とは異なる ・賃金に格差があれば直ちに賃上げを求めることができる権利については、実定法上の根拠を認め難い ・同一労働であるにもかかわらず、会社の慣行や就業実態を考慮しても許容できないほど著しい賃金格差がある場合には、均衡の理念に基づく公序違反として不法行為が成立する余地はある
・両者の労働時間や仕事の内容は同一		・臨時社員の勤務年数も長い者では25年を超えており、長年働き続けるつもりで勤務していた ・臨時社員の採用や契約更新の際にも、自己の身分について明確な認識を持ち難い状況であった

81

第1章　労働契約の成立・内容・変更

味合いがあったものの、現在は全員一律の金額が支給され第二の基本給になっているといったものがあります。

　手当の廃止は労働条件の不利益変更に該当します。労働者の個別の同意を得るか、高度の必要性に基づく合理的な内容でない限り認められません。したがって、現実的には、正社員の基本給等に当該手当の同額分を統合するといった代償措置を実施することになります。

7. 定年後継続雇用

判例	**津田電気計器事件** （最高裁平成 24 年 11 月 29 日判決）

負け判例の概要

1. 事案の概要

(1) Y社（上告人、二審控訴人・附帯被控訴人、一審被告）は、電子制御機器及び電子計測機器の製造及び販売を主たる業務内容とする株式会社であり、M市に本社工場を有している。

　　X（被上告人、二審被控訴人・附帯控訴人、一審原告）は、昭和41年（1966年）3月7日、Y社との間で、期間の定めのない雇用契約を締結し、以後、Y社の本社工場において勤務していた。Xは、定年に達した後引き続き1年間の嘱託雇用契約により雇用されていたが、嘱託雇用契約終了後の継続雇用を求めたものの、Y社から拒絶され、平成21年（2009年）1月20日をもって契約が終了するとされた。

(2) 本件は、Xが、継続雇用を拒絶されたことに対して、高年齢者雇用安定法9条2項所定の継続雇用基準を満たす者を採用する旨の制度により再雇用されたと主張して、Y社を相手に、雇用契約上の権利を有する地位にあることの確認と週40時間（予備的に週30時間）の労働時間に対応する額の賃金等の支払を求めた事案である。

2. 定年制度と嘱託雇用制度

　　就業規則においては、定年を60歳とすると定められている。

　　Y社は、平成3年3月5日、労働組合との交渉において、組合員につき、定年である60歳から1年間嘱託として雇用することを合意して、その旨の労働協約を締結したが、その後、このような取扱いを組合員に限らず全従業員に適用するものとした。

83

第 1 章　労働契約の成立・内容・変更

3．高年齢者継続雇用規程の制定及び内容

　　平成 18 年当時、本社工場には従業員の過半数で組織する労働組合がなく、その過半数を代表する者との書面による協定に基づき、同年 3 月 23 日付けで、高年齢者雇用安定法 9 条 2 項所定の継続雇用基準を含むものとして、高年齢者継続雇用規程を定め、これを従業員に周知する手続を執った。

　　高年齢者継続雇用規程の概要は、以下のとおりである。

---

①　Y 社は、継続雇用を希望する高年齢者のうちから選考して、高年齢者を採用する

②　Y 社は、高年齢者の在職中の業務実態及び業務能力につき作成された査定帳票の内容等を所定の方法で点数化し、総点数が 0 点以上の高年齢者を採用し、これに満たない高年齢者は原則として採用せず、また、採用した高年齢者の労働時間につき、総点数が 10 点以上の高年齢者は週 40 時間以内とし、これに満たない高年齢者は週 30 時間以内とする

③　継続雇用の最長期限につき、平成 22 年 4 月 1 日から平成 25 年 3 月 31日までの期間においては、満 64 歳までの雇用とし、従業員が満 64 歳に達した日をもって退職とする

④　賃金については、満 61 歳の時の基本給の額及び採用後の 1 週の労働時間から所定の計算式で算出される金額を本給の最低基準とし、所定の手当等を支給する

4．裁判所の判断

　　総合点数 1 点であり継続雇用基準を満たしていた X が、嘱託雇用契約の終了後も雇用が継続されるものと期待することには合理的な理由がある。再雇用をすることなく嘱託雇用契約が終了したとすることは、客観的に合理的な理由を欠き、社会通念上相当であると認められないと判断された。

その結果、嘱託雇用契約終了後も再雇用されたのと同様の雇用関係が存続し、その期限や賃金、労働時間等の労働条件については継続雇用規程の定めに従うことになる。総合点数は１点であるため労働時間は週 30 時間となる。

なぜ会社は負けたのか？　弁護士のポイント解説

平成 16 年改正の高年齢者雇用安定法は、まず、事業主がその雇用する労働者の定年の定めをする場合には、当該定年は 60 歳を下回ることができないと規定した上で（同法８条）、65 歳未満の定年の定めをしている事業主は、その雇用する高年齢者の 65 歳までの安定した雇用を確保するため、以下のいずれかの高年齢者雇用確保措置を講じなければならないと規定しました（同法９条１項）。

---

① 定年の引上げ
② 現に雇用している高年齢者が希望するときは、当該高年齢者をその定年後も引き続き雇用する制度（継続雇用制度）の導入
③ 定年の定めの廃止

平成 16 年改正法は、②の継続雇用制度については、事業主が、当該事業場の労働者の過半数で組織する労働組合又は、同組合がない場合、労働者の過半数を代表する者との書面による協定により、この制度の対象となる高年齢者に係る基準を定め、当該基準に基づく制度を導入したときは、継続雇用制度の措置を講じたものとみなすと規定し（旧９条２項）、定年後の継続雇用者を事業場の労使協定の定める基準によって選別できることとしました。

平成 24 年改正の高年齢者雇用安定法は、労使協定の定める基準によって継続雇用措置の対象者を選別できるとする旧９条２項を削除し、事業主に対し、定年到達者のうち継続雇用を希望する者全員を継続雇用することを義務づけました。

本件の高年齢者継続雇用規程は、この旧９条２項に基づいた、継続雇用措置の対象者の選定基準が定められていましたが、選定基準を満たし、嘱託雇用契約終了後も再雇用されたのと同様の雇用関係が存続したとして、会社が敗訴しています。

会社が負けた敗因は以下の３点です。

第 1 章　労働契約の成立・内容・変更

1．選定基準が明確でなかった

　高年齢者継続雇用規程の選定基準は、査定帳票に記載された内容により継続雇用の可否及び継続雇用した者の労働条件を決定するものと定めていました。

　ところが、本件では、会社は複数年度の査定帳票を用いて査定をしたのです。

　選定基準においては継続雇用対象者につき複数年度の査定帳票を用いるとの内容は全く記載されておらず、基準の運用方法は社員には明らかにされていませんでした。

　裁判所は、継続雇用規程から読み取れないような選定基準の運用は許されないとして、継続雇用の可否の判断の基礎となる「査定帳票」は、会社の用いた複数年度の査定帳票ではなく、直近の単年度の査定帳票によるべきであるとされました。

　このように、**選定基準が単年度か複数年度か明確に定められていなかったこと**が、会社が負けた敗因の1つです。

2．評価内容が杜撰であった

　本件で問題となる査定帳票の内容について、Xの総合点数は1点（保有資格0点、業務習熟度表0点、社員実態調査票マイナス4点、賞罰実績5点）となり、継続雇用基準を満たしていたと判断されました。

　確かに、Xの作業の質、作業効率が悪いという上司の年間を通じての判断が直ちに不当とはいえない内容であり、退職前の10年間において、Xが優秀であると評価されたことはなく、むしろ標準に達しないと評価されていたことから、業務習熟度表（0点）及び社員実態調査票（マイナス4点）の記載内容は相当なものであると判断されました。

　ところが、会社は、賞罰実績を「マイナス2点」と採点していましたが、会社が考慮した譴責処分は実は単なる始末書の提出であって懲戒処分ではなかったことや、他方、会社が考慮していない事業場長表彰が1回あることなどが判明しました。その結果、賞罰実績は5点となり、総合点数が1点になったのです。

　このように、**査定帳票における評価内容が杜撰であった**ことも、会社が負けた敗因の1つになっています。

3．雇用継続への合理的期待を軽視した

　Xは、昭和41年（1966年）3月7日から勤務を開始し、嘱託雇用契約終了日とされた平成21年（2009年）1月20日まで、約43年間、Y社に勤務し続けました。

　このように、新卒又は第2新卒として入社し、そのまま長期雇用の枠組の中で同一の企業で働き続けている高齢者は、雇用継続への期待が法律上保護されやすい傾向にあります。

　このように、**雇用継続への合理的期待を軽視した**ことも、会社が負けた敗因の1つになっています。

　本件の負けたポイントをまとめますと、以下の3つとなります。

裁判で負けたポイント	
1	選定基準が明確でなかった
2	評価内容が杜撰であった
3	雇用継続への合理的期待を軽視した

勝つために会社は何をすべきか？　　社労士のポイント解説

1．定年後の継続雇用制度

　平成24年改正の高年齢者雇用安定法（平成25年4月1日施行）の改正は次の通りです。会社が65歳未満の定年を定めている場合で、「高年齢者雇用確保措置」として継続雇用制度の導入を選択している場合には、**原則として、就業規則上の解雇事由又は退職事由に該当しない「希望者全員」を、65歳まで継続雇用制度の対象者とすることが必要となりました。**つまり、旧法の段階（平成25年3月31日以前）では許されていた対象者を選抜しての継続雇用制度の適用は原則として許されなくなりました。

第1章　労働契約の成立・内容・変更

　しかし、**例外として、旧法の段階で既に労使協定などで継続雇用制度の適用対象者の「選抜基準」を規定し、その基準に基づき対象者の選抜を実施していた企業については、「経過措置」の適用**が認められています。この経過措置に該当する企業は、**下記の時期ごとに定める年齢までは希望者全員の継続雇用が必要になるものの、当該年齢以降については、旧法の段階で規定した「選抜基準」に基づいて対象者の選抜が可能**です。

○平成 31 年 3 月 31 日まで・・・62 歳までについては希望者全員

○平成 34 年 3 月 31 日まで・・・63 歳まで　　　　〃

○平成 37 年 3 月 31 日まで・・・64 歳まで　　　　〃

２．続雇用制度の規定

　会社が改正法の原則要件に該当するのか、また経過措置に該当するのかで、以下のとおり就業規則の規定内容が違ってきます。

【規定例：原則的なケース】

（定年）

第○条　従業員が満 60 歳に達した日を定年とする。

２．前項にかかわらず、本人が希望し、本規則第○条で定める解雇事由又は本規則第○条で定める退職事由（ただし、第○号（定年に達した場合）を除く）（以下、本条内「解雇事由等」という。）に該当しない者については、満 65 歳に達する日が属する賃金計算期間の末日までを限度に嘱託社員として再雇用するものとする。

３．前項に基づく再雇用後の雇用契約期間、労働条件等は、別途定める「嘱託社員就業規則」及び再雇用時に個別に決定するものとし、定年以前と同一の職種及び労働条件を約束するものではない。

---

7. 定年後継続雇用

【規定例：経過措置が適用されるケース】

（定年）

（中略）

２．前項にかかわらず、本人が希望し、本規則第○条で定める解雇事由又は本規則第○条で定める退職事由（ただし、第○号（定年に達した場合）を除く）（以下、本条内「解雇事由等」という。）に該当しない者であって、高年齢者雇用安定法一部改正法附則第３項に基づきなお効力を有することとされる改正前の高年齢者雇用安定法第９条第２項に基づく労使協定の定める基準（以下、本条内「基準」という。）のいずれにも該当する者については、満65歳に達する日の属する賃金計算期間の末日までを限度に、嘱託社員として再雇用を行う。なお、本人が希望し、解雇事由等に該当しない者であって、基準のいずれかを満たさない者については、次項で定める適用年齢まで嘱託社員として再雇用を行う。

３．前項後段なお書きの場合において、前項で定める基準の適用については、以下の各号の区分に応じ、それぞれの時期に応じた年齢以上の者を対象に行うものとする。

(1)　平成28年4月1日から平成31年3月31日まで・・・62歳

(2)　平成31年4月1日から平成34年3月31日まで・・・63歳

(3)　平成34年4月1日から平成37年3月31日まで・・・64歳

（後略）

３．継続雇用制度の選抜基準

　65歳未満の継続雇用の「選抜基準」は、旧法の経過措置が適用される企業に限定されますので、今後新たに発生することはありません。しかし、厚生労働省の高年齢者雇用安定法Ｑ＆Ａにて「経過措置により基準を定める場合、これまでの労使協定をそのまま利用することのほかに、**内容を変更して新たに労使協定を締結して、新たな基準を定めることもできますが**、この場合も、**具体性・客観性を備えた基準とすること**が求められます。」と記載されているように、**旧法の段階で締結した労使協定の内容変更は十分想定されます**。この「具体性・客観性」とは、厚生労働省

89

第1章　労働契約の成立・内容・変更

が以前に『改正高年齢者雇用安定法Ｑ＆Ａ』において、一定の基準を定めています。

○意欲、能力等をできる限り具体的に測るものであること
○必要とされる能力等が客観的に示されており、該当可能性を予見することができるものであること

また、これに関する、具体的な基準に関して、過去の通達を勘案すると以下の例が想定されます。

○社内技能検定レベルＡ以上の者
○営業経験が豊富な者（全国の営業所を３か所以上経験）
○過去３年間の勤務評定がＣ以上（平均以上）の者　など

（参照通達：平 16.11.4 職高発 1104001 号）

加えて、**65 歳を超える年齢以降の継続雇用制度**を設定する会社が増えてきています。この制度は現行法の原則の義務を超える継続雇用制度ですので、この「具体性・客観性」を踏まえた**「選定基準」を会社が自由に設定**して運用することができます。

旧法の選定基準を改定する場合と改正法の義務を超える年齢以上の継続雇用制度では、前掲の津田電機計器事件の負けポイント①選定基準が明確でなかった②評価内容が杜撰であったことを踏まえた、正しい「選定基準」の設定と運用をしてください。

4．第二定年・第三定年の規定づくり

定年後の継続雇用と「無期労働契約への転換」との関係性も重要なポイントです。なお、無期労働契約への転換とは、**有期労働契約が反復更新されて、有期労働契約期間が通算５年を超えた場合には、労働者の申し込みにより、労働契約を期間の定めのない労働契約に転換できるルール**のことです。

これについては、平成 27 年４月１日施行の専門的知識等を有する有期雇用労働者等に関する特別措置法（有期雇用特別措置法）によって、以下のいずれかの労働者については、都道府県労働局長の認定によって、無期転換ルールから除外することが可能です。

7．定年後継続雇用

1	専門的知識等を有する有期雇用労働者（高度専門職）
2	定年に達した後、引き続いてその事業主に雇用される有期雇用労働者

　定年退職後の再雇用は上記2のケースで、これについては**都道府県労働局長に「第二種計画認定申請書」を提出する**ことで、**有期雇用特別措置法所定の無期転換ルールの例外認定を受ける**ことができます。

　また、継続雇用は嘱託社員など有期労働契約者としての再雇用だけではありません。場合により、期間の定めのない労働契約の正社員として、定年年齢以降も就業を継続するケースもあります。**そこで、重要になってくるのが、第二定年・第三定年等の定めです。**

（定年、第二定年、第三定年及び第四定年以降）

第○条　社員の定年年齢は、会社への入社時の年齢により、次の各号に区分し、
　　　　当該各号に掲げる年齢とする。
　(1)　60歳未満…60歳（定年）
　(2)　60歳以上65歳未満…65歳（第二定年）
　(3)　65歳以上70歳未満…70歳（第三定年）
　(4)　70歳以上…71歳以降1歳刻み（第四定年以降）
2．前項の規定により定年年齢に達した社員は、当該定年年齢が属する賃金計
　　算期間の末日を以て定年退職とする。ただし、前条第1号の定年年齢以降に
　　入社した社員及び前条各号の定年年齢に達したものの当該各定年年齢で定年
　　退職せずに勤務を継続した社員については、前項の「会社への入社時の年齢」
　　を「会社への入社又は定年退職せず継続雇用された時の年齢の、いずれか高
　　い方の年齢」と読み替えて、前各号の新たな定年年齢を適用するものとする。

　第二定年、第三定年などをどこまで規定するべきか、また年齢を何歳に設定するべきかは、「会社の実態」によって異なります。したがって、各社の実情に合った規定を設定してください。

　なお、上記の規定例では、70歳以上の継続雇用者には、第四定年以降として1歳刻みの定年年齢が設定されていきます。これは、現行法では70歳以上の継続雇用への期待は高くないということを鑑みての規定です。

91

第1章　労働契約の成立・内容・変更

5．嘱託社員の類型を踏まえた規定づくり

　会社に雇用される嘱託社員は、自社を定年退職した後に再雇用された者ばかりではありません。他社を定年退職や早期退職等によって退職し、この会社に嘱託社員として雇用された高齢社員も少なくありません。したがって、嘱託社員就業規則は、自社を定年退職して嘱託社員として再雇用される社員だけではなく、**他社から入社してくる嘱託社員をきちんと想定した条文**にしておかなくてはなりません。

（会社の正社員の定年退職後の継続雇用以外での嘱託社員として新規採用）
第○条の2　会社は、会社の正社員の定年年齢を超える前項以外の者で嘱託社
　　　　　員としての就労を希望する者に対し、次の書類の提出を求めたうえで、
　　　　　面接試験を行い、これに合格した者を嘱託社員として採用することが
　　　　　ある。
（以下略）

　この経路の入社者は、当然前述の65歳までの雇用継続義務もありませんので、各契約期間ごとに更新の判断をしてください。また、前述の定年及び第二定年以降の定めを、嘱託社員就業規則にも定めておくことを忘れないでください。

6．定年後の継続雇用時の担当業務と賃金決定は要注意

　定年退職後に嘱託社員等として新たな労働契約を締結する場合には、定年以前より一定水準の賃金減額は許されます。

　これは、長澤運輸事件（最判平30.6.1）にて、「定年退職後の継続雇用における賃金を定年退職時より引き下げること自体が不合理であるとはいえない」と判示されていることから明白です。なお、Ｘ運輸事件（大阪高判平22.9.14）のように、嘱託社員等としての賃金額が定年退職時の54.6％に減額されても許容されている事例もあります。

　長澤運輸事件では、定年後の継続雇用についても労契法20条の適用を受けると判示しているので、今後の同様のケースでは同法の「**不合理な相違**」の有無が重要になります。これについては、以下の3点について裁判所の判断を検討します。

7．定年後継続雇用

(1) 職務の内容等の変更の有無

定年後の継続雇用の際には、必ずしも職務の内容等を変更する必要まではなく、逆に一定の範囲内の変更は許容されます。しかし、職種すら異なるレベルの大幅な変更は許容されにくいです。

長澤運輸事件では、定年前後で「職務の内容並びに当該職務の内容及び配置の変更の範囲」がほとんど相違がないと認定されました。しかし、正社員と定年後の継続雇用の嘱託乗務員との間の賃金格差が、後述の範囲内の減額率に収まったことと、その他の考慮要素があったことから、今回の賃金減額を「不合理な相違」とまでは判断しませんでした。

また、定年後の継続雇用では、トヨタ自動車ほか事件（名古屋高判平28.9.28）のように業務が大幅に変更になるケースもあります。トヨタ自動車ほか事件では、改正高年齢者雇用安定法の趣旨からすると、定年前後で異なる業務を提示することまでを否定してはいません。しかし、同法の趣旨・目的からすると職種が異なるなど定年前後で全く性質が異なる業務になると、許容されにくいと考えられます。

したがって、次に述べる賃金額（減額幅）との兼ね合いになりますが、実務的には、定年前後で同種の範囲内でその減額幅に見合うレベルの業務内容を設定することが求められます。

(2) 減額率（幅）

前述のとおり、定年前後で「職務の内容並びに当該職務の内容及び配置の変更の範囲」に相違がなくとも、一定程度の賃金減額は許容されます。しかし、改正高年齢者雇用安定法の趣旨に照らして到底容認できないような低額の給与水準を提示することは認められません。

長澤運輸事件での減額率（幅）は、「嘱託乗務員の賃金（年収）は、定年退職前の79％程度となることが想定」される範囲でした。これは、「年収ベースで2割前後賃金が減額」という、独立行政法人労働政策研究・研修機構（JILPT）の平成26年調査結果での同規模の運送業の継続雇用時の減額率と比較しても、「直ちに不合理であるとは認められない」と判示されました。

また、同判決では、正社員の能率給に対応するものとして歩合給を設けて支給割合を高めたこと、無事故手当を増額したこと、老齢厚生年金が支給されない期間について調整給を支払ったこと、労働組合との間で一定程度の協議が行

第 1 章　労働契約の成立・内容・変更

われ一定の労働条件の改善を実施したことも、労契法 20 条違反に当たらない考慮要素とされたことも注目できます。

　　一方、地位確認等請求控訴事件（福岡高判平 29.9.7、平 30.3.1 上告棄却）は、本人希望によらない短時間労働者としての継続雇用とそれに伴う極めて高率の減額率の有効性が争点となった裁判例として注目されました。この事例では、定年前は賃金額が月額 330,550 円（時給換算 1944 円）の正社員であったものの、継続雇用後は時給 900 円のパート社員（月収換算で 8 万 6400 円）となり、定年前の 25％程度まで低下（75％減）させたことは違法と判示されました。

　　したがって、トヨタ自動車ほか事件でもいわれたとおり、改正高年齢者雇用安定法の趣旨に照らして到底容認できないような定額の給与水準を提示することは認められません。

(3)　その他

　　本人希望によらない短時間労働者としての継続雇用とそれに伴う極めて高率の減額についても、改正高齢法の趣旨・目的に照らして認められません。

　　これは、トヨタ自動車ほか事件や前節記載の地位確認等請求控訴事件（福岡高判平 29.9.7、平 30.3.1 上告棄却）での判示で明らかになっています。

8．副　業

| 判例 | **十和田運輸事件** |
| | （東京地裁平成 13 年 6 月 5 日判決） |

負け判例の概要

1．事案の概要

(1)　Y 社（被告）は、貨物運送等を業とする株式会社であり、X 1 及び X 2（原告ら）は、M 電器の家電製品を各小売店に配送する業務を行う社員である。

(2)　本件は、Y 社が、X らのアルバイト行為を理由とした懲戒解雇若しくは普通解雇の有効性が争われた事案である。

　　なお、X らのアルバイト行為とは、各小売店への配送の際に、小売店から家電製品の払下げを受けてリサイクルショップ B 社に持ち込み代価を得る、というものであった。

2．Y 社が成立した経緯

　　Y 社代表者 C 社長は、もともと旧 Y 社（Y 社と同名であるが別会社）の代表取締役であったが、昭和 61 年ころ経営不振に陥って解散となった。

　　旧 Y 社の営業は A 社に譲渡され、旧 Y 社が行っていた業務は従業員を含めそのまま承継された。C 社長は、A 社において所長として就任した。

　　C 社長は、平成 8 年 10 月、Y 社を設立し、A 社から、旧 Y 社が行っていた業務の範囲の営業を、従業員を含めて譲り受けた。

3．労働者らのアルバイト行為が発覚した経緯

　　C 社長は、平成 11 年 2 月頃、事故に遭って休んでいた社員に代わって配送業務を行った際、配送先の小売店から、X 1 が廃棄物である家電製品を引き取りに来ていたことを聴取した。

95

第1章　労働契約の成立・内容・変更

　　C社長は、同年3月1日、B社に赴いたところ、X1が荷物の積み込みを行っていたのを目撃し、さらに、翌日の同月2日も同じく赴いたところ、X1がいるのを目撃した。

　　同日、C社長は、X1が立ち去るのを確認した後、B社に事情聴取したところ、「シャッターの鍵は本人たちに預けてあるから、来たときにはいつでもノートに記帳してもらい、後でまとめて支払っている」との情報を得ることができた。

4．懲戒解雇

　　Y社は、同年3月16日にX1に対し、同月29日にX2に対し、「懲戒解雇通知書」を発した。

　　「懲戒解雇通知書」の内容は、大要以下のとおりである。

- 長年にわたり運送先の店舗より家電製品の払下げを受け、B社に搬入し代価を受けていたことが判明した
- 勤務時間中に行っていた行為であり、かつY社の車両を使用して行っていた
- 職務専念義務に違反するものであり、就業規則24条・同27条に違反し、29条の懲戒解雇に該当する

5．裁判所の判断

(1)　各解雇当時、Y社には就業規則が存在しなかったのであるから、各解雇は、懲戒解雇として無効である。

(2)　各解雇の意思表示は、普通解雇の意思表示とみることができる余地もあるが、職務専念義務に違反し、信頼関係を破壊したとまではいえず、各解雇は解雇権の濫用に当たり無効である。

8．副　業

なぜ会社は負けたのか？　弁護士のポイント解説

　我が国では、就業規則に「会社の承認を得ないで他の会社に雇い入れられることを禁ずる」といった条項がおかれ、副業が禁止されたり、届出や許可を要するとされたりすることが多いです。こうした規定のもとで副業がなされた場合に、就業規則に違反したという理由で解雇や懲戒手続、又は退職金の不支給という方法により副業に制裁を加え、その有効性等を巡り裁判になることがあります。

　確かに、労働者は、労働契約の最も基本的な義務として、使用者の指揮命令に服しつつ職務を誠実に遂行すべき義務を有し、したがって労働時間中は職務に専念し他の私的活動を差し控える義務を負担しています（職務専念義務）。

　しかし、労働者は労働契約を通じて1日のうち一定の限られた時間のみ、労務に服するのが原則であり、就業時間外は本来労働者の自由であるため、就業規則で副業を全面的に禁止することは、基本的に合理性を欠くものといえます。

　過去の裁判例も、このような副業許可制の違反について、**①労務提供上の支障が生じた場合や②企業秩序への影響がある場合**に限り、懲戒処分の対象となると解しています（例えば、小川建設事件（東京地決昭 57.11.19））。

　①については、労働者がその自由時間を精神的肉体的疲労回復のため適度な休養に用いることは次の労働日における誠実な労働提供のための基礎的条件をなすものであるからです。②については、副業の内容によっては企業の経営秩序を害し、又は企業の対外的信用、体面が傷つけられる場合もありうるからです。

　以下では、本件も副業による懲戒解雇の是非が問われた事案ですが、一見すると労働時間中に副業が行われており、職務専念義務違反の程度は悪質のようにも見えますが、それでも会社は負けてしまいました。

　会社は、どうして負けたのでしょうか。

1．就業規則と照らし合わせて解雇通知書を作成していない

　会社は、A社から営業譲渡を受けて設立され、その際に労働契約の内容である就業規則も承継されたので、本件の懲戒解雇は本件就業規則に基づき行われたと主張しました。

97

第1章　労働契約の成立・内容・変更

　ところが、本件解雇に係る通知書に記載された根拠条文の提示が解雇とは全く無関係の条文でした。

　会社は、どうしてこのような誤記に至ったのか合理的に説明ができず、結局、本件解雇の時点で会社が本件就業規則の存在を認識していなかったと認定されたのです。就業規則が存在しない以上、会社は社員を懲戒解雇することはできません。

　本件就業規則が周知されたことを示す証拠もなく、本当に本件就業規則が存在していたのか疑わしい点もありますが、仮に本当に存在していたのであれば、このような根拠条文の誤記は致命的であり、**就業規則の各条項と照らし合わせながら解雇通知書を作成しなかった**ことが大きな敗因となっています。

2．事実関係の調査が不十分であった

　以上のとおり、会社による懲戒解雇は無効となりましたが、本件判決は、会社が懲戒解雇に固執していないこと、普通解雇は懲戒解雇に比して労働者に有利であると考えられることを理由として、懲戒解雇の普通解雇への転換を肯定できる余地があるとしました。

　ところが、普通解雇をしてみた場合であっても、結局、本件解雇は解雇権の濫用にあたり、無効であると判断されています。

　会社は、解雇理由である「アルバイト行為を頻繁に行っていたこと」の根拠として、本件ノートを挙げましたが、本件ノートを見ても、Ｘ１の氏名が記載されているのは一箇所であり、Ｘ２に関する記載はありませんでした。本件ノートには、Ｘらが持ち込んだと思しき家電製品に関する記載も見当たりましたが、あくまでも会社の憶測の域を超えなかったのです。

　そのため、Ｘらがアルバイト行為を行った頻度は、Ｘらが自認している「年間１～２回程度」と認定されたのです。

　その上で、本判決は、「被告は、本件ノートを入手し、原告らが本件アルバイト行為を頻繁に行っていたと認識した後に、原告らに対してその事実関係を確認することなく本件各解雇に至っていることをも併せて考えれば、本件各解雇は、十分な根拠に基づいて行われた解雇ではないといわざるを得ない」と厳しく判断されています。

　解雇に当たって、**事実関係の調査が十分に行われていなかった**ことも大きな敗因となっています。

98

8. 副 業

3．労務提供への支障等の有無・程度を検討した形跡がない

　Xらがアルバイト行為を行った頻度が年間1〜2回程度と認定されたことにより、「被告の業務に具体的に支障を来したことはなかった」と評価されて、最終的に、「原告らが職務専念義務に違反し、あるいは、被告との間の信頼関係を破壊したとまでいうことはできない」と判断されています。

　労働者の副業について、職務専念義務に違反するか否か、さらに解雇が相当であるか否かを判断する上では、「労務提供に支障があるか」「会社の信用、名誉の侵害の有無、会社の損失」などを慎重に検討しなければなりませんが、会社には、このような検討がなされた形跡がありませんでした。

　この点について、Xらから「原告らがB社に出入りする時間も、…休憩を取ることなく勤務して生まれる時間によるものであり、休憩時間をとる時間が各自の自由に任されていたことを考えれば、B社への出入りは原告らが自由に利用できる休憩時間内の行為に等しい」「原告らのB社への出入りは、原告らの業務である家電製品の小売店への配送が終了した後に行われており、業務に支障を来すことは全くなかった」と主張されていますが、会社からは合理的・説得的な反論がなされておりません。

　「労務提供に支障があるか」「会社の信用、名誉の侵害の有無、会社の損失」などの事情もなく解雇がなされたことも、大きな敗因となっています。

4．黙認していたと誤解された

　特に大きな敗因は以上の3点ですが、本件判決は、「原告らは自らのこのような行為についてC社長が許可、あるいは少なくとも黙認しているとの認識を有していたこと」も、「原告らが職務専念義務に違反し、あるいは、被告との間の信頼関係を破壊したとまでいうことはできない」理由に挙げています。

　本件判決は、C社長自身が、会社代表者として、このような副業を了承したとは認められないとしつつ、Xらがこのような認識をしていたことは認めたのであり、その事実認定の手法にやや疑問もなくはないのですが、これを善解すると、**黙認していたと誤解される言動があったことが敗因の1つになっていた**ということができるでしょう。

99

第1章　労働契約の成立・内容・変更

　なお、この点について、Xらは、「X1は、A社時代に、Cに対し、B社のこと
を説明しており、Cもこれを了解し、積極的に勧めていた」「Y社がA社の営業を
譲り受けた後も、Cは、XらがB社へ家電製品を持ち込んでいることを当然知って
おり、これを知りながら規制するということは全くなかった」「XらとしてもCが
当然了解しているものと考えており、これがY社の規制に違反するなどの意識は全
くなかった」と主張していました。会社には、このような主張を完全に退けるほど
の説得力のある反論も証拠もなかったのでしょう。

　本件の負けたポイントをまとめますと、以下の4つです。

裁判で負けたポイント	
1	就業規則と照らし合わせて解雇通知書を作成していない
2	事実関係の調査が不十分であった
3	労務提供への支障等の有無・程度を検討した形跡がない
4	黙認していたと誤解された

　　勝つために会社は何をすべきか？　　社労士のポイント解説

1．副業制限可能な4つの要件

副業の全面禁止は難しく、「許可制」を採っているケースが少なくありません。
　会社が副業を禁止又は制限できる事由は、過去の裁判例から、以下の4つのケー
スに限定されます。

1	労務提供上の支障がある場合
2	企業秘密が漏えいする場合
3	会社の名誉や信用を損なう行為や、信頼関係を破壊する行為がある場合
4	競業により、企業の利益を害する場合

8．副業

　マンナ運輸事件（京都地判平 24.7.13）のように、理由のない不許可で不法行為
に基づく損害賠償が一部容認された事案もあることから、**就業規則での許可制を規
定している会社も、正しく許可判断ができるよう書式の整備など運用を改めていか
なければなりません。**

２．４つの要件を踏まえた規定と申請書の整備

　**就業規則が副業を全面禁止にしている場合には、前述の４つのポイントを踏まえ
た許可判断ができるような規定に改定してください。**

（副業）

第○条　社員は、会社の勤務時間外において、他の会社等の業務に従事するこ
　　とができる。

２．社員は前項の場合には、会社が定める形式で申請を行わなくてはならない。
　　副業の態様等が変更した場合も同様に変更の申請を行わなくてはならない。

３．社員の副業の態様が「従業員」（兼務役員、登記しない顧問・相談役・執
　　行役員等も含む）である場合には、会社に当該副業先での労働時間を、会社
　　が定める時期に会社が定める方法で報告しなくてはならない。

４．会社は、社員が第２項の申請に基づく副業に従事することにより、次の各
　　号のいずれかに該当する場合には、当該副業を禁止又は制限することができ
　　る。

　(1)　労務提供上の支障がある場合

　(2)　企業秘密が漏えいする場合

　(3)　会社の名誉や信用を損なう行為や、信頼関係を破壊する行為がある場合

　(4)　競業により、企業の利益を害する場合

　次に、上記規程例の第２項で定める申請のために、後掲のような**申請書を整備**し
てください。この申請書のポイントは、**副業の禁止・制限事由となる４つの要件の
該当性を会社が確認できる質問条項を設定すること**です。前掲の十和田運輸事件の
負けポイントの２つ目以降は全て会社の調査不足が原因です。したがって、この教
訓を踏まえて、申請書では、勤務等の日数・時間数や役員・従業員等の就業形態だ
けでなく、担当する職務を具体的に記載させることや、役員等に該当する場合には

101

第1章　労働契約の成立・内容・変更

経営への参画の有無を確認することも忘れないでください。

　なお、この規定例と後掲の申請書式例は、自社が本業で別の会社等で副業するケースだけでなく、自社が副業先であるケースも想定したものにしています。

3．退勤後のアルバイト就業の場合

　退勤後のアルバイト就業の場合の可否判断は、前述の4つの要件である、①労務提供上の支障がある場合、②企業秘密が漏えいする場合、③会社の名誉や信用を損なう行為や、信頼関係を破壊する行為がある場合、④競業により、企業の利益を害する場合の中の、主として「**労務提供上の支障がある場合**」に該当するか否かで判断します。したがって、完全禁止は難しく、後述の申請書によって社員に事実を申請させて、「支障」を判断しなくてはなりません。

　これについては、3つの裁判例を紹介します。

　副業の制限が有効と判断された裁判例としては、24時間の昼夜勤務及び12時間の夜間勤務に従事する保安要員が、ほぼ連日日中に8時間以上にわたり雑役工に従事していた事案（永大産業事件（大阪地判昭31.11.13））や、毎日6時間のキャバレーでの深夜勤務を無断で行っていた事案（小川建設事件（東京地決昭57.11.19））などがあります。

　一方、副業の制限が無効となった裁判例としては、大学教授が無許可で夜間や休日に語学学校講師などの業務に従事していた事案（東京都私立大学教授事件（京都地判平24.7.13）などがあります。

　このように、退勤後のアルバイト就業の場合であっても、完全不許可は難しく、申請書によって希望する副業の態様を詳しく会社に申請させて、疲労蓄積による本業への影響などの「労務提供上の支障がある場合」を中心に、可否判断をしていかなければなりません。

4．親族の経営する会社等の役員就任の場合

　親族の経営する会社等の役員就任の場合の可否判断は、前述の4つの要件である、①労務提供上の支障がある場合、②企業秘密が漏えいする場合、③会社の名誉や信用を損なう行為や、信頼関係を破壊する行為がある場合、④競業により、企業の利益を害する場合のいずれかに該当するか否かで判断します。したがって、これも完

全禁止は難しく、後述の申請書によって社員に事実を申請させて、「支障」を判断しなくてはなりません。

　会社の管理職にある社員が直接経営に関与しないものの、競業会社の取締役に就任したことの懲戒解雇事由該当性を肯定した事案（橋元運輸事件（名古屋地判昭47.4.28））があります。この裁判例では、上記４つの要件のうちの「企業秘密が漏えいする場合」と「競業により、企業の利益を害する場合」が障害となりました。このように、経営や実務に直接かかわらない場合であっても、競業会社の場合はより厳格に可否判断がされます。

　しかし、競業会社ではない親族企業の名目上の取締役就任で経営や実務に参画しないケースでは**前述の４つの要件のいずれにも該当せず、不許可や制限は難しい**です。

５．副業における労働時間管理の考え方

　まず、労基法38条では「**労働時間は、事業場を異にする場合においても、労働時間に関する規定の適用については通算する**」と規定しています。また、ここでいう「事業場を異にする場合」には、**事業主が異なる場合も含む**と通達で示されております（昭23.5.14基発769号）。

　つまり、本業と副業が労働契約である場合には、**労働時間は通算**され、法定労働時間を超えたら時間外労働手当が、法定休日に就業させたら休日労働手当が必要です。これらの割増賃金の支払い義務は、「一般的には、**通算により法定労働時間を超えることとなる所定労働時間を定めた労働契約を時間的に後から締結した使用者**」とされています（厚生労働省「「副業・兼業の促進に関するガイドライン」Q＆A」）。

　近時は、転職などによる就業先の変更はもはや珍しいことではないので労働契約締結の順番は入れ替わりますし、また下記のような例外ケースもあることから、**自社が本業・副業であるかを問わず、会社が副業先（又は本業先）労働時間を把握できる規定と仕組みを作っておくべき**です。

第1章 労働契約の成立・内容・変更

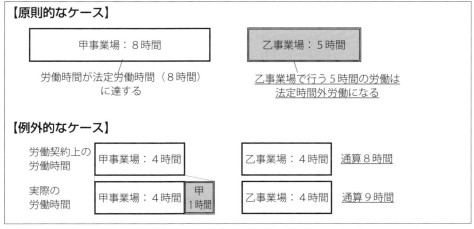

（出典）厚生労働省「「副業・兼業の促進に関するガイドライン」Q&A」

　月60時間を超える場合の5割以上の割増率や月45時間超60時間までの2割5分を超える努力義務の割増率の支払い義務が、本業・副業のいずれの会社にあるかという問題が実務上起こり得ます。「後から労働契約を締結した会社」に支払い義務があるという原則を踏まえれば、本業・副業であると関係なく「後から労働契約を締結した会社」に上記特例の割増率による割増賃金の支払い義務が発生するのではという議論があるので、社会保険労務士や弁護士に相談して、慎重な運用をしてください。

　したがって、やはり本業・副業問わず、**会社が労働時間を把握できる規定と仕組みを作っておくべき**です。

6．現実的な時間管理の方法

　自社の賃金計算期間に当てはめて労働時間を把握することが現実的です。自社の既存の勤務表に記入させて、**総務部等への毎月の報告期日を設定して報告させる**ことになります。

　他社での労働時間把握まで行うことになり労力が甚大になりますので、これをきっかけに、クラウド勤怠管理システムを導入されることを推奨します。

8．副　業

平成○年○月○日

株式会社○○○○
代表取締役○○○○　様

副業申請書（兼 副業内容変更届）

1．申請者に関する情報

社員番号		部署・役職		等級		氏名	

2．副業先に関する情報（変更届として提出する場合は変更内容のみ記入して下さい）

会社名	
会社住所	
会社電話番号	
会社ＵＲＬ	
就業形態 （該当するものに○）	・従業員（兼務役員、登記しない顧問・相談役・執行役員等も含む） ・法人役員（登記する取締役、執行役、監査役、理事等） ・自営業事業主、フリーランス ・その他（　　　　　　　　　　　　　　　　　　　　　　）
担当する職務 （具体的に記入して下さい）	
（就業形態が役員及び同待遇職 （登記しない顧問・相談役・執行役員等）の場合にのみ要回答） 経営への参画の有無	・あり ・なし
労働契約等の期間 （該当するものに○）	・期間の定め無し ・有期（　　　年　　　月　　　日　～　　　年　　　月　　　日　）
所定労働日及び日数	毎週（　　　曜日）・週（　　　日）・1か月（　　　日程度）
所定勤務時間	時　　　分　～　　　時　　　分

3．文書管理・決裁欄

稟議 No.	
人事部門担当役員	承認　　　㊞　　　・　　　非承認
役員会議決議	役員会議開催日：　　　　　／　可決印　・　否決印

105

第2章　労働時間・割増賃金

9.　固定残業手当
（テックジャパン事件）

10.　管理監督者
（ゲートウェイ 21 事件）

11.　事業場外みなし制度
（阪急トラベルサポート（派遣添乗員・第2）事件）

9. 固定残業手当

> 判例
>
> **テックジャパン事件**
> （最高裁平成 24 年 3 月 8 日判決）

負け判例の概要

1. 事案の概要

(1) Y社（被上告人、二審被控訴人、一審被告）は、人材派遣業を経営する会社であり、X（上告人、二審控訴人、一審原告）は、派遣労働者として就労していた社員である。

(2) 本件は、Xが、Y社に対し、平成 17 年 5 月から平成 18 年 10 月までの期間における時間外手当と付加金の支払等を求めた事案である。

2. 雇用契約の成立

Y社は、平成 16 年 5 月 26 日、以下の条件により、Xを派遣従業員として雇用した。

雇 用 期 間	平成 17 年 7 月 31 日まで
基 本 給	月額 41 万円
	ただし、 ①月間総労働時間が 180 時間を超えた場合 　　1 時間当たり 2,560 円を支払う ②月間総労働時間が 140 時間に満たない場合 　　1 時間当たり 2,920 円を控除する

108

9．固定残業手当

月間総労働時間数	約定の賃金
140 時間未満	基本給 41 万円－未満時間数× 2,560 円
140 ～ 180 時間	基本給 41 万円
180 時間超過	基本給 41 万円＋超過時間数× 2,560 円

3．在職中の勤務状況

(1)　X は、平成 17 年 5 月から平成 18 年 10 月までの間、毎月 1 週間当たり 40 時間を超える労働又は 1 日当たり 8 時間を超える労働をした。

　　その間の月間総労働時間は、平成 17 年 6 月は 180 時間を超えたが、それ以外の月は 180 時間以下であった。

(2)　本件雇用契約は、4 回更新され、X は、最終の契約満了日である平成 18 年 12 月 31 日に Y 社を退職した。

4．裁判所の判断

(1)　原審判決は、月間総労働時間が 180 時間を超えた平成 17 年 6 月は月間 180 時間を超える時間外労働に対する時間外手当の請求は認容すべきであるが、それ以外の時間外労働に対する時間外手当の請求は棄却すべきとした。

月間総労働時間数			時間外手当の請求
140 時間未満			×
140 ～ 180 時間	時間内労働		×
	時間外労働		×
180 時間超過	180 時間以下の部分	時間内労働	×
		時間外労働	×
	180 時間超過の部分		○

※「時間内労働」＝法定の労働時間を超えない労働時間
※「時間外労働」＝法定の労働時間を超える労働時間
　　　　　　　　1 週間当たり 40 時間を超える労働又は 1 日当たり 8 時間を超える労働

109

第2章　労働時間・割増賃金

原審判決がこのように判断した理由は以下のとおりである。

月間総労働時間が 140 時間から 180 時間までの労働について月額 41 万円の基本給を支払うとの合意について、Ｘは、給与の手取額が高額であることから、標準的な月間総労働時間が 160 時間であることを念頭に置きつつ、それを 1 か月に 20 時間上回っても時間外手当は支給されないが、1 か月に 20 時間下回っても基本給から控除されないという幅のある給与の定め方を受け入れ、その範囲の中で勤務時間を適宜調節することを選択したといえる。

そうだとすると、このような条件は、それなりの合理性を有するものであり、Ｘの基本給には、月間 180 時間以内の労働時間中の時間外労働に対する時間外手当が実質的に含まれているといえる。また、Ｘは、月間 180 時間以内の労働時間中の時間外労働に対する時間外手当の請求権をその自由意思により放棄したものとみることができる。

(2)　この原審判決の判断を不服としてＸが上告したのが本件であるが、最高裁は、以下のとおり、月間 180 時間以内の労働時間中の時間外労働に対する時間外手当について、「Ｘの基本給に含まれていない」「Ｘがその自由意思により放棄したものとみることができない」として、本件の制度の合理性を否定し、基本給 41 万円とは別に、月間 180 時間以内の労働時間中の時間外労働に対する時間外手当の支払いも命じた。

月間総労働時間数			時間外手当の請求
140 時間未満			×
140 〜 180 時間	時間内労働		×
	時間外労働		○
180 時間超過	180 時間以下の部分	時間内労働	×
		時間外労働	○
	180 時間超過の部分		○

9．固定残業手当

なぜ会社は負けたのか？　弁護士のポイント解説

　近年、雇用形態・就業形態の多様化あるいは産業経済の国際化等が進む中で、労働時間規制の多様化、柔軟化の要請が強くなってきています。そのような要請に応えるべく、労基法は、労働時間の1日の最長限度等を超えて労働しても例外的に時間外手当の支給対象とならないような変則的な労働時間制として、現在のところ、変形労働時間制、フレックスタイム制、裁量労働制が用意されていますが、いずれも要件、手続等が法令により相当厳格に定められており、かえって使い勝手の悪い側面もあります。

　そこで、労働時間規制の多様化、柔軟化を一定程度実現させる代替策として、しばしば、固定残業手当制度（定額残業手当制度）が用いられることがあります。

　本件も、基本給41万円が、標準的な月間総労働時間が160時間であることを念頭に置きつつ、それを1か月に20時間上回っても時間外手当は支給されないが、1か月に20時間下回っても基本給から控除されないという幅のある給与の定め方をした点について、労働時間規制の多様化、柔軟化を重視すれば、一見すると、原審判決の判断のように、合理性のある制度と評価できそうにも思えます。

　ところが、最高裁は、前述のとおり、月間180時間以内の労働時間中の時間外労働に対する時間外手当について、本件の制度の合理性を否定しました。

　本件で会社が負けた決定的理由は以下の2点と考えられます。

1．明確区分性を無視した制度設計になっていた

　固定残業制度が有効になるための要件として、**通常の労働時間の賃金に当たる部分と労基法37条1項の規定する時間外の割増賃金に当たる部分とが明確に判別することはできなければなりません**（明確区分性）。

　会社が割増の残業手当を支払ったか否かは、罰則（労基法119条1号）が適用されるか否かを判断する根拠となるものであるため、時間外労働の時間数及びそれに対して支払われた残業手当の額が明確に示されていることが必要です。そのため、通常の労働時間の賃金に当たる部分と時間外及び深夜の割増賃金に当たる部分とを判別し得ることが不可欠です。

111

第2章　労働時間・割増賃金

　ところが、本件の賃金体系は、このような明確区分性を無視した制度設計になっていたのです。例えば、月間180時間以内の労働時間中の時間外労働がされても、基本給自体の金額が増額されることはなく、どの部分が割増手当部分か全く分かりません。1か月の時間外労働の時間は、月間勤務日数が異なること等から大きく変動するため、なおさら分かりません。

　そのため、通常の労働時間の賃金に当たる部分と時間外の割増賃金に当たる部分とを判別することはできず、月間180時間以内の労働時間中の時間外労働に対する時間外手当は、基本給41万円に含まれていないと判断されたのです。

　本件の賃金体系が、明確区分性を無視した制度設計になっていたことが大きな敗因となりました。

2．賃金債権の放棄が困難であることの理解がなかったこと

　労働者による賃金債権の放棄がされたというためには、その旨の意思表示があり、それが当該労働者の自由な意思に基づくものであることが明確でなければならないとするのが過去の裁判例です（シンガー・ソーイング・メシーン事件（最判昭48.1.19））。

　本件の基本給41万円は、標準的な月間総労働時間（160時間）を上回っても時間外手当は支給されません。この部分の賃金債権を放棄する賃金体系であることを明確に説明し、Xが十分に納得していれば、結論が変わる余地もありますが、契約締結当時又はその後に、そのような説明等はありません。

　そもそも、毎月の時間外労働時間は大きく変動しているため、Xがその時間数をあらかじめ予測することが容易ではなく、賃金債権を事前に放棄すること自体が困難な事案であったともいえます。

　いずれにせよ、賃金債権の放棄が困難であることについて、十分理解できていなかったことも敗因といえます。

　本件の負けたポイントをまとめますと、以下の2つとなります。

裁判で負けたポイント	
1	明確区分性を無視した制度設計になっていた
2	賃金債権の放棄が困難であることの理解がなかった

9．固定残業手当

勝つために会社は何をすべきか？　**社労士のポイント解説**

１．固定残業手当の厳格傾向

　　固定残業手当について、近時は厳しい裁判例が相次いでいます。これは、今回の事例で取り上げたテックジャパン事件における最高裁補足意見（櫻井裁判官補足意見）の影響が少なくありません。

　　櫻井龍子裁判官の補足意見は、以下の３点に集約されます。

　１．毎月の給与の中に**あらかじめ**一定時間の残業手当を参入して支払われている場合には、その旨が**雇用契約上も明確にされていなければならない**

　２．**支給時に**支給対象の時間外労働の**時間数と残業手当の額が労働者に明示**されていなければならない

　３．上記２を**超えて残業**が行われた場合には当然その**所定の支給日に別途上乗せして残業手当を支給する旨**もあらかじめ明らかにされていなければならない

２．金額だけでなく時間数も明示

　　上記の櫻井龍子裁判官補足意見を踏まえて、**固定残業手当は、その金額だけではなく、当該固定残業手当が何時間分であるかを明確に記載しなくてはなりません。**

　　以下、就業規則（賃金規程）及び労働条件通知書での固定残業手当の規程例を示しておきます。

113

第2章　労働時間・割増賃金

（固定残業手当）

第○条　固定残業手当は、時間外労働手当として支給するものとする。

２．固定残業手当の金額及び時間数は、個別の労働契約にて従業員ごとに定めるものとする。ただし、当該時間数は、就業規則（本則）で規定する時間外労働等に関する労使協定（３６協定）の１か月当たりの時間外労働時間数の原則的な上限時間数又は 30 時間のいずれか少ない時間数を超えて設定してはいけない。

３．従業員各人について、実際に計算した各賃金支払い期における時間外労働時間数が、前項の時間数を超過する場合については、当該超過額を支給する。

<table>
<tr><td colspan="3" align="center">労働条件通知書　記載例（賃金）</td></tr>
<tr><td>1　基本賃金</td><td>（イ）月給（200,000円）、ロ　日給（　　　　円）</td></tr>
<tr><td></td><td>ハ　時間給（　　　　円）、</td></tr>
<tr><td></td><td>ニ　出来高給（基本単価　　　円、保障給　　　円）</td></tr>
<tr><td></td><td>ホ　その他（　　　　円）</td></tr>
<tr><td></td><td>ヘ　就業規則に規定されている賃金等級等（　　　　）</td></tr>
<tr><td>2　諸手当の額又は計算方法</td><td></td></tr>
<tr><td colspan="2">（イ）（固定残業手当：30,000円　／計算方法：19時間分の時間外労働手当として支給。時間外労働の有無にかかわらずこれを減額しない。実際の時間外労働時間数がこの時間数を超過したら超過額を支給する。）</td></tr>
<tr><td colspan="2">（後略）</td></tr>
</table>

3．長時間分の固定残業手当を設定しないこと

　櫻井龍子裁判官補足意見の３つのポイントを踏まえた就業規則（賃金規程）と労働条件通知書を作成することは、固定残業手当に関する労務管理の大前提です。その上で、固定残業手当の時間数は長時間とならないように注意する必要があります。

　これについては、マーケティングインフォメーションコミュニティ事件（東京高判平 26.11.26）が参考になります。この裁判例の事例では、概ね 100 時間という 36 協定の原則的な限度時間（月 45 時間）を大幅に超過する時間数分の固定残

業手当が設定されており、裁判では、これによって長時間の時間外労働を恒常的に行わせることに繋がり、限度時間の範囲内での時間外労働について規定した労基法36条の趣旨に反するものであることは明らかであるとして、100時間分の時間外労働手当として支給された営業手当の固定残業手当としての性質すらも否定されました。

固定残業手当を設定する際には、36協定の1か月の原則の限度時間である45時間又はたとえ45時間未満でもその会社の36協定の原則の限度時間を超過する時間を設定しないようにしましょう。

4. 営業手当で支払い済みはもう通用しない

営業手当の全額を固定残業手当とするのはやめてください。

まず、営業手当には、以下の2つの性質があります。

1	被服や靴など営業業務において必須の消耗品の経済的負担に対する補てんや、営業業務の精神的苦痛に対する手当の性質
2	固定残業手当的な性質（みなし労働時間制適用に伴う代償的な性質）

したがって、上記2つの性質が混在するのが営業手当ですから、その全額を固定残業手当的な性質の手当とする運用は正しくありません。

また、後掲の阪急トラベルサポート事件（事業場外みなし）（最判平26.1.24）などで判示されているとおり、近時のみなし労働時間制の適用はかなり厳しいです。したがって、**営業職であっても、みなし労働時間制の対象とならない場合には労基法の原則どおりに時間管理をし、時間外労働手当を適法に支給していってください。**

以下、就業規則（賃金規程）での営業手当の規定例を示しておきます。この規定例は、前述の営業手当の2つの性質と、時間管理をすることを踏まえたものです。

（営業手当）

第○条　営業手当は、従業員の等級に応じて次の各号の区分のとおり支給する。

(1)　ＡＭ級：月額 100,000 円

(2)　ＳＳ級：月額　75,000 円

(3)　Ｓ　級：月額　50,000 円

第2章　労働時間・割増賃金

２．前項の営業手当のうち、従業員の等級に応じて次の各号の区分する金額を、
　　19時間分の時間外労働手当として支給するものとする。
　　(1)　ＡＭ級：月額　45,000円
　　(2)　ＳＳ級：月額　35,000円
　　(3)　Ｓ　級：月額　30,000円
３．従業員各人について、実際に計算した各賃金支払い期における時間外労働
　　手当の時間数が、前項の時間数を超過する場合については、超過額を賃金支
　　払い日に支給する。

５．固定残業手当での嵩増しは通用しない時代

　前作の「労務管理は負け裁判に学べ！」では、正攻法（長時間労働の削減、時間
管理）を心がけることが何よりの対策であると述べております。この傾向は、**長時
間労働規制で顕著になっています**。また、当時はあまり想定されなかった、クラウ
ド勤怠管理システムの発達により、各企業がより長時間労働対策に取り組める環境
が整いました。

　加えて、平成30年1月1日付で職安法が改正され、虚偽又は誇大な内容の求人
を行った者に罰則が規定されました。特に、年俸や基本給等に含まれる「固定残業
手当」は金額だけではなくその時間数まで求人票等に明示することが求められるよ
うになりました。つまり、固定残業手当での「嵩増し」は通用しない時代になりま
した。

　企業は、業種や規模を問わず、固定残業手当で嵩増しせずとも、「まともな賃金」
を支払える、賃金構造改革をしていかなくてはなりません。賃金バンドの在り方か
ら、昇給幅、各種手当の意味合いや金額など全てに抜本的にメスを入れなくてはこ
の問題は解決しません。

　賃金構造改革の過程で、理想の給与体系と現実の自社の給与の間に、以下のよう
なギャップが顕在化することが少なくありません。

9．固定残業手当

1	新・賃金バンドの上限額・下限額を大きくはみ出す社員がいる
2	管理職の最下級が属する等級と管理職ではない最上級が属する等級とで、月給・年収で逆転現象が起こっている
3	管理職に支給するべき手当を分離することによって、基本給が平社員と大差ない水準になってしまう　など

　固定残業手当で嵩増しせずとも「まともな賃金」を支払える、管理職昇格でそれに見合う賃金差を設定できるようにするためには、数年程度の制度改革期間が必要です。したがって、早急に賃金構造改革を開始してください。

6．給与明細書への記載内容

　給与支給時に給与明細書で、以下の点はきちんと明記しておきましょう。

1	当該賃金支払期間中の時間外労働時間数
2	「固定残業手当」の支給額
3	上記2を超過して支給する時間外労働手当の差額

【賃金明細書 記載例】

　1か月平均所定労働日数20日、1日8時間、固定残業手当（20時間分）：50,000円の事例

```
＜勤怠欄＞
    時間外労働時間：25時間
＜支給欄＞
    基　本　　給：250,000円
    家　族　手　当： 15,000円
    住　宅　手　当： 30,000円
    役　職　手　当： 15,000円
    精 皆 勤 手 当： 10,000円
    固 定 残 業 手 当：  50,000円
    時間外労働手当：  12,500円
```

117

第2章 労働時間・割増賃金

【判例分析表】

事件名	固定残業制度	明確区分性	対価要件
イーライフ事件 （東京地判平 25.2.28）	有効性否定	・要件②を満たすには、少なくとも当該支給額に固定性（定額制）が認められ、かつ、その額が何時間分の時間外労働に相当するのかが指標として明確にされていることが必要であると解されるところ、精勤手当は、1年間に数回も変動しており、その幅も決して小さくなく固定性（定額制）に疑問があるばかりか、その合意中に当該支給額が何時間分の時間外労働に相当するものであるかを明確にする指標を見出すことはできない	・要件①を満たすには、少なくとも当該手当が、①時間外労働に従事した従業員だけを対象に支給され、しかも②時間外労働の対価以外に合理的な支給根拠（支給の趣旨・目的）を見出すことができないことが必要であると解されるところ、従業員に支給されていた精勤手当は、その支給額が従業員の年齢、勤続年数、会社の業績等により本件全請求期間だけでも数回にわたって変動していることが認められる ・そうだとすると上記精勤手当は、時間外労働の対価としての性質以外のものが含まれているものとみるのが自然であって、①時間外労働に従事した従業員だけを対象に支給され、しかも②時間外労働の対価以外に合理的な支給根拠（支給の趣旨・目的）を見出すことができない性質の手当であるとはいい難い
鳥伸事件 （大阪高判平 29.3.3）	有効性否定	・雇用契約書には、時間外労働時間を含めたものとうかがわれる就業時間として、（午前）7時から（午後）7時30分まで、週6日との記載があるが、これは想定時間外労働時間とも現実の労働時間のシフトとも異なるし、雇用契約書には「月給 250,000 円－残業含む」と総額が記載されているのみで、その内訳が明らかにされていないから、これをもって残業手当が想定した時間外労働時間を示した記載であるとは認められない	

差額支払合意	その他
・要件③を満たすには、労基法所定の割増賃金との差額精算の合意ないしはその取扱いが確立していることで足りるところ、少なくとも本件全請求期間のうち本件コンピューター入力システムに転換した後の期間については会社の指示により当初から「出社時刻」の入力記録しか残されておらず、これでは労基法所定の割増賃金との適正な差額精算など行いようもないことは明らかであるから、差額精算の合意ないし取扱いが存在したことを認めるに足る証拠はない	・定額残業代（割増賃金）の支払に関する個別合意が有効とされるためには、①当該手当が実質的に時間外労働の対価としての性格を有していること、②定額残業代として労基法所定の額が支払われているか否かを判定することができるよう、その約定（合意）の中に明確な指標が存在していることのほか、③当該定額（固定額）が労基法所定の額を下回るときは、その差額を当該賃金の支払時期に精算するという合意が存在するか、あるいは少なくとも、そうした取扱いが確立していることが必要不可欠であると解される
	・労働契約時において、給与総額のうちに何時間分の割増賃金代替手当が含まれているかが明確にされていれば、時間外等割増賃金の支給を受けずに労働する時間が明確になっており、所定労働時間に見合う金額と時間外等労働に見合う金額も算定することができる

第2章　労働時間・割増賃金

事件名	固定残業制度	明確区分性	対価要件
DIPS（旧アクティリンク）事件 （東京地判平 26.4.4）	有効性否定	・賃金規程には、営業手当につき、「時間外労働割増賃金で月 30 時間相当分として支給する」と規定されている	・連続 6 か月間の実行ゼロ社員は 7 か月目から 2 万円の減給とし、以後、営業手当の相当額を上限として毎月 1 万円ずつ追加減給をする旨が定められていたことが認められるところ、この定めは、営業成績に応じて営業手当を減給する旨の定めとみるほかなく、このような減給があり得るという性質は、固定残業代とはおよそ相容れない
穂波事件 （岐阜地判平 27.10.22）	有効性否定	・就業規則上は、管理職手当として、「各役職（店長、部長等）に応じて支給する。」と規定されており、従業員の給与明細上は、平成 23 年 12 月分までは、管理者手当、平成 24 年 1 月分以降は、管理固定残業として、毎月 10 万円が支給されていた・従業員は、少なくとも、平成 25 年 1 月 7 日以降は、管理職手当（管理固定残業）として毎月 10 万円支給されているものが、みなし残業手当 83 時間相当として支給されていることを認識していたと認められる	・83 時間の残業は、３６協定で定めることのできる労働時間の上限の月 45 時間の 2 倍に近い長時間であり、しかも、「朝 9 時半以前及び、各店舗の閉店時刻以後に発生するかもしれない時間外労働に対しての残業手当」とされていることを勘案すると、相当な長時間労働を強いる根拠となるものであって、公序良俗に違反するといわざるを得ず、これが従業員と会社との間で合意されたということはできない ・会社が本件において、店舗開店前や、閉店時刻以降の残
		業はあまり考えられないと主張していることなどに照らすと、「朝 9 時半以前及び、各店舗の閉店時刻以後に発生するかもしれない時間外労働」が、月 83 時間も発生することはそもそも想定しがたいものであったといわざるを得ず、その意味でも、これを従業員と会社との間の労働契約において合意がなされたということはできない	

120

差額支払合意	その他
・「就業日数」、「出勤日数」をいずれも 25 日と記載し、大部分につき「出勤時間」欄を 25 日に 8 時間を乗じた 200 時間と記載している上、2 回の例外を除き、「残業時間」及び「残業」欄はいずれも零と記載していることが認められ、このような「出勤日数」欄、「出勤時間」欄の記載が、実労働時間等の実態を反映したものでないことは明白であって、会社において、月 30 時間を超える時間外労働の有無及びその時間数を把握し管理する意思も、従業員が月 30 時間を超える時間外労働をした場合に営業手当に加えて本件賃金規程に定められた時間外勤務割増賃金等を支払う意思もなかったことは容易に推認することができる	

■ 第2章 労働時間・割増賃金

事件名	固定残業制度	明確区分性	対価要件
アクティリンク事件 （東京地判平 24.6.29）	有効性否定	・営業手当が「時間外労働割増賃金で月 30 時間相当分として支給する」と明示されている	・営業手当は営業活動に伴う経費の補充ないしは一種のインセンティブとして支給されていた
ザ・ウィンザー・ホテルズインターナショナル事件 （札幌高判平 24.10.19）	有効性一部肯定	・会社と従業員は、労働条件確認書により、定額払いの時間外賃金として月額 15 万 4,400 円の職務手当の受給を合意したことになる ・企業が、賃金計算を簡略化するため、毎月、一定時間までの時間外労働の対価として（時間外労働がその一定時間に満たない場合でも）定額の時間外賃金を支払う旨を労働者と合意し、又は就業規則でその旨を定めることは、それ自体が違法であるとはいえない	
ファニメディック事件 （東京地判平 25.7.23）	有効性否定	・賃金規程には、基本給に 75 時間分の時間外労働手当及び 30 時間分の深夜労働手当が含まれる旨の規定がある ・確かに、本件固定残業代規定に従って計算することで、通常賃金部分と割増賃金部分の区別自体は可能である。しかし、75 時間分という時間外労働手当相当額が 2 割 5 分増の通常時間外の割増賃金のみを対象とするのか、3 割 5 分増の休日時間外の割増賃金をも含むのかは判然とせず、契約書や給与支給明細書にも内訳は全く記載されていない ・結局、本件固定残業代規定は、割増賃金部分の判別が必要とされる趣旨を満たしているとはいい難い	

122

9．固定残業手当

差額支払合意	その他
・差額精算合意や精算の実態がない	
・会社は、本件職務手当が 95 時間の時間外労働に対する対価であるとしていながら、95 時間を超える残業が生じても、これに対して全く時間外賃金を支払っていない ・本件職務手当が 95 時間分の時間外賃金として合意され、あるいはその旨の就業規則の定めがされたとは認め難く、むしろ、定額時間外賃金に関する合意（本件職務手当の受給に関する合意）は、時間外労働が何時間発生したとしても定額時間外賃金以外には時間外賃金を支払わないという趣旨で定額時間外賃金を受給する旨の合意であったものと解される	・ある合意が強行法規に反しているとしても、当該合意を強行法規に抵触しない意味内容に解することが可能であり、かつ、そのように解することが当事者の合理的意思に合致する場合には、そのように限定解釈するのが相当であって、強行法規に反する合意を直ちに全面的に無効なものと解するのは相当でない ・したがって、本件職務手当の受給に関する合意は、一定時間の残業に対する

時間外賃金を定額時間外賃金の形で支払う旨の合意であると解釈するのが相当である
・本件職務手当の受給合意について、これを、労基法 36 条の上限として周知されている月 45 時間を超えて具体的な時間外労働義務を発生させるものと解釈するのは相当でない
・以上のとおりであるから、本件職務手当は、45 時間分の通常残業の対価として合意され、そのようなものとして支払われたものと認めるのが相当である

	・本件固定残業代規定の予定する残業時間が労基法 36 条の上限として周知されている月 45 時間を大幅に超えていること、4 月改定において同規定が予定す

る残業時間を引き上げるにあたり、支給額を増額するのではなく、全体に対する割合の引上げで対応していること等にかんがみれば、本件固定残業代規定は、割増賃金の算定基礎額を最低賃金に可能な限り近づけて賃金支払額を抑制する意図に出たものであることが強く推認され、規定自体の合理性にも疑問なしとしない

123

第2章　労働時間・割増賃金

事件名	固定残業制度	明確区分性	対価要件
ワークフロンティア事件 （東京地判平24.9.4）	有効性肯定	・基本給の中に割増賃金を含める旨の合意について、その基本給のうち割増賃金に当たる部分が明確に区分されて合意され、労基法所定の計算方法による額がその額を上回るときはその額を支払うことが	
		合意されている場合、当該合意は労基法に反するものではなく有効であると解されるところ（最判昭63.7.14）、旧賃金規程は、いわば労基法に則した割増賃金の定めを置いているにすぎないと見られるから、労基法上有効とされる固定割増賃金に関する合意が、旧賃金規程に反し無効とされることはないと解するのが相当である	
泉レストラン事件 （東京地判平26.8.26）	有効性否定	・「基本給」「業務手当」「資格手当」の3割相当額と「職務手当」全額が時間外勤務手当に充当することが給与規程に明示されている	・本件時間外勤務手当制度は、会社のポスト職を除く全従業員を対象に導入していると認められ、そうすると、従業員に実際に恒常的に発生する時間外労働の対価として合理的に定められたものとはいえない
マーケティングインフォメーションコミュニティ事件 （東京高判平26.11.26）	有効性否定	・本件給与辞令には、「基本本給　18万5,000円」、「営業手当　12万5,000円」との記載があるほか、営業手当の内訳として「時間外勤務手当　8万2,000円」、「休日出勤手当　2万5,000円」、「深夜勤務手当　1万8,000円」の記載があり、この記載に基づけば、本件営業手当が、時間外、休日、深夜の各勤務手当、すなわち割増賃金の対価としての性格を有すると評価できなくもない	・営業手当はおおむね100時間の時間外労働に対する割増賃金の額に相当することとなる ・100時間という長時間の時間外労働を恒常的に行わせることが法令の趣旨に反するものであることは明らかであるから、法令の趣旨に反する恒常的な長時間労働を是認する趣旨で、従業員・会社間の労働契約において本件営業手当の支払が合意されたとの事実を認めることは困難である

124

9．固定残業手当

差額支払合意	その他
・従業員らに対する各労働条件通知書の記載自体から明らかなとおり、各基本給に含まれる固定割増賃金は時間外労働45時間分にすぎず、それを超える長時間の残業がされた場合等には、基本給では消化しきれない超過割増賃金が発生することは当然の前提とされている。そして、会社においては、基本給の他には割増賃金を支払わないという従前の取扱いを改め、労基法上も適法として	・実際には、これまで固定割増賃金額を超える超過割増賃金の清算がされたことはないものと認められるが、その点は付加金において考慮すれば足り、当事者間の合理的意思解釈としては、上記（差額支払合意あり）のように解するほかはないものというべきである
是認される形での固定割増賃金制度を導入すべく、従業員らとの個別合意が図られたという本件の経緯に照らし、各労働条件通知書に示された合意内容を合理的に解釈すれば、明文の記載はなくとも、超過割増賃金が発生する場合に会社が差額支払義務を負うことは、むしろ当然のこととして当事者間で合意されていると解すべきであり、現に、各労働条件通知書には「超過勤務手当」として差額を支給する旨の規定も存する	
・時間外労働を前提とした割増賃金が支払われた様子はうかがえない	

125

10. 管理監督者

|判例| **ゲートウェイ21事件**
（東京地裁平成20年9月30日判決）

負け判例の概要

1．事案の概要

(1)　本件は、Y社（被告）に対して、元社員X（原告）が時間外手当等の支払を求めた事案であり、Xによる時間外手当の請求に関連して、同人が労基法41条2号にいう「管理監督者」に該当するか否かが争点となっている。

　　なお、本件では、別の元社員が一方的に給与を引き下げられたとしてその差額等を求めている。この点については、積極的な承認がないことを理由に差額等の支払いが認められているが、本書では詳細は取り上げない。

(2)　Y社は、留学・海外生活体験商品の企画・開発・販売等を業とする会社である。

　　Xは、Y社の銀座支社の支社長であり、平成17年10月まではシニアオペレーションマネージャー（課長相当職）、同年11月以降はシニアブランチマネージャー（部長相当職）の地位にあり、営業を担当していた。

2．Xの権限及び業務内容

　Xは「銀座支社長」という肩書きが与えられていた。

　銀座支社は、従業員8名ないし時期によっては最大17名程度であったが、Xは、その銀座支社において組織上の最上位者であり、勤務シフトの作成業務等にも従事していた。もっとも、その結果は本社へ報告していた。

　Xは、銀座支社長として、その部門を統轄する地位にあり、支社中で最上位の職階にあり、かつ全社中でも最上位の職階にあった。

126

3．支社長の権限

Xが出席していた支社長会議には、特に決定権限はなく、各支社長からの業績報告と社長又は部長からの訓辞や営業成績についての叱咤激励が行われるのが通常であった。

また、各支社における組織の編成等は、支社には決定権はなく、すべて本社から指示されていた。

さらに、新規採用に際して、支社長は、その説明会の開催をしたり、面接に立ち会ったりするなど、銀座支社の従業員の新規採用について一定の権限を有していた。もっとも、これらは支社長単独で決し得るものではなく、本社に稟議を上げて決裁された上で権限行使していた。同様に、物品を購入すること、キャンペーンをすること、広告を出すことなどもすべて本社に稟議を上げた上で権限行使しており、稟議で決裁されないこともあった。

4．Xの待遇及び勤怠管理

Xの給与は、以下のとおり、基本給、お客様評価給、資格手当、通勤手当からなっていた。

(1)　基本給　　　　21万円前後
(2)　資格手当　　　25万円
(3)　お客様評価給　　3万円前後〜70万円以上

出退勤については、自己が使用するパソコンの勤務管理シートにその時刻を入力するシステムになっていたが、早い時刻から遅い時刻まで、営業に関する報告をするよう社長から電話等で連絡を受けることがあった。また、外出する場合にはホワイトボード等にその旨を記載していた。

5．裁判所の判断

Xは「管理監督者」には当たらないとして、時間外手当等の請求を認めた。

127

第2章　労働時間・割増賃金

なぜ会社は負けたのか？　弁護士のポイント解説

　労基法 41 条 2 号の「監督又は管理の地位にある者」（管理監督者）に当たれば、「労働時間、休憩及び休日に関する規定」は適用されません。

　本来、使用者は、労働者に対し、原則として、1 週 40 時間又は 1 日 8 時間を超えて労働させてはならず（労基法 32 条）、毎週少なくとも 1 回の休日を与えなければなりません（労基法 35 条 1 項）。この規制の枠を超えて労働させる場合、時間外割増賃金及び休日割増賃金を支払わなければなりません。

　「管理監督者」とは、事業主に代わって労務管理を行う地位にあり、労働者の労働時間を決定し、労働時間に従った労働者の作業を監督する者ですが、このような者は、労働時間の管理・監督権限の帰結として、自らの労働時間は自らの裁量で律することができ、かつ労務管理者の地位に応じた高い待遇を受けるので、労働時間の規制を適用するのが不適切とされたと考えられます。

　このような趣旨に則って、本件判決は、管理監督者に当たるためには、以下の要件を満たす必要があると判断としました。

> ①　職務内容が、少なくともある部門全体の統括的な立場にあること
>
> ②　部下に対する労務管理上の決定権等につき、一定の裁量権を有しており、部下に対する人事考課、機密事項に接していること
>
> ③　管理職手当等の特別手当が支給され、待遇において、時間外手当が支給されないことを十分に補っていること
>
> ④　自己の出退勤について、自ら決定し得る権限があること

　本件で会社が負けた決定的理由は、この 4 要件のうち、②〜④の 3 要件を満たせなかった点にあります。

1．労務管理上の決定権の裁量が小さかった

　Xの肩書き（銀座支社長）、銀座支社の規模、勤務シフトの作成業務等にも従事していたことなどから見て、「この程度の部門を統括することで十分かの問題は残るが」と留保しつつも、①ある部門全体の統括的な立場にあることは一応認められ

128

ています。

しかし、②部下に対する労務管理上の決定権等について、Xは、部下に対する労務管理上の決定権を有すること自体は認められたものの、シフト作成は早番遅番を割り振るだけであり、その裁量権は小さいと評価されています。

また、Xは、部下の人事考課をしたり、昇給を決定したり、処分や解雇を含めた待遇の決定に関する権限を有していませんでした。従業員の新規採用に関しても、面接には立ち会うものの、採否は社長が決定しており、労働条件に関しても決定権を有していませんでした。

Xの職務内容が「部下に対する労務管理上の決定権等はあるが、それは小さなものにすぎない」として、②労務管理上の決定権等に対する裁量権が否定されたことが、管理監督者性が否定される敗因となりました。

2．待遇が低かった

基本給は21万円前後であり、さほど多額とはいえず、Xの待遇は格別厚遇とはいえないと評価されました。

また、お客様評価給は、基本的には成績見合いの歩合給というべきもので、時間外手当見合いのものとはいえないと評価されました。確かに、お客様評価給が高額になることもありましたが、支社長には最低保障として4万円が支給されるとされるものの、この**最低保障額からさえ減額がされている**ことや、**部下の方が高額なお客様評価給を支給される**ことがあることなどから、「お客様評価給」に、その職責や高い地位に見合ったものとする性格はないと判断されました。

このように、③**時間外手当が支給されないことを十分に補うだけの待遇を与えていなかった**ことも、管理監督者性が否定される敗因となりました。

3．出退勤の自由がなかった

④出退勤の自由について、パソコンの勤務管理シートにその時刻を入力するシステムになっていたこと、社長から営業に関する報告をするように求められることがあったこと、外出する場合にはホワイトボード等にその旨を記載していたことなどから、Xは、社長等から時間管理をされていると評価されました。

その結果、④**出退勤について十分な裁量権があったとは認められない**と判断され

第2章　労働時間・割増賃金

たことも、管理監督者性が否定される敗因となりました。

　結局、本件の負けたポイントをまとめますと、以下の3つとなります。

裁判で負けたポイント	
1	労務管理上の決定権の裁量が小さかった
2	待遇が低かった
3	出退勤の自由がなかった

　なお、要件①（職務内容が、少なくともある部門全体の統括的な立場にあること）に関して、近年の裁判例では、「ある部門」と特定せず、「企業全体の運営への関与を要する」と判断するものが散見されました（例えば、日本マクドナルド事件（東京地判平20.1.28））。

　企業の経営者は、管理監督者に企業組織の部分ごとに管理を分担させつつ、それらを連携統合しているのであって、担当する組織部門について経営者の分身として経営者に代わって管理を行う立場にあることが「経営者と一体の立場」であると考えるべきですし、その組織部分が企業にとって重要な組織単位であれば、その管理を通じて経営に参画することが「経営に関する決定に参画」することと評価できます。

　したがって、このような見地から、判断基準をより明確にすべく、本判決も要件①（職務内容が、少なくともある部門全体の統括的な立場にあること）により「ある部門」と限定を加えているのであり、この点は判断基準として適切と評価できます。

勝つために会社は何をすべきか？　社労士のポイント解説

1．管理監督者性判断は厳格傾向

ここ数年は、管理監督者性の有効性判断は明らかに厳格傾向です。

　このテーマは前作でも取り上げており、負け裁判として当時話題になった日本マクドナルド事件（東京地判平20.1.28）を取り上げていました。今回は、同事件以降の事件を中心に前作で取り上げていない裁判例で判例分析表を作成しましたが、

正直、管理監督者性の有効性が許容された事例を探すこと自体がかなり難しかったです。

中には、HSBC サービシーズ・ジャパン・リミテッド（賃金等請求）事件（東京地判平 23.12.27）のように、インターネットバンキングの立ち上げプロジェクトの責任者という相当の裁量権を有する地位であり、労働時間管理の対象外であり、年俸 1250 万円を得る立場のヴァイス・プレジデントの職位にある社員の管理監督者性が否認された事案もありました。

また、近時の裁判例では、プレナス（ほっともっと元店長Ｃ）事件（大分地判平 29.3.30）や前掲のゲートウェイ 21 事件などが典型ですが、部門を統括する立場であったり、アルバイトなどの採用やシフト作成など一定程度は「労務管理における経営者との一体性」はあり、欠勤控除や遅刻・早退控除はされないレベルの「労働時間の裁量」はあるものの、基本給や管理職手当などの待遇が管理監督者として労働時間管理の範疇外とするには十分ではなく、管理監督者性が否認されている裁判例が続いています。

したがって、**基本給が一般社員と大差なく、些少な管理職手当をつけて管理監督者として扱う「名ばかり管理職」は、完全に通用しない時代であると理解してください。**

２．管理監督者性が乏しい管理職の取り扱い

現実的な解決策としては、前作でも触れたとおり、**「時間管理」をする**ことです。店長や課長などという管理監督者的な役職名が付いていたとしても、**管理監督者としての要件を満たせないのが現実なのだったら、通常の時間管理と割増賃金の支給をするように改革していかなければなりません。**

３．管理監督者の手当の性質

規模の大小や業種関係なく、**「管理監督者の手当」の性質について勘違いしているケースが少なくありません。**この勘違いは、以下の２つに大別されます。

1	管理職の役職手当や役付手当の「全額」を固定残業手当にしている
2	管理職昇格後の割増賃金不支給に伴う減収分を補う手当を設定していない

131

第2章　労働時間・割増賃金

(1)　管理職の役職手当や役付手当の「全額」を固定残業手当にしている

　　会社が管理監督者として扱っていた社員に支給される役職手当や役付手当といった名称の手当の全額を、固定残業手当としてしまうケースです。前出の日本マクドナルド事件やそれを受けて発せられた通達である「多店舗展開する小売業、飲食業等の店舗における管理監督者の範囲の適正化について」（平20.9.9基発0909001号）直後に、こういう対策をとる会社が一気に増えたと思われます。これは、管理監督者性が否認された時の未払い残業代請求リスクへのリスクヘッジの意図があります。

　　しかし、管理職に支給される手当には、以下の2つの性質が包含されています。

| 1 | 役職の重さに対する手当（＝本来の役職手当、役付手当） |
| 2 | 割増賃金対象外になることで減収となる分を補う手当 |

　　したがって、**管理職になって支給される又は増額される手当は、少なくとも上記2つの名目の手当が最低限必要**です。

(2)　管理職昇格後の割増賃金不支給に伴う減収分を補う手当を設定していない

　　上記とは逆に、会社が管理監督者として扱う社員に「役職の重さに対する手当」のみ支給し、「割増賃金対象外になることで減収となる分を補う手当」を支給していない又は支給されてもその金額が不十分なケースがあります。

　　このケースに該当する会社では、管理監督者扱いされない最上級の役職（課長代理など）が属する等級から管理監督者扱いされる最下級役職（課長など）が属する等級に「昇格」すると、割増賃金が多かった社員は月収も年収も「減収」になってしまう現象が発生します。この現象は、課長級に800万円〜1,000万円ほどの年収額を支払うレベルの会社でも実際に起こっています。昇格して減収になることは、法はともかく実態としては明らかにおかしいことですし、何より社員の管理監督者への昇格意欲が低くなるという企業経営上の不具合に繋がります。

　　したがって、**管理監督者に相当する等級に昇格した社員には、上記(1)で示した、「割増賃金対象外になることで減収となる分を補う手当」を必ず設定すること**を

132

10. 管理監督者

忘れないでください。なお、この手当には、以下の2つの重要ポイントがありますので注意してください。

1	直下の等級の固定残業手当や実際の割増賃金額を超える金額であること
2	仮に割増賃金対象となった場合に備え、45時間分を超える割増賃金相当額を超える金額ではないこと

4．管理監督者の手当の構造改革

　上記2例のように、**管理監督者扱いされる社員に支給される通勤手当以外の手当として、前述の2種類の手当が支給されていない場合には、賃金制度自体の構造改革を何年もかけて行い、以下の規定例のようなゴールを目指してください。**

【模範規定例（賃金規程）】

（役職手当）

第○条　役職手当は、社員の役職に応じて各号の区分のとおり支給する。

　　(1)　本部長　　　　　：月額　　100,000円

　　(2)　副本部長、部長　：月額　　 75,000円

　　(3)　次長、課長　　　：月額　　 50,000円

　　(4)　課長代理　　　　：月額　　 25,000円

　　(5)　主任　　　　　　：月額　　 15,000円

（管理職調整手当）

第○条の2　管理職調整手当は、会社が管理監督者として取り扱う社員の職務等級に応じて各号の区分のとおり支給する。

　　(1)　D級：月額　150,000円

　　(2)　M級：月額　100,000円

2．前項については、本規程第○条で定める所定外労働手当及び時間外労働手当の代償手当として支給するものとする。したがって、所定外労働手当及び時間外労働手当が発生する場合については、本項各号の金額分については支払い済みとする。

133

第2章　労働時間・割増賃金

> 3．第1項の等級に該当する社員であっても、会社が管理監督者として取り扱
> わない社員については、本条の手当を支給せず、本規程第○条で定める所定
> 外労働手当及び時間外労働手当を支給する。

　なお、**管理監督者性の判断は厳格傾向**にあるので、そのリスクヘッジのための条
文として、第○条の2の第3項を設定しています。

　上記の「管理職調整手当」が「割増賃金対象外になることで減収となる分を補う
手当」の役割を果たします。しかし、管理監督者性が否認されるリスクが大きいの
で、少なくとも**「管理職調整手当」相当額だけは時間外労働手当として支給済みと
いうリスクヘッジ**になります。したがって、前節で解説したとおり、この金額が「仮
に割増賃金対象となった場合に、45時間分を超える割増賃金相当額を超える金額
ではないこと」は非常に重要です。

　また、上記「管理職調整手当」にはこのような目的もあるので、**「役職の重さに
対する手当」とは別個独立の手当として設定して、可視化**する意味合いがあります。

5．管理監督者の時間管理について

　中小企業を中心に労務管理で頻発する初歩的な間違いに、会社が管理監督者扱い
する社員に対して、**出退勤の自由を与えなかったり、欠勤控除・遅刻早退控除を行っ
てしまう**ケースがあります。こうした労働時間の裁量権がない（あるいは少ない）
ケースの管理監督者性の有効性判断がかなり厳しい傾向にあるのは、前作・今作い
ずれの判例分析表を見ても一目瞭然です。

　労基法41条で、「労働時間、休憩及び休日に関する規定」の適用除外対象者として、
同条第2号で「事業の種類にかかわらず監督若しくは管理の地位にある者(以下略)」
が規定されているのは、**管理監督者は経営者と一体的な立場にあるので、通常の労
働者と同様の労働時間管理になじまない**からです。残業代不要で働かせ放題なわけ
では決してありません。労働時間、休憩及び休日に関する規定が適用除外というこ
とは、いつ会社に来ようと来なかろうと「自由」であり、会社は管理監督者の出退
勤などについて自由裁量を与えなければならないということです。したがって、**会
社が出退勤など労働時間の裁量権を与えたくない社員は、管理監督者ではない通常
の労働者**ということになりますので注意してください。

６．管理監督者の勤怠管理について

安衛法 66 条の８の３で、会社には**管理監督者や裁量労働制の社員も含めた全ての労働者の労働時間の把握義務**が課せられています。

「管理監督者だから勤怠管理システムの打刻は不要」という運用をしている場合がありますが、正しい労務管理を行うために管理監督者も一般社員と同様勤怠管理システムの打刻を義務付けるようにしてください。

第2章　労働時間・割増賃金

【判例分析表】

事件名	管理監督者性	業種	役職	未払い賃金等（万円単位）
HSBC サービシーズ・ジャパン・リミテッド（賃金等請求）事件 （東京地判平 23.12.27）	無効	関連の金融機関等から受託した業務を行うサービス会社	インターネットバンキング担当ヴァイス・プレジデント	325 万円
穂波事件 （岐阜地判平 27.10.22）	無効	飲食店	店長	282 万円＋付加金 227 万円
姪浜タクシー事件 （福岡地判平 19.4.26）	有効	タクシー会社	営業部次長	0 円

136

労務管理における経営者との一体性	労働時間の裁量	待遇
・インターネットバンキングの立上げプロジェクト管理の相応の裁量権を有する業務を担当する地位にあった	・労働時間管理の対象外	・年俸 1,250 万円 ・労働契約上、年俸の内、基本給相当部分と割増賃金相当部分との区分が未分離
・業務上の裁量権は、会社の個人金融サービス本部の中の全 6 部門中の 1 部門のうちの限定された業務について有していたに過ぎない ・部下もなく労務管理上の裁量権は皆無		
・担当店舗のパート等従業員の採用、給料、昇給等について一定の権限あり ・毎月のシフト割の決定、担当店舗の金銭の管理、食材の発注量の決定、店舗の什器備品の購入について一定の範囲の権限あり ・担当店舗の営業時間を変更することはできず、パート等従業員の給料や、昇給等についても一定の枠の範囲内での権限のみ ・与えられた権限は担当店舗に関する事項のみで、会社の経営全体について決定に関与する権限はなし	・タイムカードを打刻することが求められ、出退勤について監理されていた ・店長が担当店舗の営業日や営業時間を自ら決定する権限はなく、休むためにはアシスト等代行者を確保する必要があった ・管理職手当（毎月 10 万円）は、みなし残業手当 83 時間相当として支給 ・上記は、「朝 9 時半以前及び、各店舗の閉店時刻以後に発生するかもしれない時間外労働に対しての残業手当」とされてた	・平成 25 年 1 月 7 日以降は、管理職手当（みなし残業手当 83 時間相当）として毎月 10 万円支給 ・賃金センサスによる平均賃金は上回っていた
・取締役や主要な従業員の出席する経営協議会のメンバーであった ・上司の役員の名代で会社会議等に出席していた ・終業点呼や出庫点呼等、多数の乗務員を直接に指導・監督する立場にあった ・乗務員募集の面接に携わってその採否に重要な役割を果たしていた	・多忙なために自由になる時間は少なかったとは認められるものの、上司の役員から何らの指示を受けていない ・会社への連絡だけで出先から帰宅することができる状況にあった	・基本給及び役務給を含めて 700 万円余で従業員の中で最高額

第2章　労働時間・割増賃金

事件名	管理監督者性	業種	役職	未払い賃金等（万円単位）
ロア・アドバタイジング事件 （東京地判平 24.7.27）	無効	広告代理業	企画部部長 ⇒部長代理 に降格	1,330 万円＋付加金 227 万円
新富士商事事件 （大阪地判平 25.12.20）	無効	車輌の移動業務等	営業所長	433 万円
プレナス（ほっともっと元店長 B）事件 （大分地判平 29.3.30）	無効	弁当チェーン店	店長	1,011 万＋内 953万円に対する遅延損害金（6 %）
ピュア・ルネッサンス事件 （東京地判平 24.5.16）	有効	美容サロン、化粧品販売等	取締役部長	0 円

10. 管理監督者

労務管理における経営者との一体性	労働時間の裁量	待遇
・一応は企画営業部を事実上統括する立場にあり ・しかし、「経営者と一体的な立場」にあるというに足るだけの職務内容、責任・権限を有していたとまではいい難い	・裁量労働制のような自由裁量があったとすら認められない	・基本給その他の諸手当等は、時間外労働手当の不支給を十分に補う優遇措置が講じられていたものとはいい難い
・アルバイト従業員の労務管理上の決定等についても一定程度の権限あり ・業務内容自体は、アルバイト従業員又は役職のない正社員とほぼ変わらない	・タイムカードにより労働時間が管理され、出退勤の自由に関する裁量権なし ・毎月約 30 時間から時には 100 時間以上もの時間外及び深夜労働	・月額 3 万円の役付手当を支給 ・年収 510 万円程度に過ぎない
・正社員だけでなくアルバイト従業員の、採用や賃金等の決定をする権限がない ・営業所の経理や人事に関する権限は一切ない ・幹部会議にも出席権限なし		
・店長として、クルーを採用する権限はある ・クルーの時給の決定やその後の昇級の権限、正社員の採用権限はなし ・雇止めや解雇の権限についても、OFC と相談して行うべきとされていた	・遅刻、早退の対象外 ・クルーが不足する場合は、店長自身がクルーと同様の調理・販売業務を担当することが求められていた ・約 2 年間において、月 300 時間を超過する実労働時間となっている月が 13 回に及ぶ	・副本部長、部長・室長、部長代理等といった職位の者が受ける役職手当に匹敵する「店舗管理手当」が支給 ・年収は 474 万円余であり、同年度の同社従業員の平均年収 528 万円余を下回っている
・ワークスケジュール表を作成し、クルーの出退勤管理を行うなど店舗内において労務管理を一定程度担っていた ・しかし、上記も会社が示す目標・予算を前提とした月間売上予算を達成する範囲内での人員配置の権限に限定 ・店舗の営業時間は自由に決定できない		
・経営会議等の重要な会議に参加 ・サロンの開設や従業員の採用など個別的に重要な業務の担当を任されていた	・会社で厳密な労働時間の管理がされていたとはいえず、労働時間について広い裁量があった	・基本給として月額 35 万円、役職手当として月額 5 万円から 10 万円の給与であり、一般従業員と比べて厚遇されていた
・会社の業務拡大とともに、従業員の採用の権限が与えられるようになっている ・従業員やスタッフの勤務時間の集計や、訂正の確認などを行っており、他の従業員などの勤務時間に関する労務管理の権限がある程度与えられていた		

139

第2章 労働時間・割増賃金

事件名	管理監督者性	業種	役職	未払い賃金等 (万円単位)
VESTA 事件（原告 X1 についての判示） （東京地判平 24.8.30）	無効	不動産保証業	支店長	367 万円
フォロインプレンディ事件 （東京地判平 25.1.11）	無効	飲食店	店長・店長代理	335 万円＋付加金 335 万円
日本ファースト証券事件 （大阪地判平 20.2.8）	有効	証券会社	支店長	0 円
セントラルスポーツ事件 （京都地判平 24.4.17）	有効	スポーツクラブ	エリアディレクター	0 円

10. 管理監督者

労務管理における経営者との一体性	労働時間の裁量	待遇
・担当業務は他の従業員と同様に、督促及び営業業務が中心 ・支店長としての職務内容は、支店の業務内容のとりまとめ及びその報告等のみ ・人事に係る決裁権もなかった	・必ずしも厳格な労働時間管理がされていたとは認められないものの、その点は、他の従業員も同様	・月給は平均賃金額よりも月額15万円前後高額であった
・アルバイト従業員の採用や労働時間の決定について一定の権限を有していた ・店長会議や経営者会議への参加が義務づけられていた	・自身の労働時間を自由に決定することができる状況にあったとは認め難い	・基本給は月額22万円 ・役職手当等はなし
・店長・店長代理固有の業務は、営業日報・営業月報の作成、毎月のシフトの作成、各従業員の実労働時間の報告、年度ごとの事業計画書の作成、経営者会議への参加等 ・それ以外は、店舗の営業時間のほとんどでアルバイト従業員と同様の業務に従事 ・店舗の閉鎖に意見を聴かれた形跡がない		
・30名以上の部下を統括する地位にあり、事業経営上重要な上位の職責にあった ・支店の経営方針を定め、部下を指導監督する権限を有していた ・中途採用者の採否を決する実質的権限があった ・人事考課を行い、係長以下の人事については自身の裁量があった ・降格や昇格へも相当な影響力を有していた	・自身は出欠勤の有無や労働時間は報告や管理の対象外であった	・月25万円の職責手当が支給 ・月給82万円になり、その額は店長以下のそれより格段に高い
・人事、人事考課、昇格、異動等について、最終決裁権限なし	・上司から、前日の業務について、翌日の午前10時頃に定時連絡をすることを指示	・下位の従業員との逆転はなく、基本給でも倍近い差があった
	・上司から、お客様を出迎えるために各スポーツクラブの開館時間頃には出勤しなければならないと指示 ・自己の勤務時間は、人事部に勤務状況表を提出するために1人の部下の承認を受ける以外、誰からも管理を受けず ・必ずしも開館時間に出勤していたとは認め難い ・欠勤、遅刻・早退控除なし	

141

11. 事業場外みなし制度

> 判例
>
> **阪急トラベルサポート（派遣添乗員・第2）事件**
> （最高裁平成26年1月24日判決）

負け判例の概要

1．事案の概要

(1) Y社（上告人、二審被控訴人兼附帯控訴人、一審被告）は、一般労働者派遣事業等を目的とする株式会社である。

X（被上告人、二審控訴人兼附帯被控訴人、一審原告）は、添乗員として旅行業を営むA社に派遣され、A社が主催する募集型の企画旅行の添乗業務に従事していた。

(2) Xは、日当として1万6,000円が支払われていたが、自らが行った添乗業務について未払いの時間外割増賃金等があるとしてその支払いをY社に求めたのに対し、Y社が本件添乗業務については**労基法38条の2第1項にいう「労働時間を算定し難いとき」に当たるとして所定労働時間労働したものとみなされる**などと主張し、これを争った事案である。

2．ツアーの内容

A社の定める旅行業約款では、「募集型の企画旅行」とは、旅行業者が、あらかじめ、旅行の目的地及び日程、旅行者が提供を受けることができる運送又は宿泊のサービスの内容並びに旅行者が旅行業者に支払うべき旅行代金の額を定めた旅行に関する計画を作成し、これにより旅行者を募集して実施する旅行をいうものとされている（以下、個別の当該旅行を「ツアー」という）。

A社が主催するツアーにおいては、**ツアー参加者の募集に当たり作成される「パンフレット」「最終日程表」により契約内容等が確定される**。

11. 事業場外みなし制度

　最終日程表には、発着地、交通機関、スケジュール等の欄があり、ツアー中の各日について、最初の出発地、最終の到着地、観光地等の目的地、その間の運送機関及びそれらにかかる出発時刻、到着時刻、所要時間等が記載されている。

　また、Ａ社の依頼を受けて現地手配を行う会社が英文で作成する**添乗員用の行程表であるアイテナリーには、ホテル、レストラン、バス、ガイド等の手配の状況や手配の内容にかかる予定時刻が記載されている。**

３．添乗員の業務内容

　Ａ社が主催するツアーにおける添乗員の業務の内容は、おおむね次のとおりである。

業務の内容	
出発日の２日前	Ｙ社の事業所に出社して、パンフレット、最終日程表、アイテナリー等を受け取り、現地手配を行う会社の担当者との間で打合わせを行う
出発日当日	ツアー参加者の空港集合時刻の１時間前までに空港に到着し、航空券等を受け取るなどした後、空港内の集合場所に行き、ツアー参加者の受付や出国手続及び搭乗手続の案内等を行う
航空機内	搭乗後や到着前の時間帯を中心に案内等の業務を行う
現地到着後	ホテルへのチェックイン等を完了するまで手続の代行や案内等の業務を行う
現地	アイテナリーに沿って、原則として朝食時から観光等を経て夕食の終了まで、旅程の管理等の業務を行う
帰国日	ホテルの出発前から航空機への搭乗までの間に手続の代行や案内等の業務を行うほか、航空機内でも搭乗後や到着前の時間帯を中心に案内等の業務を行った上、到着した空港においてツアー参加者が税関を通過するのを見届けるなどして添乗業務を終了する
帰国後３日以内	Ｙ社の事業所に出社して報告を行うとともに、Ａ社に赴いて添乗日報やツアー参加者から回収したアンケート等を提出する

143

第2章　労働時間・割増賃金

　Ａ社は、**添乗員に対し、国際電話用の携帯電話を貸与し、常にその電源を入れて
おくものとしていた。**

　また、Ａ社に提出される添乗日報には、ツアー中の各日について、行程に沿って
最初の出発地、運送機関の発着地、観光地等の目的地、最終の到着地及びそれらに
かかる出発時刻、到着時刻等を正確かつ詳細に記載し、各施設の状況や食事の内容
等も記載するものとされており、**添乗日報の記載内容は、添乗員の旅程の管理等の
状況を具体的に把握することができるものとなっていた。**

　さらに、**添乗員は、ツアーの行程等に変更が生じないように旅程を管理すること
が義務づけられていた。**やむを得ない場合には、必要最小限の範囲において添乗員
の判断で旅行日程を変更することがあるが、契約上の問題やクレームの対象となる
おそれがあるときは、Ａ社の営業担当者に報告して指示を受けることが求められて
いた。

3. 裁判所の判断

　労基法 38 条の 2 第 1 項にいう「労働時間を算定し難いとき」に当たらないとして、
未払いの時間外割増賃金及び付加金の支払を命じた。

なぜ会社は負けたのか？　弁護士のポイント解説

　労基法 38 条の 2 において、本件で問題となっている「事業場外労働のみなし制度」
が規定されています。

　労働者が労働時間の全部又は一部について事業場外で業務に従事した場合におい
て、「労働時間を算定し難いとき」は、所定労働時間労働したものとみなされます（同
条 1 項本文）。

　ただし、当該業務を遂行するためには通常所定労働時間を超えて労働することが必
要となる場合においては、当該業務の遂行に通常必要とされる時間労働したものとみ
なされます（同条 1 項ただし書）。もっとも、この場合、事業場の労使協定があれば、
その協定に定める時間を当該業務の遂行に通常必要とされる時間とみなされます（同
条 2 項）。

144

この制度は、労働時間の算定が困難な事業場外労働について、その算定の便宜を図ったものです。この制度では、みなし労働時間数をできるだけ実際の労働時間数に近づけるようにみなし方が定められており、事業場の労使協定によるみなしを行う場合にも、みなし労働時間数は実際の労働時間数に近づけて協定することが要請されます。

本判決では、会社が本件添乗業務について「事業場外労働のみなし制度」を採用していましたが、裁判所は、「**業務の性質、内容やその遂行の態様、状況等、本件会社と添乗員との間の業務に関する指示及び報告の方法、内容やその実施の態様、状況等**」を丁寧に分析して、本件添乗業務について、添乗員の勤務状況を具体的に把握することが困難ではないと評価して、労基法 38 条の 2 第 1 項にいう「労働時間を算定し難いとき」に当たらないと判断しました。

それでは、会社が「添乗員の勤務状況を具体的に把握することが困難ではない」と判断された敗因を分析していきます。その敗因は、要約すると、裁判所が考慮要素として挙げた「業務の内容」「業務の遂行」「指示」「報告」の 4 点にあるといえます。

1．業務の内容があらかじめ具体的に確定していた

まず、そもそも、本件添乗業務は、ツアーの旅行日程に従い、ツアー参加者に対する案内や必要な手続の代行などといったサービスを提供するものであるところ、ツアーの旅行日程は、本件会社とツアー参加者との間の契約内容としてその日時や目的地等を明らかにして定められていました。

このように、旅行日程がその日時や目的地等を明らかにして定められることによって、**業務の内容があらかじめ具体的に確定されている**ことが、「添乗員の勤務状況を具体的に把握することが困難でない」と評価された敗因の 1 つです。

2．業務の遂行過程に裁量が狭かった

次に、ツアーの旅行日程があらかじめ定まっていたため、その旅行日程が変更されると、変更補償金の支払など契約上の問題が生じたり、クレームの対象となったりするおそれがありました。

そこで、添乗員は、できる限り変更が起こらないように、また、変更があっても必要最小限のものとなるように、旅程の管理等を行うことが求められていました。

このように、**旅程の管理等について添乗員の裁量が極めて狭い**ことも、「添乗員

第2章　労働時間・割増賃金

の勤務状況を具体的に把握することが困難でない」と評価された敗因の1つです。

3．具体的かつ個別の指示がなされていた

　ツアーの開始前には、パンフレットや最終日程表及びこれに沿った手配状況を示したアイテナリーにより、具体的な目的地及びその場所において行うべき観光等の内容や手順等を示されていました。

　また、添乗員用のマニュアルにより具体的な業務の内容を示し、これらに従った業務を行うことを命じていました。

　さらに、ツアーの実施中においても、添乗員に携帯電話を所持させ常時電源を入れさせ、旅行日程の変更が必要となる場合には、本件会社に報告して指示を受けることを求めていました。

　このように、本件添乗業務について、本件会社は、添乗員に対し、あらかじめ定められた旅行日程に沿った旅程の管理等の業務を行うべきことを具体的に指示していましたし、予定された旅行日程に途中で相応の変更を要する事態が生じた場合にはその時点で個別の指示をするものとされていました。

　このような、**具体的かつ個別の指示がなされていた**ことも、「添乗員の勤務状況を具体的に把握することが困難でない」と評価された敗因の1つです。

4．事後にも詳細かつ正確な報告が求められていた

　ツアーの終了後においては、会社は、添乗員に対し、旅程の管理等の状況を具体的に把握することができる添乗日報によって、業務の遂行の状況等の詳細かつ正確な報告を求めていました。その報告の内容については、ツアー参加者のアンケートを参照することや関係者に問合せをすることによってその正確性を確認することができるものになっていたため、虚偽の記載をした場合にはそれが発覚する可能性が高かったのです。

　このように、**旅行日程の終了後も内容の正確性を確認し得る添乗日報によって業**

11. 事業場外みなし制度

務の遂行の状況等につき詳細な報告を受けるものとされていたことも、「添乗員の勤務状況を具体的に把握することが困難でない」と評価された敗因の1つです。

本件の負けたポイントをまとめますと、以下の4つとなります。

	裁判で負けたポイント
1	業務の内容があらかじめ具体的に確定していた
2	業務の遂行過程に裁量が狭かった
3	具体的かつ個別の指示がなされていた
4	事後にも詳細かつ正確な報告が求められていた

勝つために会社は何をすべきか？　社労士のポイント解説

1．事業場外のみなし労働制とは

事業場外労働のみなし労働時間制とは、①労働者が労働時間の全部又は一部を事業場外で従事し、②使用者の指揮監督が及ばないために、③当該業務に係る労働時間の算定が困難な場合に、使用者のその労働時間に係る算定義務を免除し、その事業場外労働については「特定の時間」を労働したとみなすことのできる制度（労基法38条の2）です。

2．就業規則の規定例

事業場外労働のみなし労働時間制の就業規則の一般的な規定例は、以下のとおりです。

147

第2章　労働時間・割増賃金

（事業場外のみなし労働）

第○条　社員が労働時間の全部又は一部において事業場外で業務に従事した場合において、労働時間を算定し難いときは、所定労働時間労働したものとみなす。ただし、その労働が通常所定労働時間を超える場合には、通常必要とされる時間労働したものとみなす。

2．前項ただし書きの場合において、通常必要とされる時間において労使協定を締結した場合は、その協定で定める時間労働したものとみなす。

3．事業場外労働のみなし労働時間の対象となる業務・対象にできない業務

次のように事業場外で業務に従事する場合であっても、**使用者の指揮監督が及んでいる場合については、労働時間の算定が可能であるので、みなし労働時間制の適用はできません**（昭 63.1.1 基発 1 号）。

1	何人かのグループで事業場外労働に従事する場合で、そのメンバーの中に労働時間の管理をする者がいる場合
2	無線やポケットベル等によって随時使用者の指示を受けながら事業場外で労働している場合
3	事業場において、訪問先、帰社時刻等当日の業務の具体的指示を受けた後、事業場外で指示どおりに業務に従事し、その後、事業場に戻る場合

4．出張のみなし労働時間制

出張の場合、前述の行政解釈「昭 63.1.1 基発 1 号」の要件を満たしているかどうかでみなし労働時間制の適用ができるか否かの判断が分かれます。

時間管理を行う管理者と一緒に出張し、時間管理をされている場合には、みなし労働時間制の適用はできません。

携帯電話やスマートフォンなどの**情報通信機器が、使用者の指示により常時通信可能な状態にしておくことを指示されており、随時の連絡・指示がある場合には、みなし労働時間制の適用はできません。**

148

11．事業場外みなし制度

　携帯電話やスマートフォンを携帯しているといえど、常時通信可能な状態を指示されておらず、随時の連絡・指示がなく、使用者の具体的な指揮監督が及ばない場合には、みなし労働時間制の適用ができます。

　使用者の指揮監督が及ばない場合とは、社員の裁量が大きい場合をいいます。例えば、社員が出張中の①日程・業務内容が事前に詳細に決まっていない②日程の変更を行う場合、会社への随時の報告・指示を求める必要がない③日報による業務状況報告が必要ない等があります。

　ヒロセ電機事件（東京地判平 25.5.22）では、「**上司が具体的な指示命令を出していた事実もなく、事後的にも、何時から何時までどのような業務を行っていたかについて、具体的な報告をさせているわけでもない**」、「**出張時のスケジュールが決まっていない**」、「**概ね１人で出張先に行き、業務遂行についても、自身の判断で行っている**」ことを理由に「**具体的な指揮監督が及んでいるとはいえず、労働時間を管理把握して算定することはできない**」から事業場外労働のみなし制が適用されると判断しています。

5．直行直帰のみなし労働時間制

　直行直帰の場合、事業場外で業務に従事していることは明らかですので、①**使用者の具体的な指揮監督が及んでいるかどうか**②**労働時間の算定が困難であるか**でみなし労働時間制の適用が有効かどうか判断されます。

　ヒロセ電機事件（東京地判平 25.5.22）では、直行直帰の日について「①原告が指示を受けていたことは認められるが、②何時から何時までにいかなる業務を行うか等の具体的なスケジュールについて、詳細な指示を受けていた等といった事実は認められず…被告の具体的な指揮監督が及んでいたと認めるに足りる証拠はない」として、みなし労働時間制の適用は有効と判断されています。

　直行直帰の場合には、業務の指示を受けていたとしても、具体的なスケジュールを詳細に指示を受けていなければ、みなし労働時間制が有効と判断されます。

　なお、ヒロセ電機事件（東京地判平 25.5.22）では、社員は常に携帯電話を所持していましたが、会社から随時指示を受けながら業務に従事してわけではありませんでした。携帯電話やスマートフォンを所持している場合は必ずみなし労働時間制が否定されるというわけではありません。

149

第2章　労働時間・割増賃金

6.「営業マンだからみなし労働時間制」は危険

　営業マンだからという理由でみなし労働時間制を適用している場合には、労務管理を改める必要があります。この場合も**①使用者の具体的な指揮監督が及んでいるかどうか②労働時間の算定が困難であるか**が適用可能かどうかのポイントです。

　光和商事解雇無効確認等請求事件（大阪地判平14.7.19）では、「営業社員は朝礼に出席し、その後外勤勤務に出、基本的に午後6時までに帰社」、「その日の行動内容を記載した予定表を会社に提出し、外勤中に行動を報告し」、「会社所有の携帯電話を営業社員全員に持たせていた」のであるから、「会社が営業社員の労働時間を算定することが困難であるということはできない」として、みなし労働時間の適用を否定しました。

7.在宅勤務は、原則としてみなし労働時間制が適用可能

　次に掲げるいずれの要件をも満たす形態で行われる在宅勤務（労働者が自宅で情報通信機器を用いて行う勤務形態）については、原則として、労基法38条の2に規定する事業場外労働に関するみなし労働時間制が適用されます。

1	当該業務が、起居寝食等私生活を営む自宅で行われること
2	当該情報通信機器が、使用者の指示により常時通信可能な状態におくこととされていないこと
3	当該業務が、随時使用者の具体的な指示に基づいて行われていないこと

　ただし、下記の2つの要件を満たす場合には、在宅勤務といえども労働時間を算定し難いとはいえず、事業場外労働に関するみなし労働時間制は適用されません。

	要　件	具　体　例
1	勤務時間帯と日常生活時間帯が混在しない措置を講ずる旨の在宅勤務に関する取決めがなされている	①始業時刻と終業時刻を定める ②私生活を営む自宅内において、仕事を専用とする個室を確保する
2	随時使用者の具体的な指示に基づいて業務が行われる	電話・メール・SNS等の手段による具体的な指示

（平24.3　東京労働局・労働基準監督署「『事業場外労働のみなし労働時間制』の適正な運用のために」）

第3章　安全配慮義務

12. セクハラ
（イビケン（旧デン建装）元従業員ほか事件）

13. パワハラ
（K化粧品販売事件）

14. マタハラ
（広島中央保健生協（C生協病院・差戻審）事件）

15. 労働時間把握義務と安全配慮義務
（萬屋建設事件）

16. メンタルヘルス不調者への対応
（東芝（うつ病・解雇）事件）

12. セクハラ

> 判例
> **イビケン（旧デン建装）元従業員ほか事件**
> （最高裁平成30年2月15日判決）

負け判例の概要

1．事案の概要

(1) 本件は、X（被上告人、控訴人、一審原告）が、加害社員Y1（上告人、被控訴人、一審被告）のなした一連のセクハラ行為等により多大な精神的苦痛を被ったとして、①Y1に対しては、不法行為に基づく、②Y2社（上告人、被控訴人、一審被告）に対しては、Y1の不法行為にかかる使用者責任に基づく、③Y3社（上告人、被控訴人、一審被告）に対しては、雇用契約上の安全配慮義務違反又は男女雇用機会均等法11条1項所定の措置義務違反を内容とする債務不履行に基づく、④Y4社（上告人、被控訴人、一審被告）に対しては、安全配慮義務違反ないし不法行為に基づく損害賠償として、慰謝料300万円等の支払いを求めた事案である。

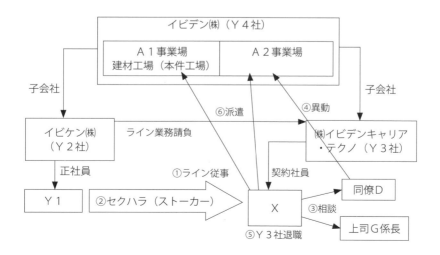

(2)　Ｙ４社は、プラスチックパッケージ基板等の製造及び販売等を事業内容とし、傘下には、後述するＹ２社、Ｙ３社など41社のグループ会社がある。

　　　Ｙ２社は、Ｙ４社の子会社として設立され、建築、家具用資材（化粧板）の製造及び販売等を事業内容とし、後述するＹ３社に対し、建材工場で壁面用ボードの研磨加工等の業務を請け負わせていた。Ｙ１は、Ｙ２社の正社員で、Ｅ本部Ｅ管理部Ｅ管理課の課長であった。

　　　Ｙ３社は、Ｙ４社の子会社であり、グループ内の製造部門等の業務請負や労働者派遣事業等を事業内容としている。

(3)　Ｘは、Ｙ３社の契約社員であり、Ｙ４社の事業場の１つであるＡ１事業場の敷地内にある建材工場で作業を行っていた。

２．交際中（平成21年9月〜平成22年1月）

　Ｙ１、Ｘらは、本件工場内の休憩室において、世間話や家族の話など雑談を一緒にするグループのメンバーであった。

　Ｘは、この頃、Ｙ１に子育ての悩みを親身に聞いてもらうなどしていたが、当時中学生の長女が外でトラブルを起こして示談金12万円を支払う必要が生じるなか、Ｙ１から12万円を借り入れ、その後毎月1万円ずつを任意に返済していた。

　Ｙ１は、平成21年9頃以降、Ｘに異性としての関心を示すようになり、Ｘと2人だけで食事やドライブに行き、Ｘとキスをする関係となった。平成22年1月頃までに、外出した際の自動車内やいわゆるラブホテル等で3回程度性交渉をした。

３．つきまとい行為の開始と同僚への相談（平成22年3月頃）

　Ｙ１とＸは、その後は、本件借入金を返済する際などに2人だけで会って一緒にお茶を飲む等はしたが、一緒に食事をしたりドライブなどの遠出をしたりすることはなく、性交渉もなかった。

　しかし、Ｙ１は、この頃、本件工場内のＸの勤務する部署にきて、Ｘの仕事中に「次、いつ会える？」などと話しかけることがあり、Ｘはその度に困惑していた。

　こうしたなか、Ｘは、同僚で、派遣会社の契約社員として本件工場内のＹ３社の部署に勤務するＤに対し、Ｙ１からつきまとわれていることを相談するようになった。

第3章　安全配慮義務

　他方、Xは、Y1に対し本件借入金を完済できるまでは、関係をはっきり断ることができないものと我慢していた。

4．エスカレートするつきまとい行為（平成22年7～8月頃）

　Xは、平成22年7月末頃、本件工場内において、Y1に対し、関係を断ることをほのめかした手紙とともに、本件借入金の残額を手渡した。

　しかし、Y1は、突然別れる理由が分からない、Xから明確な説明がないなどとして、平成22年8月中には、Xの勤務する本件工場内の部署に頻繁にやってきて、仕事中のXに対して話しかけ、近くに居座るようになった。さらに、8月7日頃には、Xの自宅を直接訪ねて大声を上げたこともあった。

5．上司G係長への相談と自主退職（平成22年9月～10月頃）

　Xは、平成22年9月上旬頃、上司であるG係長に相談したところ、G係長は、朝礼で「ストーカーや付きまといをしているやつがいるようだが、やめるように」などと発言することはあったが、それ以上には何もしなかった。

　そこで、Xは、9月22日頃、Dに頼んでG係長の携帯電話に電話をかけてもらったが、DはG係長と口論となった。Dはその直後に、本件工場からY4社のA2事業場に異動となった。

　Xは、Y1の件に関し、10月4日頃にG係長と、10月12日頃にはG係長に加えF課長とも相談したが、まともに取り合ってもらえなかったことから、同日、Y3社を自主退職した。その後、他の派遣会社に登録して、10月18日頃以降、たまたま派遣されたY4社のA2事業場内の部署に勤務するようになった。

　Y1は、Xの退職後も、10月下旬頃まで、Xの自宅近辺に自車を何度も停車させるなどしたため、Xは、10月27日、警察に相談するなどし、警察官に自宅周辺をパトロールしてもらった。

6．コンプライアンス相談窓口への相談（平成23年10月）

　Dは、勤務先の異動後も、Xから相談を受けていたことから、平成23年10月13日、Y4社のコンプライアンス相談窓口に電話で連絡をし、対応を申し入れた。

154

Y4社は、自社の担当者とY2社及びY3社とで数度の打合せをし、両社に依頼してY1及び関係者への聞き取り調査を行わせるなどして、Dの訴えにつき一応の調査は行った。

もっとも、G係長からの報告（DからXの被害について相談を受けたこともなく、Dのいうようなxの被害は存しない）を鵜呑みにし、それ以上は調査をしないまま、セクハラ行為の存在は一切確認できないとして、同年11月28日、その旨をDに伝えた。

7．裁判所の判断

一審判決は、Y1のXに対するセクハラ行為等は存在しないとして、Xの請求を棄却したが、控訴審判決では、一審判決とは異なり、セクハラ行為等の存在を認め、Yらに対して、220万円（慰謝料200万円及び弁護士費用20万円）の支払いを命じた。

なお、上告審判決では、Y1、Y2社及びY3社に対する損害賠償請求の判断は維持されたが、Y4社に対する損害賠償請求は否定された。

なぜ会社は負けたのか？　弁護士のポイント解説

「職場におけるセクシュアル・ハラスメント」（以下、単に「セクハラ」と省略します。）は、「**職場において行われる性的な言動に対するその雇用する労働者の対応により当該労働者がその労働条件につき不利益を受け、又は当該性的な言動により当該労働者の就業環境が害されること**」（男女雇用機会均等法11条1項）と定義されています。

男女雇用機会均等法11条1項によると、会社は、職場におけるセクハラを防止するために、「**労働者からの相談に応じ、適切に対応するために必要な体制の整備その他の雇用管理上必要な措置**」を講じる必要があります。

男女雇用機会均等法上の性的な言動（職場におけるセクハラ）が直ちに民事上慰謝料等を発生させるほどの違法性を有するとは限りませんが、このような性的な言動が、**身体的・性的自由、行動の自由、名誉・プライバシーなどの人格的利益を侵害する場合**には、その加害者（社員）のセクハラ行為は、民法709条の不法行為に該当し、

第3章　安全配慮義務

その社員を雇用する会社も**使用者責任**として、同額の損害賠償責任を負う可能性があります（民法715条1項）。

また、会社が、セクハラ行為を防止する措置等を怠っていた場合は、会社が**安全配慮義務（職場環境配慮義務）違反**による損害賠償責任を負う可能性があります（労契法5条、民法415条）。

本件では、Y1のセクハラ行為等が認められ、会社が使用者責任や職場環境配慮義務違反を理由として損害賠償責任が認められていますが、会社は、どうして負けたのでしょうか。

1．Xの申し出に対して事実確認等を怠った

Xは、F課長ないしG係長に本件セクハラ行為について何度も訴えて対応を求めましたが、F課長及びG係長は、その訴えに真摯に向き合わず、何らの事実確認も行わず、事後の行為に対する予防措置を何ら講じませんでした。G係長は、朝礼で「ストーカーや付きまといをしているやつがいるようだが、やめるように」などと発言することはありましたが、間接的に釘を刺しているだけです。直接Y1に指導教育や警告すべきでした。

このように、Xの申し出に対して、**事実確認や予防措置など、セクハラに対する事後的措置を怠った**ことが、会社の最大の敗因です。

2．不祥事の隠蔽を疑われる措置がなされた

Y1に指導教育等を働きかけるどころか、Xの相談相手であるDがG係長に相談した直後に、何ら合理的な理由もなくDが本件工場からY4社のA2事業場に異動となりました。

Y1が、グループ会社の管理職であったことから、Xの被害を問題視するDの方を本件工場外へ転出させるなどして、**不祥事を隠蔽しようとしたと疑われても仕方がない措置**です。

156

本件の負けたポイントをまとめますと、以下の2つとなります。

	裁判で負けたポイント
1	Xの申し出に対して事実確認等を怠った
2	不祥事の隠蔽を疑われる措置がなされた

〈参考〉親会社の責任

　ところで、本件は、子会社の社員であった者が、親会社に対して、グループ企業のコンプライアンス体制の整備による相応の措置を講ずる信義則上の義務を主張した点が特徴的です。

　Ｙ４社は、法令遵守体制の一環として、本件グループ会社の事業場内で就労する者から法令等の遵守に関する相談を受ける相談窓口制度を設けていました。その趣旨は、本件グループ会社の業務の適正の確保等を目的として、相談窓口における相談への対応を通じて、本件グループ会社の法令等違反行為を予防し、現に生じた法令等違反行為に対処することにありました。

　この点について、控訴審判決は、このような相談窓口を含む法令遵守体制を整備したことを根拠に、グループ会社の全従業員に対して、相応の措置を講ずべき信義則上の義務を負うとして、Ｙ４社が、平成23年10月、ＤがＸのために相談窓口に対し、Ｘに対する事実確認等の対応を求めたにもかかわらず、Ｙ４社の担当者がこれを怠ったことによりＸの恐怖と不安を解消させなかったことをもって、Ｙ４社に対し、当該義務違反を理由とする損害賠償責任を認めました。

　これに対して、最高裁判決は、具体的状況いかんによっては、Ｙ４社が当該信義則上の義務を負う場合があることを認めつつ、本件の事実関係等に基づいて、義務違反を否定したのです。

　Ｄの相談の内容が、Ｘが退職した後に本件グループ会社の事業場外で行われた行為に関するものであり、Ｙ１の職務執行に直接関係するものではないことや、Ｄの申出の当時（平成23年10月）、Ｘが、既にＹ１と同じ職場では就労していないことなどが、義務違反を否定する事情として考慮されました。

　もっとも、本件上告審判決が、子会社の社員に対する親会社の責任を結論としては否定していますが、あくまで事例判決にすぎず、事実関係が異なれば、親会社の

第3章　安全配慮義務

責任も認められることに留意しなければなりません。

　子会社の社員から、親会社の相談窓口に調査等を求められたら、迅速かつ適切に調査を行うべきことが労務管理上のリスクを軽減することはいうまでもありません。

勝つために会社は何をすべきか？　社労士のポイント解説

1．セクハラに対する会社の措置義務（セクハラ指針）

　男女雇用機会均等法 11 条 2 項に基づき、会社が行わなければならないことは「事業主が職場における性的言動に起因する問題に関して雇用管理上講ずべき措置についての指針（セクハラ指針）」（平成 28 年厚生労働省告示 314 号）に挙げられています。

　なお、平成 28 年の改正で、「**被害者の性的指向又は性自認に関わらず指針の対象とする**」として、LGBT（レズビアン、ゲイ、バイセクシュアル、トランスジェンダー）に対するセクハラも対象とする指針改正がなされました。

　指針では 4 つの措置を挙げています。

1	事業主の方針の明確化及びその周知・啓蒙
2	相談（苦情を含む）に応じ、適切に対応するために必要な体制の整備
3	職場におけるセクハラに係る事後の迅速かつ適切な対応
4	上記 3 つの措置と併せて講ずべき措置である相談者・行為者等のプライバシーの保護、不利益取り扱いの禁止

2．会社の措置義務①（方針の明確化・周知・啓蒙）

　セクハラへの会社の措置義務の第一歩は、会社の方針を明確にすることです。セクハラ指針を踏まえて、パラハラ・マタハラも対象とした「ハラスメントは許しません」という社長名によるポスターを作成し、このようなポスター等を職場内に掲

12. セクハラ

示することにより会社の方針を示し、セクハラに対する会社の方針を周知し、啓蒙してください。セクハラを行ってはならない旨の方針を就業規則の服務規律に規定することも行ってください。

セクハラに該当する言動を行った者については、懲戒処分とする旨を就業規則に規定してください。

セクハラに対する方針、セクハラを行った者を厳正に対処する旨を周知・啓蒙する方法を整理すると、以下のとおりです。

1	就業規則で①職場でセクハラがあってはならない方針、②セクハラに係る性的言動を行った者は懲戒処分することを定め、周知・啓蒙する
2	社内報、パンフレット、ポスター、社内ホームページなどでセクハラ防止を周知・啓蒙する
3	セクハラの内容、セクハラ防止のための研修、講習会を開催し、周知・啓蒙する

3．会社の措置義務②（相談・苦情対応の体制整備）

会社は、社員からの相談・苦情に対応するため相談窓口を設置し、適切に対応する仕組み等の体制づくりをしなければなりません。

(1) 相談窓口の設置

まず、**相談への対応のための窓口をあらかじめ定める**ことが必要です。具体的には、以下のような措置が必要です。

①	相談に対応する担当者をあらかじめ定めること
②	相談に対応するための制度を設けること
③	外部の機関に相談への対応を委託すること

(2) 相談窓口が適切に対応する仕組み

次に、このような**相談窓口の担当者が、相談に対し、その内容や状況に応じ適切に対応**できるようにし、また、相談窓口においては、職場におけるセクハラが現実に生じている場合だけでなく、その発生のおそれがある場合や、職場におけるセクハラに該当するか否か微妙な場合であっても、**広く相談に対し、**

第3章　安全配慮義務

適切な対応を行うようにすることが必要です。具体的には、以下のような措置が必要です。

> ①　相談窓口の担当者が相談を受けた場合、その内容や状況に応じて、相談窓口の担当者と人事部門とが連携を図ることができる仕組みとすること
>
> ②　相談窓口の担当者が相談を受けた場合、あらかじめ作成した留意点などを記載したマニュアルに基づき対応すること

4．会社の措置義務③（事後措置への迅速かつ適切な対応）

　会社は、**職場におけるセクハラに係る相談の申出があった場合、事実関係の迅速かつ正確な確認及び適正な対処**として、次の措置を講じなければなりません。

(1)　事実関係の確認

　まず、事案に係る事実関係を迅速かつ正確に確認することが必要です。具体的には、以下のような措置が必要です。

> ①　相談窓口の担当者、人事部門又は専門の委員会等が、相談を行った社員及び職場におけるセクハラに係る性的な言動の行為者の双方から事実関係を確認すること
> 　両者間で事実関係に関する主張に不一致があり、事実の確認が十分にできないと認められる場合には、第三者からも事実関係を聴取する等の措置を講ずること
>
> ②　事実関係を迅速かつ正確に確認しようとしたが、確認が困難な場合などにおいて、均等法 18 条に基づく調停の申請を行うことその他中立な第三者機関に紛争処理を委ねること

　裁判例では、「事業主は、雇用契約上、従業員に対し、**労務の提供に関して良好な職場環境の維持確保に配慮すべき義務**を負い、職場においてセクシュアルハラスメントなど従業員の職場環境を侵害する事件が発生した場合、**誠実かつ適切な事後措置をとり、その事案にかかる事実関係を迅速かつ正確に調査すること及び事案に誠実かつ適正に対処する義務**を負っている」（仙台セクハラ（自動車販売会社）事件（仙台地判平 13.3.26））とされています。

160

12. セクハラ

(2) 行為者・被害者に対する措置

　次に、このような事実関係の確認等により、職場におけるセクハラが生じた事実が確認できた場合においては、**行為者に対する措置及び被害を受けた労働者（被害者）に対する措置**をそれぞれ適正に行うことが必要です。具体的には、以下のような措置が必要です。

> ① 就業規則その他の職場における服務規律等を定めた文書による職場におけるセクハラに関する規定等に基づき、行為者に対して必要な懲戒その他の措置を講ずること
> 　併せて事案の内容や状況に応じ、被害者と行為者の間の関係改善に向けての援助、被害者と行為者を引き離すための配置転換、行為者の謝罪、被害者の労働条件上の不利益の回復等の措置を講ずること
>
> ② 男女雇用機会均等法18条に基づく調停その他中立な第三者機関の紛争解決案に従った措置を講ずること

(3) 再発防止に向けた措置

　さらに、改めて職場におけるセクハラに関する方針を周知・啓発する等の**再発防止に向けた措置を講ずることが必要**です。なお、職場におけるセクハラが生じた事実が確認できなかった場合においても、同様の措置を講ずるべきです。具体的には、以下のような措置が必要です。

> ① 職場におけるセクハラがあってはならない旨の方針及び職場におけるセクハラに係る性的な言動を行った者について厳正に対処する旨の方針を、社内報、パンフレット、社内ホームページ等広報又は啓発のための資料等に改めて掲載し、配布等すること
>
> ② 労働者に対して職場におけるセクハラに関する意識を啓発するための研修、講習等を改めて実施すること

5．会社の措置義務④（相談者・行為者のプライバシー保護・不利益取り扱いの禁止）

　「相談者・行為者等プライバシーの保護、不利益取り扱いの禁止」に留意しなければなりません。

第3章　安全配慮義務

【判例分析表】

事件名	セクハラに関する会社の取り組みの分類	セクハラに関する会社の取り組みへの裁判所の評価
A市職員（セクハラ損害賠償）事件 （横浜地判平 16.7.8）	方針の明確化等	プラス
L館事件 （最一小判平 27.2.26）	方針の明確化等	プラス
日本HP社セクハラ事件 （東京地判平 17.1.31）	方針の明確化等	プラス
A製薬（セクハラ解雇）事件 （東京地判平 12.8.29）	方針の明確化等	プラス
福岡セクシャルハラスメント事件 （福岡地判平 4.4.16）	事後の迅速かつ適切な対応等（相談への適切な対応等）	マイナス
A市職員（セクハラ損害賠償）事件 （横浜地判平 16.7.8）	事後の迅速かつ適切な対応等（相談への適切な対応等）	マイナス
仙台セクハラ（自動車販売会社）事件 （仙台地判平 13.3.26）	事後の迅速かつ適切な対応等（事実関係の確認）	マイナス
仙台セクハラ（自動車販売会社）事件 （仙台地判平 13.3.26）	事後の迅速かつ適切な対応等（行為者・被害者に対する措置置）	プラス
X社事件 （東京地判平 22.4.20）	事後の迅速かつ適切な対応等（行為者・被害者に対する措置）	プラス

12. セクハラ

セクハラに関する会社の取り組み
・Ａ市では、均等法 11 条 2 項の指針を受けて「基本方針」「要項」が定められている
・職場におけるセクハラの防止を重要課題として位置づけ、かねてからセクハラの防止等に関する研修への毎年の参加を全従業員に義務づけるなどした ・「セクシュアルハラスメントは許しません！！」と題する文書を作成して全社員に配布し、職場にも掲示するなどした
・業務上の行動指針において差別や嫌がらせの禁止、これに違反した場合に懲戒解雇を含む厳罰を科する旨明示するとともに、本件合併前には全管理職に対し、業務上の行動指針に関する教育を実施した ・イントラネット上に「セクシュアル・ハラスメントのない職場づくりに向けて」と題する書面を提示して、改正男女雇用機会均等法のセクハラに関する規定の説明、セクハラが業務上の行動指針違反、被告就業規則における懲戒処分に該当する不正行為とみなされ、免職を含めた懲戒処分が適用されること、管理職においてセクハラに関する法律、業務上の行動指針の規定等が遵守されるよう周知徹底すべきことを告知していた
・「企業方針について」と題する文書において、セクハラを含む嫌がらせのない職場を提供することが会社の方針である旨を示した
・専務と代表者は、セクハラ等の事実を被害者、他の社員から報告を受けていたにもかかわらず、セクハラの被害者と加害者の個人間の問題としてとらえ、両者の話し合いによる解決を指示するに留まった
・「バーベキュー・パーティーの際、膝に座らせて、その写真を撮った。歓送迎会等で『結婚しろ』と発言し、他市の職員に『うちにいいのがいるから』と紹介しようとした」等のセクハラを上司から受けていると相談窓口に訴えたところ、加害者に対する事情聴取から、セクハラがあったことを認識していたにもかかわらず、被害者から事情聴取することもなく、客観的な証拠である写真の収集もしなかった。被害者の求めで面談したときも、本人が異動を希望していると思い込み、4 月まで待つように述べただけであり、今の仕事は荷が重すぎたのかもしれないなどと本人の責任であるかのような発言をし、加害者をかばう発言を繰り返した
・当日のうちに、加害者に電話などで事情を聴取すべきであった ・被害者の言い分に照らして具体的に事情を聴取すべきであった ・警察や社外に口外しないように指示ないし要請しながら、加害者の言い分だけを聞いて、加害者のいうことと被害者のいうことのどちらが正しいのかの事実を確認することもなく、漫然と加害者の言い分を真実と受け止めるような態度をとり事案に適正に対処する義務を怠った
・（女子トイレ盗撮事件について）女子トイレ内の掃除道具置場の扉を取り外すなどの再発防止措置をとったことは事後的ではあるが適切な措置である ・加害者に対し、自宅待機の上、諭旨免職処分にするなどの対応をとったことは、加害者に対する措置として適正な対応と評価すべき
・社長は、ただちにセクハラの被害者である女性社員を副社長付に異動させて、仕事上の接点をなくした ・加害者である男性社員については、規定に基づき賞罰委員会を開催し、被害者である女性社員が嫌だという以上これを尊重して、課長に降格させて営業所に異動させるなどの処分をして、顔を合わせることのない状態にした

第3章　安全配慮義務

事件名	セクハラに関する会社の取り組みの分類	セクハラに関する会社の取り組みへの裁判所の評価
日銀京都支店セクハラ事件 （京都地判平 13.3.22）	事後の迅速かつ適切な対応等（行為者・被害者に対する措置）	マイナス
X 社事件 （東京地判平 22.4.20）	事後の迅速かつ適切な対応等（再発防止に向けた措置）	プラス
A 製薬（セクハラ解雇）事件 （東京地判平 12.8.29）	事後の迅速かつ適切な対応等（再発防止に向けた措置）	プラス
京都セクハラ（呉服販売会社）事件 （京都地判平 9.4.17）	事後の迅速かつ適切な対応等（プライバシーの保護等）	マイナス

12. セクハラ

セクハラに関する会社の取り組み
・支店長は日銀内部において、けん責処分を受けたが、支店長への処分が軽すぎる
・会社は、全体会議でセクハラ研修を実施したり、相談員制度を導入したりした ・社長らは、会社近くで被害者である女性社員と面談し、時間をかけてその意見を聴いている
・セクハラ行為を理由とする解雇後に、従業員行動指針を改訂した「社員行動指針」を全社員に配布し、セクハラを含む嫌がらせに対する被告の厳しい姿勢をさらに明確化した
・男性従業員によるビデオの隠し撮りがあった際、会社に職場環境を改善する旨の発言をした女性従業員を当該男性従業員と男女関係にあるかのような発言により女性従業員が退職を余儀なくされた

165

第3章　安全配慮義務

　まず、職場におけるセクハラに係る相談者・行為者等の情報は当該相談者・行為者等のプライバシーに属するものであることから、相談への対応又は当該セクハラに係る事後の対応に当たっては、**相談者・行為者等のプライバシーを保護するために必要な措置を講ずる**とともに、その旨を**社員に対して周知すること**が必要です。具体的には、以下のような措置が必要です。

---

① 　相談者・行為者等のプライバシーの保護のために必要な事項をあらかじめマニュアルに定め、相談窓口の担当者が相談を受けた際には、当該マニュアルに基づき対応するものとすること

② 　相談者・行為者等のプライバシーの保護のために、相談窓口の担当者に必要な研修を行うこと

③ 　相談窓口においては相談者・行為者等のプライバシーを保護するために必要な措置を講じていることを、社内報、パンフレット、社内ホームページ等広報又は啓発のための資料等に掲載し、配布等すること

　次に、労働者が職場における**セクハラに関し相談をしたこと又は事実関係の確認に協力したこと等を理由として、不利益な取扱いを行ってはならない旨を定め、**労働者に周知・啓発することが必要です。具体的には、以下のような措置が必要です。

---

① 　就業規則その他の職場における職務規律等を定めた文書において、労働者が職場におけるセクハラに関し相談をしたこと、又は事実関係の確認に協力したこと等を理由として、当該社員が解雇等の不利益な取扱いをされない旨を規定し、社員に周知・啓発をすること

② 　社内報、パンフレット、社内ホームページ等広報又は啓発のための資料等に、社員が職場におけるセクハラに関し相談をしたこと、又は事実関係の確認に協力したこと等を理由として、当該社員が解雇等の不利益な取扱いをされない旨を記載し、労働者に配布等すること

166

12. セクハラ

「ハラスメントは許しません」宣言

株式会社〇〇〇〇
代表取締役〇〇　〇〇

1　わが社がハラスメントを許さない理由
　職場におけるハラスメントは、労働者の個人としての尊厳を不当に傷つける社会的に許されない行為であるとともに、労働者の能力の有効な発揮を妨げ、また、会社にとっても職場秩序や業務の遂行を阻害し、社会的評価に影響を与える問題です。<u>わが社はあらゆるハラスメント行為を許しません。</u>

2　職場におけるハラスメントの例

＜妊娠・出産・育児休業・介護休業等に関するハラスメント＞

職場において行われる上司・同僚からの言動により、妊娠・出産した「女性労働者」や育児・介護休業等を申出・取得した「男女労働者」等の就業環境が害されること

（具体例）
① 部下又は同僚による妊娠・出産、育児・介護に関する制度や措置の利用を阻害する言動
② 部下又は同僚が妊娠・出産、育児・介護に関する制度や措置を利用したことによる嫌がらせ等
③ 部下又は同僚が妊娠・出産等したことによる嫌がらせ等
④ 部下による妊娠・出産、育児・介護に関する制度や措置の利用等に関し、解雇その他不利益な取扱いを示唆する行為
⑤ 部下が妊娠・出産等したことにより、解雇その他不利益な取扱いを示唆する行為

<u>※妊娠・出産・育児休業・介護休業等に関する否定的な言動は、妊娠、出産、育児休業・介護休業等に関するハラスメントの発生の原因や背景になることがあります。</u>

＜セクシュアルハラスメント＞

職場において行われる労働者の意に反する性的な言動に対する労働者の対応によりその労働者が労働条件について不利益を受けたり、性的な言動により就業環境が害されること

（具体例）
① 性的な冗談、からかい、質問
② わいせつ図画の閲覧、配付、掲示
③ 性的な噂の流布
④ 身体への不必要な接触
⑤ 性的な言動により相手や周りの就業意欲を低下させ、能力発揮を阻害する行為
⑥ 交際、性的な関係の強要
⑦ 性的な言動に対して拒否等を行った部下等に対する不利益取扱い

<u>※性別役割分担意識に基づく言動は、セクシュアルハラスメントの発生の原因や背景となることがあります。</u>

＜パワーハラスメント＞

同じ職場で働く者に対して、職務上の地位や人間関係などの職場内での優位性を背景に、業務の適正な範囲を超えて、精神的・身体的苦痛を与える又は職場環境を悪化させること

（具体例）
① 身体的な攻撃（暴行・傷害）
② 精神的な攻撃（脅迫・名誉棄損・侮蔑・ひどい暴言）
③ 人間関係からの切り離し（隔離・仲間外し・無視）
④ 過大な要求（業務上明らかに不要なことや、遂行上不可能なことの強制、仕事の妨害）
⑤ 過小な要求（業務上の合理性がなく、能力や経験とかけ離れた程度の低い仕事を命じる、仕事を与えない）
⑥ 個の侵害（私的なことに過度に立ち入る）

第3章　安全配慮義務

3　ハラスメントは懲戒処分
- 社員がハラスメントを行った場合、就業規則に基づき、懲戒処分の対象となることがあります。
- 処分の内容は、次の要素を総合的に判断し決定します。
  ① 行為の具体的態様（時間・場所（職場か否か）・内容・程度）
  ② 当事者同士の関係（職位等）
  ③ 被害者の対応（告訴等）・心情等

4　相談窓口
- 職場におけるハラスメントに関する相談窓口担当者は以下のとおりです。
- 実際にハラスメントが発生した場合だけでなく、発生する可能性がある場合、放置すれば就業環境が悪化する恐れがある場合、該当するか微妙な場合も含め、ひろく相談に対応します。
- 面談・電話・メールによる相談も受け付けます。
- 一人で悩まず、まずは、相談してみてください。

```
男性    総務部長   ○○　○○　E-mail ○○○○@○○.co.jp

女性    総務部     ○○　○○　E-mail ○○○○@○○.co.jp
```

※相談に関する秘密は、業務上知り得た秘密として守秘義務を遵守いたします。

5　相談の不利益取り扱いの排除
- 相談者はもちろん、事実関係の確認に協力した方に対しても不利益な取扱いは行いません。

6　配慮・措置・再発防止
- 相談を受けた場合には、事実関係を迅速かつ正確に確認します。
- 事実が確認できた場合には、被害者に対する配慮のための措置、行為者に対する措置を講じます。
- 事実が確認できた場合には、再発防止策を講じる等適切に対処します。

7　対象
- この宣言は、正社員、パート・アルバイト、派遣社員などすべての労働者が対象です。
- 妊娠・出産・育児休業・介護休業等に関するハラスメントは、妊娠・出産等をした女性労働者、育児・介護休業等の制度を利用する男女労働者の上司、同僚が行為者となり得ます。
- セクシュアルハラスメントは、上司、同僚、顧客、取引先の社員等が被害者及び行為者になり得ます。
- 異性に対する行為だけでなく、同性に対する行為も対象となります。
- 被害者の性的指向、性自認にかかわらず、性的な言動は、セクシュアルハラスメントです。

相手の立場に立って、普段の言動を振り返り、ハラスメントのない、快適な職場を作っていきましょう。

8　妊娠・出産、育児、介護の制度の利用の推奨
- 当社は、法律で定められた妊娠・出産、育児や介護を行う労働者が利用できる制度があり、遵守します。
- どのような制度や措置が利用できるのかを就業規則で確認しましょう。
- 制度の利用をためらう必要はありません。
  → 制度等を利用する場合、業務配分の見直しなどで、上司や同僚に影響を与える可能性があります。
  → 円滑な制度の利用のために
    ・早めに上司や総務に相談しましょう。
    ・日頃から業務に関わる周囲の方との円滑なコミュニケーションを図ることを大切にしましょう。
- 対応に困る場合があれば、下記までご相談ください。

```
総務部長   ○○　○○　E-mail ○○○○@○○.co.jp
```

ハラスメントのない働きやすい職場をみんなで作りましょう！！！

13. パワハラ

判例	**K化粧品販売事件**
	（大分地裁平成 25 年 2 月 20 日判決）

負け判例の概要

1．事案の概要

(1)　Y社（被告）は、化粧品販売等を目的とする株式会社であり、X（原告）は、美容部員（ビューティーカウンセラー）として勤務していた社員である。

(2)　本件は、Xが、Y社で行われた研修会に際して上司ら3名がXに対しその意に反して特定のコスチュームを着用して研修会に参加するように強要するなどしたとして、その上司ら3名に対して民法709条及び719条1項に基づく損害賠償を、Y社に対しては使用者責任を負うとして民法715条1項本文に基づく損害賠償を、それぞれ請求した事案である。

2．事実経過

(1)　コンクールの未達

　　Y社が実施した7月度コンクール及び8月度コンクールにおいて、Xは、割り当てられた販売目標数に達しなかった（「未達」と呼称されていた）。

(2)　平成 21 年 10 月 27 日実施の研修会

　　Y社は、美容部員を対象に、原則として月に1回、新商品の勉強会や販売を達成するための勉強会を目的とする研修会を実施していた。

　　平成21年10月27日実施の研修会（以下「本件研修会」という）も、上記研修会の1つとして行われたものであり、Xも、美容部員の会社業務の一環として本件研修会への出席が義務づけられており、本件研修会に参加した。

169

第3章　安全配慮義務

　　本件研修会において、Xの上司は、本件研修会を始めるに際して、平成21年
7月及び同年8月に未達であった美容部員であるXを含む4名を前に呼び出し、
その4名に対して、それぞれ予め用意されていた特定のコスチュームを選ばせ、
着用するように指示した。

　　なお、これらの特定のコスチュームは、4種類あり、上司から早く着用する
ように促され、Xは、他の研修員と同様に美容部員の制服を着用していたところ、
頭部にウサギの耳の形をしたカチューシャをつけるなどした易者のコスチュー
ムを着用した。

　　その後、Xは、本件研修会開催後午後7時頃まで研修会場の清掃を行い、こ
の間においても、本件コスチュームを着用していた。

(3)　平成21年11月半ば頃の研修

　　平成21年11月半ば頃、Y社で実施された研修会において、本件コスチュー
ムを着用したXの姿を含む本件研修会の様子がスライドで投影された。

3．裁判所の判断

　　一連の行為は社会通念上正当な職務行為であるとはいえず、Xに心理的負荷を過
度に負わせる行為であるといわざるを得ず、違法性を有し、上司らの行為は、不法
行為に該当する。

　　その結果、上司3名とY社は連帯して損害賠償金22万円を支払うように命じら
れた。

なぜ会社は負けたのか？　弁護士のポイント解説

「職場のパワーハラスメント」（以下、「パワハラ」といいます。）は、「**同じ職場で
働く者に対して、職務上の地位や人間関係などの職場内の優位性を背景に、業務の適
正な範囲を超えて、精神的・身体的苦痛を与える又は職場環境を悪化させる行為**」と

170

定義されています（平成24年1月30日職場のいじめ・嫌がらせ問題に関する円卓会議ワーキンググループ報告）。

パワハラの行為類型には、以下の6種類があるといわれています（公益財団法人21世紀職業財団発行「職場のパワーハラスメント対策ハンドブック」5頁）。

①	身体的な攻撃	（例）暴行・傷害
②	精神的な攻撃	（例）脅迫・名誉毀損・侮辱・ひどい暴言
③	人間関係からの切り離し	（例）隔離・仲間外し・無視
④	過大な要求	（例）業務上明らかに不要なことや遂行不可能なことの強制・仕事の妨害
⑤	過小な要求	（例）業務上の合理性がなく、能力や経験とかけ離れた程度の低い仕事を命じる・仕事を与えない
⑥	個の侵害	（例）私的なことに過度に立ち入る

しかし、このようにパワハラの行為類型は多岐にわたり、かつ④〜⑥に至っては正当な業務上の指示との線引きが難しく、必ずしも対策は容易ではありません。線引きを誤り、職場内にパワハラが蔓延すれば、社内のモチベーションが下がり、会社の信用低下にもつながります。

さらに、パワハラの定義に該当する言動のうち、特に違法性が強いものは損害賠償責任まで発生しますが、その線引きも難しいといわざるを得ません。本判決も、**不法行為該当性の判断において、問題となる行為によって従業員に蓄積する心理的負荷を認定し、かつ、問題となる行為の手段と目的を分析し、当該行為が正当な職務行為といえるか否かを検討していますが**、その線引きは個別具体的な事情によるものであり、一義的ではありません。

本件のコスチューム着用は、パワハラの行為類型としては「②精神的な攻撃」「④過大な要求」に該当しうるものですが、「社会通念上正当な職務行為であるとはいえない」と評価した本判決は、パワハラか否かの線引きの参考になる事案であるため、本書で取り上げました。

以下では、パワハラと評価された理由を参考にしながら、会社の敗因を分析していきます。

171

第3章　安全配慮義務

1．パワハラの行為類型に対する理解が不十分であった

　本件研修会のコスチューム着用は、レクリエーションや盛り上げ策を目的としていたようです。テレビのバラエティ番組等で罰ゲームが行われて、番組自体が大いに盛り上がることから、これに倣って罰ゲーム制度を導入したことが窺われますが、悪ふざけが過ぎたとしかいいようがありません。

　本件コスチュームを着用させることは、万人が受け入れるものではなく、納得していない者にとっては、精神的な苦痛でしかなく、盛り上げ策という目的自体を果たせないことの理解が欠けているといわざるを得ません。

　結局のところ、**上司3名がパワハラの行為類型について十分に理解できていなかった**ことが要因であったといえます。一般的に、④過大な要求、⑤過小な要求、⑥個の侵害がパワハラに該当しうることは必ずしも認知されているとは言い切れません。パワハラ研修等により周知を徹底すべきでした。

　そのような理解不足が、事前の意思確認不足やスライドの無断使用につながっていったのです。

2．事前の意思確認がなかったこと

　本件で注目すべきは、上司らがXに対してコスチュームの着用を「命令した」とは認定されていないことです。「たとえ任意であったことを前提としても原告がその場でこれを拒否することは非常に困難であった」ことを理由に不法行為責任を認めたのです。

　そして、このような拒否しづらい状況であったと認定した前提となる事情として、本判決は、「**原告の本件コスチューム着用が予定されていながら、それについての原告の意思を確認することもなされず、原告が本件コスチュームを着用することについて予想したり、覚悟したりする機会のない状況**」であったと認定しています。

　これこそが、本件コスチュームの着用が不法行為であると評価された大きな敗因です。

　罰ゲームが本件コスチュームの着用であることが決定されたことは、本件研修会の参加者に決定前や本件研修会の前などに知らされることはありませんでした。

また、Xは、名前を呼ばれて前に出された上で、他の呼び出された美容部員とじゃんけんをして、順にコスチュームが入った箱を選び、最後にXが箱を選んだのですが、その際、Xは、何の目的で箱を選ぶかも理解していませんでした。

さらに、Xが名前を呼び出されてから本件コスチュームを着用するまで、上司らから、嫌ならやめてもよいという話をされたこともなかったのです。

事前にXに意思確認して「嫌ならやめてもよい」と伝えていれば、本件コスチュームの着用の要求が、不適切とはいえ、不法行為とまで評価されることはなかったかもしれません。

3．無断でスライドに使用したこと

極めつけは、別の研修会において、Xの了解なく、本件コスチュームを着用したスライドを投影したことです。

会社の業務内容や研修会の趣旨と全く関係なく、単なる悪ふざけであると評価せざるを得ません。

なお、本件研修会中に本件コスチュームを着用したXの姿を含む写真を撮影し、Xから明確に写真を撮ることについて了解を得たり、拒否する態度を示されたりすることはなかったのですが、拒否や抗議をしていないからスライドに使用することの承諾があったと考えるべきではありません。仮にこのようなことをするとしても、肖像権に関わることですので、明確な承諾をとっておくべきでした。

本件の負けたポイントをまとめますと、以下の3つとなります。

裁判で負けたポイント	
1	パワハラの行為類型に対する理解が不十分であった
2	事前の意思確認がなかった
3	無断でスライドに使用した

パワハラか否かの線引きが微妙な事案については「判例分析表」を参考にしてください。正当な職務行為とパワハラの限界を区別したパワハラ予防策を構築する際にご活用ください。

173

第3章　安全配慮義務

勝つために会社は何をすべきか？　社労士のポイント解説

1．パワハラ問題に取り組む必要性と意義

　　職場のパワーハラスメント（以下、パワハラ）は、相手の尊厳や人格を傷つける許されない行為であるとともに、職場環境を悪化させるものです。問題を放置すれば、社員は仕事への意欲や自信を失い、時には心身の健康や命すら危険にさらされる場合があります。

　　パワハラは、職場全体の生産性や意欲の低下など周りの人への影響や、企業イメージの悪化などを通じて経営上大きな損失につながります。

　　パワハラの予防・解決に取り組む意義は、損失の回避だけではありません。仕事に対する意欲や職場全体の生産性の向上にも貢献し、職場の活力につながるものです。このことを認識し、会社全体として積極的に取り組みを進めることが重要です。

2．職場からなくすべき行為の共通認識の必要性

　　パワハラという言葉は、どのような行為がこれらに該当するのか、人によって判断が異なる現状があります。そのため、どのような行為を職場からなくすべきであるのかについて、会社、社員、関係者が認識を共有できるようにすることが必要です。「職場のいじめ・嫌がらせ問題に関する円卓会議ワーキンググループ報告書」（厚生労働省　平24.1.20）が示した定義を共有してください。

職場のパワーハラスメントとは、同じ職場で働く者に対して、職務上の地位や人間関係などの職場内の優位性（※）を背景に、業務の適正な範囲を超えて、精神的・身体的苦痛を与える又は職場環境を悪化させる行為

※上司から部下に行われるものだけでなく、先輩・後輩間や同僚間などの様々な優位性を背景に行われるものも含まれる。

---

13. パワハラ

3．裁判例で示されたパワハラの定義

裁判例で示されたパワハラの定義を社内で共有することも有意義です。

事件	パワハラの定義
S事件 （鳥取地判平 20.3.31）	原告の勤務先ないし出向先であることや、その人事担当者であるという優越的地位に乗じて、原告を心理的に追い詰め、長年の勤務先である被告会社の従業員としての地位を根本的に脅かすべき嫌がらせ
K事件 （東京地判平 21.10.15）	組織・上司が職務権限を使って、職務とは関係ない事項あるいは職務上であっても適正な範囲を超えて、部下に対し、有形無形に継続的な圧力を加え、受ける側がそれを精神的負担と感じたときに成立するもの
F事件 （大阪地判平 24.3.30）	同じ職場で働く者に対して、職務上の地位や人間関係などの職場内の優位性を背景に、業務の適正な範囲を超えて、精神的・身体的苦痛を与える又は職場環境を悪化させる行為
U事件 （東京地判平 24.3.9）	企業組織若しくは職務上の指揮命令関係にある上司等が、職務を遂行する過程において、部下に対して、職務上の地位・権限を逸脱・濫用し、社会通念に照らし客観的な見地からみて、通常人が許容し得る範囲を著しく超えるような有形・無形の圧力を加える行為

4．パワハラの行為類型

パワハラの行為類型を整理することが必要です。「円卓会議報告書」が定義する6つの行為類型を紹介しますので、体系的に理解してください。

①身体的な攻撃	暴行・傷害
②精神的な攻撃	脅迫・名誉棄損・侮辱・ひどい暴言
③人間関係からの切り離し	隔離・仲間はずし・無視
④過大な要求	業務上明らかに不要なことや遂行不可能なことの強制、仕事の妨害
⑤過小な要求	業務上の合理性なく、能力や経験とかけ離れた程度の低い仕事を命じることや仕事を与えないこと
⑥個の侵害	私的なことに過度に立ち入ること

175

第3章　安全配慮義務

5．パワハラになり得る言動と防止策

　　人事院「パワー・ハラスメント防止ハンドブック」で挙げられたパワハラの可能性がある言動の具体例とパワハラを起こさないために留意することを紹介しますので、参考にしてください。ただし、言動が実際にパワハラに該当するかどうかは、**当該言動が継続して行われているものかどうか、当該言動が行われることとなった原因、当該言動が行われた状況等をも踏まえて判断**する必要があり、ここにある言動のすべてが直ちにパワハラに該当するとは限りません。しかし、パワハラに該当する可能性が十分あることを理解することが重要です。

分類	パワハラの可能性がある言動の具体例	パワハラを起こさないために留意すること
①暴言	・「こんな間違いをするやつは死んでしまえ」、「おまえは給料泥棒だ」などと暴言を吐く ・発表の方法等を指導せずに、「君のプレゼンが下手なのは、暗い性格のせいだ。何とかしろ」などという	・部下に暴言を吐くことは、職場の内外を問わず、懇親会の席などざっくばらんな雰囲気の場でも、許されません ・部下の指導や教育にあたって、時に厳しく叱ることも部下を指導するうえでは必要ですが、相手の性格や能力を充分見極めた上で、その場合も言葉を選んで、適切に対応することが必要です
②執拗な非難	・3日間にわたって何度も書き直しを命じる ・皆の前で起立させたまま、大声で長時間叱責し続ける	・部下は、上司等の権限がある者からの言動に疑問を抱いた場合でも、正面きって反論しづらい立場にあることを理解し、ミスには、必要な範囲で、具体的かつ的確に指導することに心掛けることが必要です ・部下の立場も考えて、できる限り人前で叱らないようにするなどの配慮も必要です ・単なる指導上の注意であったとしても、徒に繰り返して注意をしないことが必要です

③威圧的な行為	・椅子を蹴飛ばしたり、書類を投げつけたりする ・部下の目の前で、分厚いファイルを何度も激しく机に叩き付ける ・自分の意向と違う時は意に沿った発言をするまで怒鳴り続け、また、自分自身にミスがあると有無をいわさず部下に責任を転嫁する	・業務に関する言動であっても、その内容や態様等が威圧的にならないよう注意することが必要です ・単発の言動だけでなく、仕事に対する姿勢や日常の振る舞いがパワハラの土壌となることがあります
④実現不可能・無駄な業務の強要	・これまで３名で行ってきた大量の申請書の処理業務を未経験の部下に全部押しつけ、期限内にすべて処理するよう厳命する ・毎週のように土曜日や日曜日に出勤することを命じる	・明らかに実現不可能な業務や自分の趣味による無駄な仕事の強要や私生活への介入（ライフスタイル、学歴、家族）や人権の侵害ともいえる言動は、許されません ・部下に対し、非常に大きな負担をかける業務などを命じる場合には、必要に応じ、部下にその理由を説明するなどフォローが必要です
⑤仕事を与えない	・何の説明もなく役職に見合った業務を全く与えず、班内の回覧物も回さない ・部下に仕事を与えなくなり、本来の仕事すら他の同僚にさせる	・部下には差別なくその能力や役職等に見合った仕事を与える必要があり、合理的な理由なく仕事を与えないことは許されません ・業務上の意見をいったことなどを理由に、仕事を与えないなどのペナルティを科すのは権限の濫用に該当します
⑥仕事以外の事柄の強要	・部下に対して、毎日のように昼休みに弁当を買いに行かせたり、週末には家の掃除をさせたりする ・「上司より立派なマンションに住むとは何事だ」とか「もっと安いところに住まないと地方に異動させるぞ」などといい続ける	・部下に私事を命じるのは明らかに不適当な命令です ・部下に対して合理的な理由がないのに、仕事以外のことに執拗に干渉しない態度が必要です
⑦暴力・暴言	・書類で突然頭を叩く ・仕事が遅いと部下を殴ったり、蹴ったりする	・部下に暴力を振るうことは犯罪になり得るものであり、決して許されるものではありません

第3章　安全配慮義務

⑧名誉棄損・侮辱	・ 同僚の前で、無能なやつだという。課全員の前で土下座をさせる ・ 病気の内容を大勢の職員の前でいう。家族について皮肉をいう	・ 部下だからといって、物扱いするなど、侮辱するような言動をしてはいけません。チームの一員として、部下の人格を尊重する必要があります
⑨隔離・仲間外し・無視	・ いつも行動が遅い部下の発言を無視し、会議にも参加させない ・ 体臭がきついからといって、部下をついたてで仕切る	・ 部下と性格が合わなかったり、気に入らないからといって、当該部下の言動を無視したり、当該部下だけを仲間外れにすることは決して許されません

人事院「パワー・ハラスメント防止ハンドブック」抜粋

6．パワハラの予防・解決のために立場別にそれぞれが行うこと

　パワハラの予防・解決のためには、**働く人の誰もがパワハラ問題の当事者となり得ることや、取り組む意義を訴える**とともに、予防・解決に向け、以下のとおり、職場の1人ひとりに**それぞれの立場からの行動を呼びかける**ことが重要です。

経営者	パワハラ問題が生じない組織文化を育てるために、自ら範を示しながら、その姿勢を明確に示すなどの取組を行う
管理者（上司）	自らがパワハラをしないことはもちろん、部下にもパワハラをさせない ただし、必要な指導を適正に行うことまでためらわない
職場の全社員	①人格尊重：互いの価値観などの違いを認め、互いを受け止め、人格を尊重し合う ②コミュニケーション：互いに理解し協力し合うため、適切にコミュニケーションを行うよう努力する ③互いの支え合い：問題を見過ごさず、パワハラを受けた人を孤立させずに声をかけ合うなど、互いに支え合う

178

７．職場のパワハラをなくすための取り組み

　職場のパワハラをなくす取り組みは、**パワハラの予防のための取り組みとパワハラの解決のための取り組み**の２つに分類されます。さらに予防と解決のための取り組みは以下の７つに分類されます。

予　　防	①トップのメッセージ
	②ルールを決める
	③実態を把握する
	④教育する
	⑤周知する
解　　決	⑥相談や解決の場を設置する
	⑦再発を防止する

(1)　トップのメッセージ

　組織のトップが、パワハラは職場からなくすべきであることを明確に示す必要があります。特に経営幹部に対して対策の重要性を理解させることが重要です。どの取り組みにもましてこの取り組みが最も重要です。例えば、副社長がパワハラを行った場合、取締役を解任するといったことが強力なトップのメッセージとなります。逆をいえば、パワハラ問題が起きた場合にうやむやな解決を図った場合には、他のどのような取り組みを行ったとしても、職場のパワハラはなくなりません。

(2)　ルールを決める

　パワハラ問題が発生した場合のルールを決める必要があります。就業規則に関係規定を設ける、労使協定を締結する、予防・解決についての方針やガイドラインを作成するといった取り組みがあります。

第3章　安全配慮義務

(3) 実態を把握する

　パワハラに関する従業員アンケートを実施する等の方法により、職場のパワハラの実態を把握する必要があります。

(4) 教育する

　パワハラに関する教育を行うことが必要です。まず、第一番目に教育を行うことが必要なのは、経営トップです。**経営トップは、顧問弁護士や顧問社労士から直接マンツーマンでパワハラについてのレクチャーを受けられることをおすすめします**。次に経営幹部、管理職です。経営幹部、管理職は、パワハラの専門家の外部講師による研修を開催するとよいでしょう。パワハラ対策を推進する担当者を養成しなくてはなりません。顧問弁護士、顧問社労士からの個別レクチャー及び外部研修を組み合わせるとよいでしょう。パワハラは全従業員に関することですから、全従業員の教育も必要です。パワハラの専門家を招聘し、社内研修会を開催する良いでしょう。この際、コンプライアンス、コミュニケーションスキル、マネジメントスキル、アンガーマネジメントなど関連が深い研修と同時に行うと効果が高くなります。指導とパワハラの境界線を知るため、実際の現場の状況を踏まえたロールプレイングなどを行うことも効果的な方法です。

(5) 周知する

　パワハラに関する組織の方針や取組について周知・啓発を実施することも必要です。例えば年1回ハラスメント防止月間を設けてポスターや社内報による周知、安全衛生委員会の議題としての取り上げ、管理職向けのセルフチェックの実施といった取り組み等があります。

(6) 相談や解決の場を設置する

　パワハラ相談窓口を企業内、企業外に設置するという方法があります。この場合には、職場の対応責任者を任命しておきます。また、顧問弁護士、顧問社労士等の外部専門家と連携を行い、パワハラに関する相談や解決の場があることをあらかじめ社内に知らしめ、実際にパワハラ問題が起こった場合には、初動対応で失敗しない体制を整える取り組みが必要です。

180

13. パワハラ

　留意点としては、**相談者や相談内容の事実確認に協力した人が不利益な取扱いを受けることがないようにし**、その旨を従業員に明確に周知すること、相談者と行為者の双方の人格やプライバシーの問題に配慮して対応すること、産業保健スタッフなど担当者に対して取組内容を周知し、健康相談の窓口とも連携を図ること等が挙げられます。

(7)　再発を防止する

　行為者に対しては再発防止研修を行うことが必要です。

第3章 安全配慮義務

【判例分析表】

事件名	行為等
A保険会社上司（損害賠償）事件 （東京高判平 17.4.20）	・「やる気がないなら、会社を辞めるべきだと思います。当 SC にとっても、会社にとっても損失そのものです。」のメールを上司が職場の同僚十数名に送信した
	・「あなたの給料で業務職が何人雇えると思いますか。あなたの仕事なら業務職でも数倍の実績を挙げますよ。……これ以上、当 SC に迷惑をかけないで下さい。」のメールを上司が職場の同僚十数名に送信した
国・静岡労基署長（日研化学）事件 （東京地判平 19.10.15）	・上司が部下に対し、「存在が目障りだ、居るだけでみんなが迷惑している。おまえのカミさんも気がしれん、お願いだから消えてくれ。」「車のガソリン代がもったいない。」「どこへ飛ばされようと俺は甲野は仕事しない奴だと言い触らしたる。」「お前は会社を食いものにしている、給料泥棒。」「お前は対人恐怖症やろ。」「甲野は誰かがやってくれるだろうと思っているから、何にも堪えていないし、顔色ひとつ変わってない。」「病院の回り方がわからないのか。勘弁してよ。そんなことまで言わなきゃいけないの。」「肩にフケがベターと付いている。お前病気と違うか。」などと発言した
名古屋南労基署長（中部電力）事件 （名古屋高判平 19.10.31）	・上司が部下に対し、「主任失格」、「おまえなんか、いてもいなくても同じだ。」などの文言を用いて感情的に叱責した
	・上司が常時結婚指輪をはめていた部下に対し、「目障りだから、そんなちゃらちゃらした物は着けるな、指輪は外せ。」というような言葉で、Aに結婚指輪を外すよう命じた
海上自衛隊佐世保地方総監部 （隊員自殺）事件（福岡高決平 20.8.25）	・指導の際には、「お前は三曹だろ。三曹らしい仕事をしろよ。」、「お前は覚えが悪いな。」、「バカかお前は。三曹失格だ。」などの言辞を用いて半ば誹謗していた
前田道路事件 （高松高判平 21.4.23）	・再三にわたり工事日報の重要性を説き、改善のための指導を行ってきたにもかかわらず、いまだに日報を作成していない工事があることに関して、「現時点で既に 1800 万円の過剰計上の操作をしているのに過剰計上が解消できるのか。出来る訳がなかろうが」、「会社を辞めれば済むと思っているかもしれないが、辞めても楽にはならないぞ」と叱責した

判定	判定理由
パワハラではないが違法	・退職勧告とも、会社にとって不必要な人間であるとも受け取られかねない表現形式であり、指導・叱咤激励の表現として許容される限度を逸脱した ・ただし、その目的は、部下の地位に見合った処理件数に到達するよう叱咤督促する趣旨であり、パワーハラスメントの意図があったとまでは認められない
パワハラではないが違法	・それ自体は正鵠を得ている面がないではないにしても、人の気持ちを逆撫でする侮辱的言辞と受け取られても仕方のない記載であり、名誉感情をいたずらに毀損するものであることから、指導・叱咤激励の表現として許容される限度を逸脱した ・ただし、その目的は、部下の地位に見合った処理件数に到達するよう叱咤督促する趣旨であり、パワーハラスメントの意図があったとまでは認められない
パワハラ	①上司の言葉は、10年以上のMRとしての経験を有するキャリアを否定し、そもそもMRとして本件会社で稼働することを否定する内容であるばかりか、中には、部下の人格、存在自体を否定するものもある ②上司の部下に対する態度に、嫌悪の感情の側面がある ③自分の思ったこと、感じたことを、特に相手方の立場や感情を配慮することなく、直截に表現し、しかも大きい声で傍若無人に（受ける部下の立場からすれば威圧的に）発言している
パワハラ	・指導の範疇をこえた感情的な叱責であって、他の課員にも聞こえる場でこのような叱責が行われるのであれば、その指導は人格の否定とも見るべきであり、その指導には、問題があったといわざるを得ない
パワハラ	・結婚指輪を身に着けることが仕事に対する集中力低下の原因となるという独自の見解に基づいて、当該部下に対してのみ、複数回にわたって、結婚指輪を外すよう命じていたことは、単なる厳しい指導の範疇を超えた、いわゆるパワー・ハラスメントとも評価される
パワハラ	・これらの言辞は、それ自体侮辱するものであるばかりでなく、経験が浅く技能練度が階級に対して劣りがちである曹候出身者に対する術科指導等に当たって述べられたものが多く、かつ、閉鎖的な艦内で直属の上司である班長から継続的に行われたものであるといった状況を考慮すれば、心理的負荷を過度に蓄積させるようなものであったというべきであり、指導の域を超えるものであった
指導教育	・上司から架空出来高の計上等の是正を図るように指示がされたにもかかわらず、それから1年以上が経過した時点においてもその是正がされていなかったことや、工事日報が作成されていなかったことなどを考慮に入れると、上司らが社員に対して不正経理の解消や工事日報の作成についてある程度の厳しい改善指導をすることは、上司らのなすべき正当な業務の範囲内にあるものというべきであり、社会通念上許容される業務上の指導の範囲を超えるものと評価することはできない

第3章　安全配慮義務

事件名	行為等
三菱電機コンシューマエレクトロニクス事件 （広島高松江支判平 21.5.22）	・社内で誹謗中傷を行った社員との面談の際に、人事課長が感情的になり大声で、「自分は面白半分でやっているかもわからんけど、名誉毀損の犯罪なんだぞ。…全体の秩序を乱すような者はいらん。うちは一切いらん。…何が監督署だ。何が裁判所だ。自分がやっていることを隠しておいて、何が裁判所だ。とぼけんなよ。本当に俺は絶対許さんぞ」などと叱責した ・なお、その社員は、面談時、終始ふて腐れたような態度を示し、横を向くなどの不遜な態度を取り続けた
医療法人財団健和会事件 （東京地判平 21.10.15）	・「ミスが非常に多い」「仕事は簡単なものを渡してペースを抑えているのに、このままミスが減らないようでは健康管理室の業務を続けるのは難しい」「遅いのは問題ではないからミスのないように何度もチェックするなど正確にしてもらいたい」「分からなければ分かったふりをせずに何度でも確認をしてほしい」「先に入った派遣事務はすでに会計等の研修も始めているが原告にはまだ任せられない」「仕事を覚えようとの意欲が感じられない」「仕事に関して質問を受けたことがない」「学習して欲しい」「スタッフが電話対応や受診者対応をしているのに、何かやることはないかと話しかけるなど周りの空気が読めていない」「周りも働きやすいよう配慮しているから原告もその努力をすべき」「頼んだ仕事がどこまで終わったのかを報告せずに帰宅するというのは改善すべき」「将来はパートや派遣に業務の指示出しをする立場になって欲しい」などの指摘をした
U銀行（パワハラ）事件 （岡山地判平 24.4.19）	・上司が、ミスをした部下に対し、厳しい口調で、辞めてしまえ、（他人と比較して）以下だなどといった表現を用いて、叱責し、それも1回限りではなく、頻繁に行っていた
	・上司が部下の居眠りについて「寝ていたのか」と強い口調でいったり、部下から貸せといって書類を取り上げた
	・部下が勤務時間内に勤務場所にいなかったために、上司が「どこに行っていた」と質問した

13. パワハラ

判定	判定理由
パワハラ	①人事課長が、大きな声を出し、人間性を否定するかのような不相当な表現を用いて叱責した点については、従業員に対する注意、指導として社会通念上許容される範囲を超えている ②本件面談の際、人事課長が感情的になって大きな声を出したのは、当該社員が、ふて腐れ、横を向くなどの不遜な態度を取り続けたことが多分に起因していると考えられ、その社員の言動に誘発された面があるとはいっても、やはり、会社の人事担当者が面談に際して取る行動としては不適切である
指導教育	①事務処理上のミスや事務の不手際は、いずれも、正確性を要請される医療機関においては見過ごせないものであり、これに対する都度の注意・指導は、必要かつ的確なものというほかない ②時には厳しい指摘・指導や物言いをしたことが窺われるが、それは生命・健康を預かる職場の管理職が医療現場において当然になすべき業務上の指示の範囲内にとどまる
パワハラ	①本件で行われたような叱責は、健常者であっても精神的にかなりの負担を負うものである ②その部下は療養復帰直後であり、かつ、後遺症等が存する部下にとっては、さらに精神的に厳しいものであったと考えられるが、それについて上司が全くの無配慮であった
指導教育	・仕事を勤務時間内や期限内に終わらせるようにすることが上司であり会社員である者の務めであることから、多少口調がきつくなったとしても無理からぬ
指導教育	・業務遂行上必要な質問であるといえ、仮に厳しい口調となっていたとしても、これをもってパワーハラスメントとは認められない

第3章 安全配慮義務

事件名	行為等
ザ・ウィンザー・ホテルズインターナショナル（自然退職）事件 （東京高判平 25.2.27）	・出張中における仕事上の失敗の件で迷惑をかけたこともあり、上司の飲酒強要を断ることができなかった部下に対し、部下は少量の酒を飲んだだけでもおう吐しており、上司は、部下がアルコールに弱いことに容易に気付いたはずであるにもかかわらず、「酒は吐けば飲めるんだ」などといい、部下のコップに酒を注ぐなどした
	・昨夜の酒のために体調が悪いと断っている部下に対し、上司の立場で運転を強要した
	・上司が直帰せずに一旦帰社するよう指示していたにもかかわらず、この指示を無視した部下に対し、午後 11 時少し前に「まだ銀座です。うらやましい。僕は一度も入学式や卒業式に出たことはありません。」との内容のメールを送り、さらに午後 11 時過ぎに二度にわたって携帯電話に電話をし、「私、怒りました。明日、本部長のところへ、私、辞表出しますんで」などと怒りを露わにした録音を行った
	・上司が、深夜、夏季休暇中の部下に対し、「辞めろ！辞表を出せ！ぶっ殺すぞ、お前！」などと語気を荒く話して録音し、部下に対する激しい怒りを露わにした
岡山県貨物運送事件 （仙台地判平 25.6.25）	・「何でできないんだ。」、「何度も同じことをいわせるな。」、「そんなこともわからないのか。」などという言葉を怒鳴り、まれに「馬鹿。」、「馬鹿野郎。」、「帰れ。」などのより厳しい言葉を怒鳴ることもあった
	・上司は、業務日誌を作成することにより、仕事を早く覚えることができるとの考えから、部下にも業務日誌を書くよう指導した。その業務日誌における部下の記載に対し、「中継業務、工程を書け!!」、「日誌はメモ用紙ではない！」、「書いている内容がまったくわからない！」など、厳しいコメントを記載することがあり、他方で部下を褒めるような内容のコメントを記載することは一切なかった
	・部下が、倒れた鉄板が足にぶつかり、足の親指を負傷し、昼休みの時間に病院へ行ったが、上司は、部下に対して「事務でもいいから出勤しろ。」などと指示をした

186

13. パワハラ

判定	判定理由
パワハラ	・単なる迷惑行為にとどまらず、不法行為法上も違法というべきである
パワハラ	・たとえ、わずかな時間であっても体調の悪い者に自動車を運転させる行為は極めて危険であり、体調が悪いと断っている部下に対し、上司の立場で運転を強要した行為は不法行為法上違法である
パワハラ	・留守電やメールの内容や語調、深夜の時間帯であること等から、留守電及びメールは、帰社命令に違反したことへの注意を与えることよりも、部下に精神的苦痛を与えることに主眼がおかれたものと評価せざるを得ないから、部下に注意を与える目的もあったことを考慮しても、社会的相当性を欠く
パワハラ	・「ぶっ殺すぞ」などという言葉を用いて口汚くののしり、辞職を強いるかのような発言をしたのであって、不法行為法上違法であることは明らかであるし、その態様も極めて悪質である
指導教育	・上司が部下に対して叱責していたのは、部下が何らかの業務上のミスをしたときであり、理由なく叱責することはなく、叱責する時間も5分ないし10分程度であったこと、また上司は全ての従業員に対して同様に業務上のミスがあれば叱責しており、部下に対してのみ特に厳しく叱責していたものではなかったこと等に鑑みると、上司の部下に対する叱責は、必ずしも適切であったとはいえないまでも、業務上の指導として許容される範囲を逸脱し、違法なものであったと評価することはできない
指導教育	・上司は、部下に新入社員としての成長を期待し、早く仕事を覚えてもらうため本件業務日誌を作成させたものであり、本件業務日誌の記載内容をみると、本件業務日誌は実際に部下の成長に役立ったと考えられること、上司はほとんどの記載に対しては確認印を押していたものであり、厳しいコメントを記載することはまれであったことなどに鑑みれば、本件業務日誌を作成させたことは、業務上の指導として許容される範囲を逸脱し、違法なものであったと評価することはできず、違法なパワハラには当たらない
指導教育	・部下は足を引きずっており、休みたがっていたが、少なくとも事務作業に支障が出るほどのけがではなく、通常と変わらずに仕事をすることができたと認められるから、「事務でもいいから出勤しろ。」などと指示をしたのだとしても、業務上の指導として許容される範囲を逸脱し、違法なものであったと評価することはできず、違法なパワハラには当たらない

第 3 章　安全配慮義務

事件名	行為等
アークレイファクトリー事件 （大阪高判平 25.10.9）	・ゴミ捨てなどの雑用を命じていた
	・部下が日中の業務引継ぎで上司Ａから指示された業務を夜勤務においてした際、別の上司の指示に基づきこれを止めたところ、上司Ａからは命令違反といわれて非難された
	・上司が部下に、「派遣労働者のせいで生産効率が下がったと上司に説明した後に自分が作業改善して生産効率が上昇すれば自分の成果にできる」として、わざと生産効率を落とすように述べた
	・ミスをした部下に対して「殺すぞ」「あほ」という言葉を用いて叱責した
	・部下が体調不良で欠勤した際、冗談で、部下が仮病でパチンコに行っていたと疑いを掛けた ・「帰りしなコペン止まってるわ。むかつくコペン。かち割ったろか。」などと、部下の車両に危害を加えるかのようなことをふざけて述べた
メイコウアドヴァンス事件 （名古屋地判平 26.1.15）	・ミスをした時に時々頭を叩く以外に、殴ったり蹴ったりするなどの何らかの暴行を受けたことが複数回あった
	・部下が仕事でミスが多くなると、「テメエ、何やってんだ！！」、「どうしてくれるんだ！！」、「バカヤロウ」などと汚い言葉で大声で怒鳴っていた
	・部下がミスをした際に、部下に対して損害賠償を請求し、部下において支払えないようであれば、家族に請求するという趣旨のことを述べた
サントリーホールディングズほか事件 （東京地判平 26.7.31）	・上司が部下に対して「新入社員以下だ。もう任せられない。」、「何で分からない。おまえは馬鹿」との、又はこれに類する発言した

188

判定	判定理由
指導教育	・他の仕事ができないと決めつけて、あえて行わせたことがあったとまで認めることはできない
パワハラ	・上司Aの命令違反との言葉が軽い気持ちでいわれたものであったとしても、部下にその点が伝わっていたとはいえず、指導監督を行う立場の者であれば、業務命令の適切な遂行を期するためには、監督される立場の者、特に契約上の立場の弱い者を理由なく非難することのないよう、命令違反との重大な発言をする前に事情聴取を行うべきであったから、発言としては不用意といわざるを得ない
パワハラ	・工場ラインにおける労務遂行上、生産効率はその中心的課題というべきものであり、仮に冗談であってもそのようなことを監督者から言われた場合には、監督を受ける者としては、上司に自分が生産効率の悪い派遣労働者として報告されるなどして自分の評価にも響く可能性も否定できない重大な事柄なのであるから、その真意を測りかねて、不安や困惑を抱くに至るのが通常であり、監督者としては、そのことも当然に予想し得たものというべきであり、指示・監督を行う立場の者の発言としては極めて不適切で違法といわざるを得ない
パワハラ	①「殺すぞ」という言葉は、仮に「いい加減にしろ」という意味で叱責するためのものであったとしても、指導・監督を行う者が被監督者に対し、労務遂行上の指導を行う際に用いる言葉としては、いかにも唐突で逸脱した言辞というほかはない ②「あほ」という言葉は、事態に特段の重要性や緊急性があって、監督を受ける者に重大な落ち度があったというような例外的な場合のほかは不適切といわざるを得ない
パワハラ	①仮に冗談で述べているものとしても、労務管理事項や人事評価にも及ぶ事柄でもあり、監督者が監督を受ける者、特に契約上立場の弱い者の休暇取得事由を虚偽だと認識している可能性というものが、全くの冗談で済む事柄かどうかは監督を受ける者の側では不明なのであり、通常、監督者にそのような話をされれば非常に強い不安を抱くのは当然であるから、不適切といわざるを得ない ②部下は、当惑しつつもその冗談に合わせようとしていることが見てとれるが、それは立場の弱い者が上位者との決定的対立を避けようとしたものにすぎず、真意ではない ③それが1回だけといったものであれば違法とならないこともあり得るとしても、部下が当惑や不快の念を示しているのに、これを繰り返し行う場合には、嫌がらせや時には侮辱といった意味を有するに至り、違法性を帯びる
パワハラ	・上司の部下に対する暴言、暴行及び退職強要のパワハラが認められるところ、これらの暴言及び暴行は、部下の仕事上のミスに対する叱責の域を超えて、部下を威迫し、激しい不安に陥れるものと認められ、不法行為に当たると評価するのが相当であり、また、本件退職強要も不法行為に当たる
パワハラ	
パワハラ	
パワハラ	・「新入社員以下だ。もう任せられない。」というような発言は屈辱を与え心理的負担を過度に加える行為であり、「何で分からない。おまえは馬鹿」というような言動は名誉感情をいたずらに害する行為であり、注意又は指導のための言動として許容される限度を超え、相当性を欠く

14. マタハラ

<table>
<tr><td>判例</td><td>**広島中央保健生協（C生協病院・差戻審）事件**
（広島高裁平成 27 年 11 月 17 日判決）</td></tr>
</table>

負け判例の概要

1．事案の概要

　本件は、X（控訴人、一審原告）が、労基法 65 条 3 項に基づく妊娠中の軽易な業務への転換に際して副主任を免ぜられ、育児休業の終了後も副主任に任ぜられなかったことから、Y 組合（被控訴人、一審被告）に対し、

(1) 副主任を免じた本件措置 1 は均等法 9 条 3 項に違反する違法、無効なものである（主位的請求）

(2) 育児休業の終了後も副主任に任ぜられなかった本件措置 2 は育児・介護休業法 10 条に違反する違法、無効なものである（予備的請求）

(3) さらに本件各措置は不法行為又は労働契約上の債務不履行に該当する

などと主張して、管理職（副主任）手当及び損害賠償金等を求めた事案である。

2．副主任を免じた措置（本件措置 1 ）

　X は訪問看護ステーションの副主任であったが、訪問看護ステーションの業務の方が、リハビリ科（病院リハビリ業務）よりきつい仕事であると一般に認識されていた。

　そこで、X は、平成 20 年 2 月に妊娠し、労基法 65 条 3 項に基づいて軽易な業務（病院リハビリ業務）への転換を希望したため、Y 組合は、3 月 1 日、X を訪問看護ステーションからリハビリ科に異動させた。その当時、リハビリ科には、X よりも職歴の長い職員が主任として病院リハビリ業務を取りまとめていた。

　その後、Y 組合は、X に対し、手続上の過誤によりこの異動の際に副主任を免ずることを失念していたなどと説明して、副主任を免ずることにつき渋々ながらも X

190

の了解を得た上で、4月2日、3月1日付けで副主任を免ずる旨の本件措置1に係る辞令を発した。

3．育児休業終了後も副主任に任じなかった措置（本件措置２）

　Xは、平成20年9月1日から翌21年10月11日まで、産前産後休業、育児休業を経て、10月12日、職場に復帰した。

　Y組合は、あらかじめXの希望を聴取した上、職場復帰の際に、リハビリ科から訪問看護ステーションに異動させた。

　ところが、その当時、同ステーションでは、Xよりも職歴の6年短い職員が副主任として訪問リハビリ業務を取りまとめていたため、Xが再び副主任に任ぜられることはなかった。

　希望聴取の際、職場復帰後も副主任に任ぜられないことを知らされたXは、強く抗議し、その後本件訴訟に至った。

4．差戻前上告審判決（最判平26.10.23）の判断

　差戻前上告審判決では、「**妊娠中の軽易業務への転換を契機として降格させる事業主の措置は、原則として禁止する取り扱いにあたる**」とし、かかる不利益取扱いの違法性を阻却する事由として、以下の判断枠組みを示した。

【違法性阻却事由(1)】
　　当該労働者について**自由な意思に基づいて降格を承諾した**ものと認めるに足りる合理的な理由が客観的に存在するとき
（考慮要素）
　　①軽易業務への転換及び不利益措置による労働者の有利な影響の内容や程度
　　②不利益措置による労働者の不利な影響の内容や程度
　　③事業主による説明の内容その他の経緯
　　④労働者の意向

第3章　安全配慮義務

【違法性阻却事由(2)】

　　降格の措置をとることなく軽易業務への転換をさせることに円滑な業務運営
や人員の適正配置の確保など**業務上の必要性から支障がある**場合であって、上
記措置につき**均等法9条3項の趣旨及び目的に反しないものと認められる特段
の事情が存在**するとき

（考慮要素）
　　①業務上の必要性の内容や程度
　　②軽易業務への転換及び不利益措置による労働者の有利な影響の内容や程度
　　③不利益措置による労働者の不利な影響の内容や程度

　差戻前上告審判決は、本件措置1により受けた不利な影響の内容や程度は、特段
の事情が認められない限り均等法9条3項に反しないものとはいえないとしたうえ
で、本件措置1が男女雇用機会均等法9条3項の禁止する取扱いに当たらないと判
断した原審の判断には、審理不尽の結果、法令の解釈適用を誤った違法があるとし
て、原審を破棄して、高裁に差し戻した。

5．差戻審である本判決の判断

　差戻審である本判決は、本件措置1は、違法、無効であるとともに不法行為とし
て副主任手当の不支給分等の損害につき賠償責任を負わせるべきであるとした。

なぜ会社は負けたのか？　弁護士のポイント解説

　本件は、妊娠中の軽易な業務への転換に際して副主任を免ぜられたことが男女雇用
機会均等法9条3項に違反して無効となるか否かが主な争点となったものであり、マ
タニティー・ハラスメント訴訟（いわゆる「マタハラ訴訟」）として、マスコミ等か
らも注目を浴びた最高裁判決（最判平26.10.23）の差戻審です。

　労基法65条3項は、母性保護の目的から、使用者は妊娠中の女性が請求した場合
には他の軽易な業務に転換させなければならないと規定しています。

そして、男女雇用機会均等法9条3項は、女性労働者の妊娠、出産、産前産後の休業その他の妊娠又は出産に関する事由であって厚生労働省令で定めるものを理由として、解雇その他不利益な取扱いをしてはならないと定めておりますが、不利益な扱いを禁止された事由には、労基法65条3項により他の軽易な業務に転換するよう請求したこと、又は他の軽易な業務に転換したことも含まれています（男女雇用機会均等法施行規則2条の2第6号）。

したがって、使用者は、妊娠中の女性が他の軽易な業務に転換したことを理由として、不利益な取扱いをしてはならないことになります。差戻前上告審判決も、「**妊娠中の軽易業務への転換を契機として降格させる事業主の措置は、原則として禁止する取り扱いにあたる**」としています。

本件では、このような不利益取扱いの違法性阻却事由である「労働者の自由な意思に基づく承諾」又は「業務上の必要性からの支障」の有無が検証されましたが、いずれも否定され、その本件措置1は、「**女性労働者の母性を尊重し職業生活の充実の確保を果たすべき義務**」に違反した、違法、無効なものと判断されて、Y組合の損害賠償責任が認められています。

Y組合は、どうして負けたのでしょうか。

1．承諾を得る過程が杜撰であった

(1) Y組合は、平成20年2月下旬にXに電話して、副主任を免除することについて事前の承諾を得たなど、色々と主張しましたが、結局、客観的かつ明確な証拠が存在しなかったこともあり、事前の承諾があったとは認められていません。

(2) Y組合は、平成20年3月1日にXを訪問看護ステーションからリハビリ科に異動させましたが、その際に副主任を免ずることを失念していました。

平成20年3月中旬頃、Xに対し、手続上の過誤により3月1日の異動の際に副主任を免ずることを失念していたなどと説明して、副主任を免ずることにつき渋々ながらもXの了解を得た上で、4月2日、Xに対し、3月1日付けで副主任を免ずる旨の本件措置1に係る辞令を発しました。

このように、一応Xの事後承諾を得たものの、そのときのXの心情は、「不満であったが妊娠中であり、精神的なストレスが続くことも不安であったので、

第3章　安全配慮義務

仕方ないと思った」などであり、心から納得して副主任免除を受け容れたわけ
ではありません。

　このような事後承諾が「自由意思に基づきなされたとする合理的な理由が客
観的に存在するといえるわけではない」ことは明らかでしょう。

(3)　以上のとおり、Y組合は、本件措置1について、事前に丁寧な説明や承諾書
　を徴収するなどの手続を取らず、また、異動の際に副主任を免ずることを失念
　していたというミスを経て、事後的にもXの十分な理解を得ることのないまま
　一応の承諾を取っただけであり、承諾を取る過程が杜撰であったというほかあ
　りません。

このように、**承諾を取る過程が杜撰であったこと**が、大きな敗因となっています。

2．業務上の必要性を検討することなく降格した

　本判決は、「降格の措置を執ることなくリハビリ科へ異動させることにつき、被
控訴人の組織規定や運用から見て、業務上の必要性があったことにつき十分な立証
がなされているとはいえ」ず、Xが独善的かつ協調性を欠く性向や勤務態度があっ
て職責者として適格性を欠くとのY組合の主張を退けました。これまで、このよう
な問題がY組合内部で議論された形跡がなく、後付けのような主張ばかりでした。

　少なくとも、本件措置1にあたり、組織上人事上の決定権を有する職責者によっ
て「業務上の必要性」が十分に検討されたとは到底いい難い状況でした。組織単位
における主任、副主任の配置についても、従前の取扱いを漫然と貫くのみで男女雇
用機会均等法等の目的、理念に従って女性労働者を処遇することにつき十分に裁量
権を働かせたとはいい難いものでした。

　このように、**業務上の必要性を十分に検討することなく降格させた**ことも、大き
な敗因になっています。

3．降格の必要性や理由の説明が不十分であった

　Y組合は、Xを元の職場である訪問看護ステーションに副主任として復帰させる
ための何らの方策を検討することもしないで、リハビリ科への異動の後、別の者を
副主任に任命していますが、Y組合が、副主任から降格させるについて、事前はも
ちろん、事後においても、Xに対し、降格の必要性、決定理由、手続などの説明を

14. マタハラ

した形跡はありませんでした。

このような説明不足は、「労働者の自由な意思に基づく承諾」が否定される事情になっただけではなく、業務上の軽減措置が、Xに対して与えた降格という不利益を補っていないとして、「降格措置の必要性とそれが男女雇用機会均等法9条3項に実質的に反しないと認められる特段の事情があったとはいえない」と判断される事情にもなっています。

降格の必要性、決定理由、手続などの説明が不十分であったことも敗因の1つになっています。

4．降格に伴う不利益が大きかった

本件措置1により、業務上の負担は軽減されていますが、これは、リハビリ科に異動したことによりXが得た利益に過ぎず、降格させたことによる利益とはいえません。

むしろ、Xはそもそも降格を望んでおらず、これにより経済的損失を被るほか、人事面においても、役職取得に必要な職場経験のやり直しを迫られる不利益を受けます。

さらに、Xは復職時に役職者として復帰することが保証されているものではなかったことからすると、その降格は産休及び育休期間に限られた一時的なものではなく、その不利益は極めて大きいといえます。

このように**降格に伴う不利益が大きかった**ことが、「労働者の自由な意思に基づく承諾」及び「男女雇用機会均等法9条3項に実質的に反しないと認められる特段の事情」をそれぞれ否定された最大の敗因といえます。

結局、本件の負けたポイントをまとめますと、以下の4つとなります。

裁判で負けたポイント	
1	承諾を得る過程が杜撰であった
2	業務上の必要性を検討することなく降格した
3	降格の必要性や理由の説明が不十分であった
4	降格に伴う不利益が大きかった

第3章　安全配慮義務

勝つために会社は何をすべきか？　社労士のポイント解説

1．マタハラとは

　マタハラとは、マタニティ・ハラスメントの略語で、**妊娠・出産等に関するハラスメント**です。

　マタハラには、以下の2つの類型があります。

1	制度等の利用への嫌がらせ型
2	状態への嫌がらせ型

(1)　制度等の利用への嫌がらせ型

　社員が産前休業、育児休業、子の看護休暇、育児のための所定労働短縮措置、軽易な業務への転換など、労働基準法、男女雇用機会均等法、育児・介護休業法等で定める制度の利用を申請したりなど、**制度等を利用することを理由に**、以下のような行為をする類型です。

　　・解雇や不利益取り扱いを示唆する言動

　　・制度利用を阻害する言動

　　・嫌がらせ等をする言動　など

(2)　状態への嫌がらせ型

　妊娠したこと、出産したこと、産後休業を取得したこと、つわり等で能率が下がったことなどの**「状態」を理由に**、以下の行為をする類型です。

　　・解雇や不利益取り扱いを示唆する言動

　　・嫌がらせ等をする言動　など

14. マタハラ

2．マタハラ指針で定める事業主が講ずべき措置とは

　男女雇用機会均等法及び育児・介護休業法により**事業主にはより厳格なマタハラ防止が義務づけられました**。そして、厚生労働省は、「事業主が職場における妊娠、出産等に関する言動に起因する問題に関して雇用管理上講ずべき措置についての指針」（平成 28 年厚生労働省告示 312 号）及び「子の養育又は家族介護を行い、又は行うこととなる労働者の職業生活と家庭生活との両立が図られるようにするために事業主が講ずべき措置に関する指針」（平成 28 年厚生労働省告示 313 号）の両指針により事業主には以下の 5 つの措置が義務づけられています。なお、この両指針を併せて実務上、**マタハラ指針**と呼ばれております。

1	事業主の方針の明確化及びその周知・啓発
2	相談（苦情を含む）に応じ、適切に対応するために必要な体制の整備
3	職場における妊娠・出産・育児休業等に関するハラスメントにかかる事後の迅速かつ適切な対応
4	職場における妊娠・出産・育児休業等に関するハラスメントの原因や背景となる要因を解消するための措置
5	併せて講ずべき措置（プライバシー保護、相談者や協力者に不利益取り扱いを行ってはならない旨など）

　マタハラ指針には罰則規定はありません。しかし、厚生労働省は、法律やマタハラ指針に従わない事業主に対して指導や勧告を行う権限があり、勧告にも従わなかった場合には企業名の公表を行うことができます。

3．マタハラ防止の規定整備

　上記の**マタハラ指針で定める 5 つの義務**を踏まえて、以下のとおり就業規則の条文を整備してください。

197

第3章　安全配慮義務

（マタニティ・ハラスメント等の禁止）

第○条の2　社員は、他の社員の権利及び尊厳を尊重し、マタニティ・ハラスメント（職場において、他の社員が、社員の妊娠・出産及び育児等に関する制度又は措置の利用に関する言動により当該社員の就業環境を害すること並びに妊娠・出産等に関する言動により女性社員の就業環境を害することをいう。なお、業務分担や安全配慮等の観点から、客観的にみて、業務上の必要性に基づく言動によるものについては、マタニティ・ハラスメントには該当しない。）、パタニティ・ハラスメント（男性社員に対して行われる同様のハラスメント）（以下、本条内併せて「マタハラ」をいう）及びこれらに該当すると疑われるような行為を行ってはならない。なお、具体的な禁止行為とは以下の各号に該当するような行為である。

(1)　社員の妊娠・出産、育児・介護に関する制度や措置の利用等に関し、解雇その他不利益な取扱いを示唆する言動

(2)　社員の妊娠・出産、育児・介護に関する制度や措置の利用を阻害する言動

(3)　社員が妊娠・出産、育児・介護に関する制度や措置を利用したことによる嫌がらせ等

(4)　社員が妊娠・出産等したことにより、解雇その他の不利益な取扱いを示唆する言動

(5)　社員が妊娠・出産等したことに対する嫌がらせ等

(6)　他の社員がマタハラを受けている事実を認めながら、これを黙認する行為

2．社員が、マタハラにより被害を受けた場合、又は被害を受けるおそれのある場合には、被害を受けた（又は受けるおそれがある）社員だけではなく全ての社員は、本規則第○条（相談窓口）で規定する相談窓口に対して相談及び苦情を申し立てることができる。

3．前項の申立てを受けた場合は、相談窓口の責任者又は当該責任者が指定する窓口担当者が相談者からの事実確認を行うものとする。事実確認の後、相談窓口の責任者は速やかに会社に報告し、必要に応じて行為者、被害者、上司その他の社員等に事実関係を聴取する。会社が行うこの聴取は正当な理由なく拒むことができない。

14．マタハラ

　　4．前項の聴取の結果、会社がマタハラの事実を認定した場合には、行為者に
　　　対する懲戒処分の他、人事異動等被害者の労働環境を改善するための必要な
　　　措置を講じる。
　　5．会社は、申し立てた社員、被害者、行為者、事実関係を聴取されたその他
　　　の社員等の人権・プライバシー等に最大限配慮し、相談したこと、調査に協
　　　力したこと等を理由として不利益にならないよう細心の注意を払わなくては
　　　ならない。

4．マタハラ防止の社員教育

　上記の規定は、ただ現行就業規則に織り込めばいいというわけではなく、内容を
全社員に理解させる教育を実施して、会社がマタハラを許さないという文化を醸成
していかなくてはなりません。教育は以下のものが想定されます。

1	入社時や全体会合時に行う一般社員向け教育
2	管理職研修や主任研修など役職者向け研修
3	経営陣や労務責任者・担当者向け研修
4	相談窓口担当者向け研修

　前掲の広島中央保健生協（Ｃ生協病院）事件（最判平 26.10.23）の全ての負け
ポイントは、上記1〜4のマタハラ研修を定期的に実施し、労務責任者や所属長が
正しい知識を身に付けていれば防げた可能性が高い事案です。特に、相談窓口担当
者向け研修は重要です。なぜなら、相談窓口担当者は、多くの場合セクハラとパワ
ハラの相談窓口との兼任となることが多く、マタハラの知識だけではなく、人権や
プライバシー保護など必要な知識が少なくないからです。

　具体的には、いずれの研修も、社会保険労務士などに依頼して、「対応マニュアル」
を作成し、その内容を年に1回程度座学で研修を実施するのが現実的な方法です。

199

第3章　安全配慮義務

5．軽易な業務への転換時の降格・降職はなるべく避ける

　前掲の広島中央保健生協（C生協病院）事件（最判平26.10.23）のそもそもの負けポイントは、軽易な業務への転換と降格との因果関係の無さと不利益の大きさ、そしてこの不利益の大きな状態がその後も続けてしまったことです。

　したがって、**軽易な業務への転換の際には、降格**（等級を下げる行為）**や降職**（役職を下げ、又は外す行為）**はなるべく行わず、可能な限り同じ等級・同じ格付けの役職の状態で当該業務に転換することを検討**してください。

　しかし、小規模企業の場合、役職者自体が少なくポストも限られるなど、原則的な運用が難しい場合もあります。この場合には、**「本人の自由意思に基づく承諾」の書面を、事前の早い段階で入手することを予防法務**として必ず実施してください。

200

15. 労働時間把握義務と安全配慮義務

判例

萬屋建設事件

（前橋地裁平成 24 年 9 月 7 日判決）

負け判例の概要

1．事案の概要

(1) 　Y社（被告）は、土木建築工事請負や測量設計施工監督等を目的とする株式会社である。

　　Xは、土木工事現場の工事施工責任者である現場代理人や、現場の指揮等をする監理技術者等として勤務していたが、平成 19 年 1 月 24 日午前 9 時ころ、首つり自殺した。

(2) 　本件は、Xが、Y社の過失及び安全配慮義務違反により、長時間労働等の過重な業務を強いられた結果、うつ病を発症して自殺をしたと主張し、Xの遺族がY社に対し、不法行為（民法 709 条、同法 715 条）及び債務不履行（同法 415 条）に基づく損害賠償を請求した事案である。

2．Y社における労働時間把握体制

　　時間外労働や休日労働は、許可制が採用されており、社員自身が超過勤務簿や振替休日整理簿に超過時間等を記入して申告することになっていた。

　　もっとも、実際は、何らの申告をすることなく、時間外労働や休日労働をしている社員がいた。Y社もこのことを認識していたが、社員の申告内容と実際の超過時間数等が合致しているか調査したことはなかった。

　　Y社は、「目標」として時間外労働を月 24 時間以内にするよう定めていたが、実際は、月 24 時間を超える時間外労働等の手当の支払を認めない趣旨であったから、月 24 時間を超える時間外労働等を申告する社員はいなかった。

201

第3章　安全配慮義務

3．自殺に至る経緯

　　Y社は、ダム周辺の土木工事を請け負い、現場代理人としてXが配置されたが、工事に着手した後に、当初図面の誤りが判明したため、設計変更や工法変更が必要となり、打ち合わせ等の業務が増加した。

　　設計変更がされたにもかかわらず、本件工事を翌年度に繰り越したくないとの発注者の意向や評点の関係で、発注者やY社から強く工期遵守を求められていた。さらに、本件工事について、予算超過の不安を相当程度強く感じさせるものであった。

　　このように、Xに相当程度肉体的・心理的な負荷がかかっていたことがうかがえる状況であった。

　　そのため、Y社は、平成18年12月頃、下請け業者を二班体制にしたり、監理技術者を現場に配置したりして、Xの業務の軽減を図った。

　　ところが、Xは、平成19年1月24日午前9時ころ、物置の梁にロープをかけて首つり自殺した（当時50歳）。

4．裁判所の判断

　　Y社に安全配慮義務違反（労働時間把握義務違反）を認めて、逸失利益3950万円、慰謝料2800万円、葬祭料150万円の損害賠償を命じた。

なぜ会社は負けたのか？　弁護士のポイント解説

　　労基法において、労働時間、休日、深夜業等について厳格な規定が設けられていることから、使用者は、労働時間を適正に把握するなど労働時間を適切に管理する責務を負っているといえます（労働時間把握義務）。

　　しかしながら、現状をみると、労働時間の把握に係る自己申告制の不適正な運用に伴い、割増賃金の未払いや過重な長時間労働といった問題が生じているなど、使用者が労働時間を適切に管理していない状況もみられます。

　　このため、厚生労働省は、2001年（平成13年）4月6日、「労働時間の適正な把

握のために使用者が講ずべき措置に関する基準について」という通達（平 13.4.6 基発 339 号、いわゆる「４６通達」）を発表しました。本基準において、労働時間の適正な把握のために使用者が講ずべき措置を具体的に明らかにすることにより、労働時間の適切な管理の促進を図り、もって労基法の遵守を徹底しようとしたのです。

ところが、残念ながら、割増賃金の未払いや過重な長時間労働といった問題は改善されず、平成 27 年末には、広告大手の電通に勤務していた女性新入社員が自殺しました。その自殺は長時間の過重労働が原因だったとして、平成 28 年 9 月 30 日に労災が認められ、長時間労働の問題がクローズアップされました。そのような背景の下、平成 29 年 1 月 20 日付けで「労働時間の適正な把握のために使用者が講ずべき措置に関するガイドライン」が制定されました。

さらに、平成 30 年 6 月 29 日、働き方改革関連法案（正式名称「働き方改革を推進するための関係法律の整備に関する法律案」）が成立し、この労働時間把握義務がガイドラインから法令に格上げされました。すなわち、働き方改革関連法案の一内容として、労働安全衛生法が改正されて、管理監督者も含めたすべての労働者について、「労働時間の状況を把握しなければならない」と定められました（同法66条の３の８）。ただし、労働時間の把握方法は、上記ガイドラインと同内容です（安衛則 52 条の 7 の３条）。

本件も、４６通達等にもかかわらず自己申告制が不適正に運用された事案であり、会社の労働時間把握義務が真正面から問われました。

以下では、本件で会社が負けた理由を分析していきます。

１．長時間労働を放置した

本件は、Ｘが工事現場に持ち込んでいた私物のパソコンに記録されていた電源の投入・切断ログや文書作成・保存時刻から、自殺前の６か月間において月間 93 〜156 時間の時間外労働に従事していたことが認められました。

このような長時間労働が継続すれば疲労を回復するのに十分な休息をとることができていなかったことは明らかであり、Ｘの自殺の責任を問われても仕方ありません。本判決も、このような長時間労働が「相当程度肉体的・心理的負荷がかかるものであった」と認めています。

このような**長時間労働を放置した**ことが会社の最大の敗因です。

203

2．自己申告制に関する説明を怠った

　４６通達等 では、「自己申告制を導入する前に、その対象となる労働者に対して、労働時間の実態を正しく記録し、適正に自己申告を行うことなどについて十分な説明を行うこと」が求められています。さらに、労働時間の適正な自己申告を担保するには、実際に労働時間を管理する者が労働時間の考え方や自己申告制の適正な運用などを正しく理解する必要がありますので、これらの者にも説明すべきです。

　本判決も、労働時間把握義務の一内容として、会社に「労働時間の実態を正しく記録し、適正に自己申告を行うことなどについて十分に説明する」ことを求めています。

　ところが、会社は、自己申告制を導入する際に、**労働時間の考え方、自己申告制の具体的内容、適正な自己申告を行ったことにより不利益な取扱いが行われることがないこと、などを社員に説明することを怠りました**が、そのことがＸを長時間労働による自殺に追い込んだのです。

3．実態調査を実施していなかった

　４６通達等では、「自己申告により把握した労働時間が実際の労働時間と合致しているか否かについて、必要に応じて実態調査を実施すること」が求められています。

　本判決も、労働時間把握義務の一内容として、会社に「必要に応じて自己申告によって把握した労働時間が実際の労働時間と合致しているか否かについて、実態調査を実施する」ことを求めています。

　ところが、会社は、自殺した社員を含め社員たちが時間外労働や休日労働をする際、何らの申告をすることなく時間外労働や休日労働をしていることを認識しながら、社員が申告した時間と実際の時間が一致しているか否か調査しようともしませんでした。このような調査は、社員への聞き取り調査、発注者との打ち合わせの同席、現場への巡回、ログ記録の調査など、容易にできるものといえます。

　このような実態調査を行っていれば、下請け業者を二班体制にしたり、監理技術者を現場に配置したりしただけでは、Ｘの時間外労働等が軽減されないことを容易に認識しえたはずです。

　それにもかかわらず、実態調査を怠った上で、さらなる業務軽減措置をとらなかっ

た結果、Xは疲労や心理的負荷等が過度に蓄積して、うつ病を発症するに至ったのであり、これも大きな敗因になっています。

４．時間外労働時間数の上限を設定していた

　４６通達等では、「労働者の労働時間の適正な申告を阻害する目的で時間外労働時間数の上限を設定するなどの措置を講じないこと」「時間外労働時間の削減のための社内通達や時間外労働手当の定額払等労働時間に係る事業場の措置が、労働者の労働時間の適正な申告を阻害する要因となっていないかについて確認するとともに、当該要因となっている場合においては、改善のための措置を講ずること」が求められています。

　ところが、会社は、月24時間を超える時間外労働等の手当の支払を認めない趣旨で、時間外労働を月24時間以内にするよう定めていました。そのため、月24時間を超える時間外労働等を申告する社員はいなかったのです。

　このような措置は４６通達等に違反することはもちろんのこと、本判決でも「月24時間を超える残業時間の申告を認めておらず、労働時間把握義務を懈怠していたというべきである」として、労働時間把握義務違反の根拠としています。

　このように、**労働時間の適正な申告を阻害する目的で時間外労働時間数の上限を設定していた**ことも、大きな敗因となっています。

　本件の負けたポイントをまとめますと、以下の４つとなります。

裁判で負けたポイント	
1	長時間労働を放置した
2	自己申告制に関する説明を怠った
3	実態調査を実施していなかった
4	時間外労働時間数の上限を設定していた

205

第 3 章　安全配慮義務

勝つために会社は何をすべきか？　社労士のポイント解説

１．全労働者（管理監督者・裁量労働制対象者含む）の労働時間把握義務

　　平成 30 年法改正により、平成 31 年 4 月 1 日から全従業員に対して労働時間の状況を客観的に把握するよう、安衛法により企業に義務づけられました。安衛法66 条の 8 の 3 が新設され「事業者は、面接指導を実施するため、厚生労働省令で定める方法により、労働者の労働時間の状況を把握しなければならない」とされました。

　　健康管理の観点から、裁量労働制が適用される人や管理監督者も含め、すべての人の労働時間の状況が客観的な方法その他適切な方法で把握されることが法律で義務づけられました。労働時間の状況を客観的に把握することで、長時間働いた従業員に対する医師による面接指導を確実に実施するためです。

　　厚生労働省令が制定されていますが、すでに厚生労働省のガイドラインがあります。以下ガイドラインに沿って解説します。

２．労働時間の適正な把握は会社の義務

　　使用者は、労働時間を適正に把握するなど労働時間を適切に管理する責務を有している（「労働時間の適正な把握のために使用者が講ずべき措置に関するガイドライン」平 29.1.20）とされています。

３．労働時間の適正な把握のために使用者が講ずべき措置

　　使用者には労働時間を適正に把握する義務があり、労働時間の適正な把握を行うためには、**単に 1 日何時間働いたかを把握するのではなく、労働日ごとに始業時刻や終業時刻を使用者が確認・記録し、これを基に何時間働いたかを把握・確定する義務**があります（同ガイドライン）。

206

15. 労働時間把握義務と安全配慮義務

4．始業・終業時刻の確認と記録（原則）

ガイドラインでは、使用者が始業・終業時刻を確認し、記録する方法は、**次のいずれかの方法によることが原則**とされています。

（ア）　使用者が、自ら現認することにより確認し、適正に記録すること
（イ）　タイムカード、IC カード、パソコンの使用時間の記録等の客観的な記録を基礎として確認し、適正に記録すること

（ア）「使用者が、自ら現認する」とは、現場の所属長等が、社員が何時に仕事を始めて、何時に仕事が終わったかを直接目視などにより確認することです。「使用者が、適正に記録する」とは、現場の所属長等が、「始業時刻 9:00　終業時刻 17:00」のように記録をつけることです。なお、この場合は、社員も所属長等が記録した時刻を確認することが望ましいとされています。この方法を採用する場合には、社員が確認したことがわかるように確認した社員本人が確認印を押すようにすることをおすすめします。

（イ）タイムカード、カード認証、生体認証といった客観的なデータによる出退勤管理が最もオーソドックスな労働時間管理の方法です。必要に応じて、例えば使用者の残業命令書及びこれに対する報告書など、使用者が労働者の労働時間を算出するために有している記録を突き合わせることも可能です。

5．始業・終業時刻の確認と記録（自己申告制）

自己申告制により始業・終業時刻の確認と記録を行う場合には、次の措置を講じる必要があります。

第3章　安全配慮義務

ア　自己申告制の**対象となる労働者**に対して、本ガイドラインを踏まえ、**労働時間の実態を正しく記録し、適正に自己申告を行うことなどについて十分な説明を行うこと。**

イ　実際に**労働時間を管理する者**に対して、自己申告制の適正な運用を含め、本ガイドラインに従い講ずべき措置について十分な説明を行うこと。

ウ　自己申告により把握した**労働時間が実際の労働時間と合致しているか否か**について、必要に応じて**実態調査を実施し、所要の労働時間の補正**をすること。

　　特に、**入退場記録やパソコンの使用時間の記録**など、事業場内にいた時間の分かるデータを有している場合に、労働者からの自己申告により把握した労働時間と当該データで分かった事業場内にいた時間との間に**著しい乖離が生じているときには、実態調査を実施し、所要の労働時間の補正をすること。**

エ　自己申告した労働時間を超えて事業場内にいる時間について、その理由等を労働者に報告させる場合には、当該**報告が適正に行われているかについて確認**すること。

　　その際、休憩や自主的な研修、教育訓練、学習等であるため**労働時間ではないと報告**されていても、実際には、**使用者の指示により業務に従事しているなど使用者の指揮命令下に置かれていたと認められる時間については、労働時間として扱わなければならないこと。**

オ　自己申告制は、労働者による適正な申告を前提として成り立つものである。このため、**使用者は、労働者が自己申告できる時間外労働の時間数に上限を設け、上限を超える申告を認めない等、労働者による労働時間の適正な申告を阻害する措置を講じてはならないこと。**

　　また、**時間外労働時間の削減のための社内通達や時間外労働手当の定額払等労働時間に係る事業場の措置が、労働者の労働時間の適正な申告を阻害する要因**となっていないかについて確認するとともに、当該要因となっている場合においては、改善のための措置を講ずること。

　　さらに、労働基準法の定める法定労働時間や時間外労働に関する労使協定（いわゆる３６協定）により**延長することができる時間数を遵守すること**は

当然であるが、実際には延長することができる時間数を超えて労働している
にもかかわらず、記録上これを守っているようにすることが、実際に労働時
間を管理する者や労働者等において、慣習的に行われていないかについても
確認すること。

6．労働時間の定義

　労働時間とは、「労働者が使用者の指揮命令下に置かれている時間」（三菱重工業
長崎造船所事件（最判平 12.3.9））です。**労働時間は、「労働契約、就業規則、労
働協約等の定めのいかんにより決定されるべきものではない」**（前掲同）です。

　「使用者の指揮命令」とは、明示の指示のみならず、黙示の指示も含まれています。
「明示」とは意思を明らかに示すこと、「黙示」とは状況などにより間接的に意思表
示とみなされることです。

　会社が把握しなければいけないのは、出社時刻、退社時刻ではなく、始業時刻、
終業時刻です。

7．労働時間の証拠

　「労働時間」は、「所定労働時間」＋「所定外労働時間（残業）」です。「会社に来
た時刻」から「仕事を始めた時刻」までの時間は、労働時間ではありません。「仕
事が終わった時刻」から「会社から帰った時刻」までの時間も労働時間ではありま
せん。タイムカードは、「会社に来た時刻」と「会社から帰った時刻」を記録して
います。賃金支払い義務が生じるのは、「労働時間」です。「滞留時間」に賃金支払
い義務はありません。会社は、**「労働時間」と「滞留時間」を区別して管理する義
務があります。**

　「労働時間」と「滞留時間」を区別する義務は会社にあります。タイムカードでは、
この区別が困難です。残業申請制度やカード式・生体認証式の勤怠のデジタル管理
等により 2 者を厳格に区別管理する必要があります。

　会社は、労働時間を管理する義務があります。前述の滞留時間に対して賃金を支
払わない場合には、その証拠を会社が示す必要があります。証拠が示せない場合に
は、滞留時間も労働時間とみなされ賃金、残業代を支払うリスクが発生します。残

第3章　安全配慮義務

業時間の証拠として、労働者側から提出された証拠には下記のようなものもあります。

残業時間の証拠	裁判例
パソコンのログ記録	PE & HR 事件（東京地判平 18.11.10）
磁気カードによるプリペイドカード式の乗車カードの通勤記録、最寄り駅の駐車場の入庫記録	大庄事件（京都地判平 22.5.25）
「帰るコール」の着信履歴やメールの送受信記録、さらには従業員が記録したメモ等	ＮＴＴ西日本事件（大阪地判平 22.4.23）、オオシマネット事件（和歌山地田辺支判平 21.7.17）

16. メンタルヘルス不調者への対応

> 判例
>
> **東芝（うつ病・解雇）事件**
> （最高裁平成 26 年 3 月 24 日判決）

負け判例の概要

1．事案の概要

　本件は、X（上告人、二審被控訴人兼控訴人、一審原告）が、うつ病に罹患して休職し休職期間満了後にY社（被上告人、二審控訴人兼被控訴人、一審被告）から解雇されたが、本件うつ病は過重な業務に起因するものであって解雇は違法、無効であるとして、Y社に対し、安全配慮義務違反等による債務不履行又は不法行為に基づく休業損害や慰謝料等の損害賠償や未払賃金の支払等を求めた事案である。

2．プロジェクトリーダーの任命と業務量の増加

(1)　Y社は、液晶ディスプレイ等の製造工場において、遅くとも平成 12 年 11 月頃から、液晶ディスプレイの製造ラインを構築するプロジェクトを立ち上げ、Xは本件プロジェクトの 1 つの工程において初めてプロジェクトのリーダーとなった。

(2)　平成 13 年 1 月以降、様々な工程においてトラブルが発生して、Xはその対応を余儀なくされた。

　　Xは、平成 13 年 3 月以降、平日に装置の立上げ業務を行い、土日には主にトラブル対応のために出勤していた。土日が出勤日とされていない場合でも、業務に遅れが生じている場合には、必然的に休日出勤を余儀なくされ、土日に連続出勤することも多くなった。

(3)　Xは、平成 13 年 3 月 15 日及び 4 月 24 日、時間外超過者健康診断を受診し、自覚症状として頭痛、めまい、不眠が時々あるなどと回答したが、Y社の産業

211

第3章　安全配慮義務

医は、いずれも特段の就労制限を要しないと判断した。

3．担当業務の変更と連続欠勤等

(1)　Xの担当する工程においては、平成13年5月に技術担当者が1名減員された。また、Xは、平成13年5月中旬以降、上司から、本件プロジェクトに加えて、新たな業務を担当するよう指示された。Xは、新たな業務の詳細を知らされていなかったこと等から、会議のための資料作成や準備等に相当の時間を割くことになった。

　　Xは、5月23日に激しい頭痛に見舞われ、その後、6月1日まで療養のため連続して欠勤した。

(2)　平成13年6月7日の時間外超過者健康診断の際、Xは、頭痛、めまい、不眠等について申告し、6月下旬には上司に対し体調不良のため新たに担当することになった業務を断ろうとしたが、上司の了承を得ることはできなかった。

　　Xは7月28日から8月6日まで、有給休暇等を利用して療養し、翌7日に出勤したところ、会社にいることが嫌でたまらなく、なぜこんなに苦しいのに働くのかという思いになった。この頃、上司や同僚の技術担当者からは、元気がなく席に座って放心したような状態であるなど普段とは違う様子であると認識され、大丈夫かと声をかけられたこともあった。

4．長期欠勤

　Xは、平成13年9月は休暇を取得して職務に就かなかったが、10月9日以降、診断書等をY社に提出したうえで、欠勤を開始した。平成15年1月10日には休職が発令されたが、結局職場復帰できないまま、平成16年9月9日付での解雇が言い渡された。

5．裁判所の判断

　本件うつ病は過重な業務に起因するものであって解雇は無効であると判断された。

　また、Y社に対し、安全配慮義務違反等による債務不履行又は不法行為責任が認

められた。ただし、休業損害や慰謝料等の損害賠償等の支払の判断については、東京高裁に差し戻された。

なぜ会社は負けたのか？　弁護士のポイント解説

　電通事件（最判平 12.3.14）において、「**使用者は、その雇用する労働者に従事させる業務を定めてこれを管理するに際し、業務の遂行に伴う疲労や心理的負荷等が過度に蓄積して労働者の心身の健康を損なうことがないよう注意する義務を負う**」と、安全配慮義務（健康配慮義務）の内容が示されて以降、過重労働に対する会社の責任が厳しく判断される事例が散見されます。

　本件も、このような電通事件で示された注意義務を前提として、会社に対して、不法行為及び雇用契約上の安全配慮義務に違反する債務不履行を認めています。

　Xは、平成 13 年 4 月にうつ病を発病し、平成 13 年 8 月ころまでにその症状が増悪していったと認定されていますが、この点について、会社は、「業務の遂行に伴う疲労や心理的負荷等を過度に蓄積して心身の健康を損なうおそれのあること及び既に損なっていた健康をさらに悪化させるおそれのあることを**具体的客観的に予見可能であった**」にもかかわらず、「業務量を適切に調整して心身の健康を損なうことやさらなる悪化をたどることがないような**配慮をしなかった**」として、不法行為ないし債務不履行が認められています。

　会社は、いかなる事情が予見可能であったのでしょうか。また、いかなる配慮をすべきだったのでしょうか。

1．長時間労働を放任していた

　平成 12 年 11 月から平成 13 年 4 月までのXの所定時間外労働時間は平均 90 時間 34 分、法定時間外労働時間は平均 69 時間 54 分であり、その時間は、労使間で定めた特別延長規定の定める時間をも超えていました。

　このことは、時間外勤務の申告手続等を通じて、会社も把握することができましたが、会社は特に業務量を軽減させず、このような長時間労働を放任しました。

　その結果、平成 13 年 4 月に発症したXのうつ病は、業務起因性が認められたの

213

第3章　安全配慮義務

です。

　このように、**長時間労働を放任したことにより、「業務上の疾病」と評価され、解雇が無効となり、また安全配慮義務違反も問われた**敗因の1つといえます。

2．業務量の増加に対する具体的な支援がなされなかった

　Xの業務内容は新規性が認められ、様々なトラブルが発生し、Xは、その対策に追われ、平成13年2月以降は、複数のトラブルを抱えて対策を講じるなど、業務量が増大しました。

　また、本件プロジェクトのスケジュールは短期計画であり、会議ではスケジュールをさらに前倒しするように指示されていました。この会議で、Xは、「前倒しはできません、無理です」と回答しましたが、これに対し、出席者らからは何らのアドバイスも指摘もありませんでした。このように、繁忙かつ切迫したスケジュールも、Xに肉体的・精神的負荷を生じさせました。

　さらに、Xは、初めてリーダーとなり、これまでとは異なり、リーダー会議等への出席と担当工程の進捗管理を行うことに携わり、上司による叱責も加わり、新たな負担が増加しました。

　ところが、Xに対して、具体的な支援が行われていませんでした。

　その結果、Xの就労実態が、質的に見てもXに肉体的・精神的負荷を生じさせたとして業務起因性が認められたのです。

　このように、**業務量の増加に対して、上司等による具体的な支援がなされていなかった**ことが、「業務上の疾病」と評価され、解雇が無効となった敗因の1つといえます。

3．業務負担を軽減する措置がなされなかった

　会社は、平成13年3月及び4月の「時間外超過者健康診断」の問診結果から、Xが頭痛、不眠等の自覚症状を訴え始めていることを認識することもできました。そうすると、会社は、遅くとも平成13年4月には、Xが疲労や心理的負荷等が過度に蓄積してXの心身の健康を損なうことがないよう注意すべきでしたが、平成13年4月以降も業務を軽減させず、むしろ技術担当者を1名減らし、新たな業務を担当させました。

また、Xは、5月23日に激しい頭痛に見舞われ、その後、6月1日まで療養のため連続して欠勤しました。平成13年6月下旬には上司に対し体調不良のため新たに担当することになった業務を断ろうとしています。この時点で、Xが業務を断ろうとした理由の詳細を適切に聴取し、場合によっては産業医の意見を聴くなどしながら、業務の軽減を図るべきでしたが、漫然と、Xの業務軽減をしないまま放置したのです。

さらに、会社は、平成13年6月の「時間外超過者健康診断」等を通じて、Xの自覚症状の変化に気づくことができたので、上司及び産業医は、Xから聴取を行いながら検討を加え、Xの業務負担を軽減させるべきでした。ところが、そのような連絡調整は行われず、Xの労務を軽減するどころか、かえって短期間のうちに会議出席、資料・データ作成に当たらせました。

このように、**Xの不調を認識できたにもかかわらず、Xの業務の負担を軽減する措置を講じなかった**ことが、安全配慮義務違反を問われた最大の敗因です。

なお、Xは、神経科の医院に通院していたことを上司や産業医等に申告していませんでしたが、本判決は、このことをもって過失相殺は認めないとしています。このような情報は「**労働者本人からの積極的な申告が期待し難いことを前提とした上で、必要に応じてその業務を軽減するなど労働者の心身の健康への配慮に努める必要がある**」と判断していることも留意すべきです。

4．産業医との連携・連絡が不十分であった

平成13年3月及び4月の「時間外超過者健康診断」の問診結果から、Xが頭痛、不眠等の自覚症状を訴え始めていましたが、会社の産業医は、いずれも特段の就労制限を要しないと判断しました。この点について、裁判所は、「むしろ…産業医としては、…より詳細な診察を実施するなどして…健康状態に問題がないことを確認すべき責務があった」と苦言を呈しています。

また、平成13年6月の「時間外超過者健康診断」等を通じて、Xの自覚症状の変化に気づくことができたのであるから、産業医は、Xの上司にXの就労状況を問い合わせるなどして、Xの業務負担を軽減する措置が期待されていましたが、このような連絡調整は行われませんでした。

第3章　安全配慮義務

　会社と産業医との間における連携ないし連絡の不十分さが散見され、この不十分さが安全配慮義務違反を問われた敗因になっています。

　本件の負けたポイントをまとめますと、以下の4つとなります。

	裁判で負けたポイント
1	長時間労働を放任していた
2	業務量の増加に対する具体的な支援がなされなかった
3	業務負担を軽減する措置がなされなかった
4	産業医との連携・連絡が不十分であった

勝つために会社は何をすべきか？　　**社労士のポイント解説**

1．安全配慮義務

　「使用者は、労働契約に伴い、労働者がその生命、身体等の安全を確保しつつ労働することができるよう、必要な配慮をするものとする」（労契法5条）と規定されていますが、これは、心と体の健康についても配慮することを求めています。うつ病をはじめとする精神障害、メンタルヘルスについても会社は安全配慮義務を負担することになります。

2．労働者の心の健康の保持増進のための指針

　社員の健康管理は、安衛法70条の2第1項に基づいた「労働者の心の健康の保持増進のための指針」（平成27年11月）に準拠することをおすすめします。
　指針の内容を要約すると以下のとおりです。

216

16. メンタルヘルス不調者への対応

項目	区分	内容
衛生委員会での調査審議と「心の健康づくり計画」作成		事業者は、労働者の意見を聴き、産業医など産業保健スタッフ等の助言を得ながら、衛生委員会等において心の健康づくり計画を策定する
4つのケア	セルフケア	労働者がみずからの心の健康のために行うもの
	ラインによるケア	職場の管理監督者が労働者に対して行うもの 1　職場環境等の改善 2　労働者に対する相談対応
	事業場内産業保健スタッフによるケア	事業場内の産業保健スタッフ（産業医、衛生管理者等、保健師等）、心の健康づくり専門スタッフ（精神科・心療内科等の医師、心理職等）、人事労務管理スタッフ等が行うもの 1　セルフケア、ラインによるケアに対する支援の提供（相談対応や職場環境等の改善を含む） 2　心の健康づくり計画に基づく具体的なメンタルヘルスケア実施の企画立案 3　メンタルヘルスに関する個人情報の取扱い 4　事業場外資源とのネットワークの形成とその窓口となること
	事業場外資源によるケア	都道府県メンタルヘルス対策支援センター、地域産業保健センター、医療機関他、事業場外でメンタルヘルスケアへの支援を行う機関及び専門家とのネットワークを日頃から形成して活用すること
具体的進め方	教育研修・情報提供	1　労働者への教育研修・情報提供 2　管理監督者への教育研修・情報提供 3　事業場内の産業保健スタッフ等への教育研修・情報提供
	職場環境等の把握と改善	1　職場環境等の評価と問題点の把握 2　職場環境等の改善
	メンタルヘルス不調への気づきと対応	1　労働者による自発的な相談とセルフチェック 2　管理監督者、事業場内の産業保健スタッフ等による相談対応 3　労働者の家族による気づきや支援の促進
	職場復帰における支援	1　職場復帰プログラム（復職の標準的な流れ）の策定 2　職場復帰プログラムの体制や規程の整備 3　職場復帰プログラムの組織的、計画的な実施 4　労働者の個人情報への配慮及び関係者の協力と連携

第3章　安全配慮義務

3．衛生委員会による働く人の健康確保

　メンタル不調者への事前対応、事後対応を検討する組織として、衛生委員会を機能させることをおすすめします。

　常時働く労働者数が**50人以上の事業場では、業種を問わず、衛生委員会を設置して毎月委員会を開催することが義務**づけられています（安衛法18条）。常時働く労働者数が50人未満の事業場においても、働く人の意見を聴く機会を設けることが義務づけられています（安衛則23条の2）。

　法定された衛生委員会の調査審議事項を検討することによってメンタルヘルス不調者対応を行うことがよいでしょう。

【衛生委員会の調査審議事項】

1　**労働者の健康障害を防止するための基本的な対策**
2　**労働者の健康の保持増進を図るための基本的な対策**
3　**労働者の健康障害の原因及び再発防止対策**
4　**その他、労働者の健康障害の防止及び健康の保持増進に関する重要事項**
(1)　衛生に関する規定の作成
(2)　危険性又は有害性等の調査及びその結果に基づき講ずる措置で、衛生に関すること
(3)　安全衛生に関する計画の作成、実施、評価及び改善
(4)　衛生教育の実施計画の作成
(5)　有害性の調査並びにその結果に対する対策
(6)　作業環境測定の結果及びその結果の評価に基づく対策
(7)　法令により定期に行われる健康診断、自発的健康診断及び医師の診断、診察又は処置の結果並びにその結果に対する対策
(8)　**労働者の健康の保持増進を図るため必要な措置（THP）の実施計画の作成**
(9)　**長時間にわたる労働による労働者の健康障害の防止を図るための対策**
(10)　**メンタルヘルス（心の健康）の保持増進を図るための対策**
(11)　厚生労働大臣、都道府県労働局長、労働基準監督署長、労働基準監督官、安全専門官又は労働衛生専門官から文書により命令、指示、勧告又は指導を受けた事項のうち、労働者の健康障害の防止に関すること

４．健康診断結果とメンタル不調者対応

心の健康について調べる健康診断の項目は、法令では定められていませんが、雇入れ時の健康診断、一般定期健康診断、特定業務健康診断、海外派遣健康診を受診すると、問診などもなされます。これにより**メンタルヘルス不調があることが分かったときには、会社が医師の意見を聴いて、勤務負荷を軽減したり、勤務させない等の措置をとらなければなりません。また、医師や保健師による医療機関への受診の指導や保健指導を行う等を措置をとらなければなりません**（「健康診断結果措置指針公示８号　平成 27 年健康診断結果に基づき事業者が講ずべき措置に関する指針」）。

指針によれば、就業区分ごとの就業上の措置の内容は以下のとおりです。

就業区分		就業上の措置
区分	内容	
通常勤務	通常勤務でよいもの	措置必要なし
就業制限	勤務に制限を加える必要のあるもの	勤務による負荷を軽減するため以下の措置 ①労働時間の短縮 ②出張の制限 ③時間外労働の制限 ④労働負荷の制限 ⑤作業の転換 ⑥就業場所の変更 ⑦深夜業の回数の減少 ⑧昼間勤務への転換　　　　等
要休業	勤務を休む必要のあるもの	療養のため一定期間勤務させない措置 ①休暇 ②休職　　　　　　　　　等

健康診断で異常の所見がある場合には、健康保持に必要な措置についての医師の意見を聴き、事後措置（フォロー）をとることが重要です。**①時間外労働が月 100 時間を超えている、②疲労の蓄積が認められる、③本人が申し出ている、この３つの要件に該当していれば、医師の面接指導を受けさせる義務があります**。時間外労働が月 80 時間を超えており、疲労蓄積が認められ、又は健康上の不安を感じ、本人からの申出等がある場合には、医師の面接指導その他これに準ずる措置を実施する努力義務があります。会社は月 80 時間を超える長時間労働をしている社員につ

第3章　安全配慮義務

いては、時間管理や勤務状況の把握、疲労蓄積がないかなど、特別な健康配慮が必要です。

5.「精神障害の労災認定基準」と80時間以上の残業

　平成23年12月に精神障害に関する労災認定基準が新たに定められました。これによると、「1か月に80時間以上の時間外労働を行った」場合、心理的負荷の強度が「中」となり、3か月平均100時間以上の場合、「強」となります。労災の認定は、①業務遂行性、②業務起因性の2つの要件がありますが、80時間以上の残業があった場合には、極めて高い確率で労災認定されることがこの「精神障害の労災認定基準」から読み取れます。

6．メンタルヘルス不調による不完全労務提供は休職事由

　労働者には、労務提供の義務があります。労務提供が不完全な場合は、使用者は、労働者の労務提供を拒否することができます。労務提供を拒否し、労働契約を解除すると、労契法16条に照らして合理性と相当性を欠く場合には権利の濫用として無効となりますので、他の形式で労務提供拒否を考える必要があります。

　具体的な労務提供拒否の方法は、使用者が労働者に対して休職を命じることです。その前提としては、不完全労務提供は休職事由となることを就業規則に規定化していなければなりません。

　休職は、社員が会社に対して申請するだけのものではなく、会社が社員に対して命令することができます。**社員がメンタルヘルス不調により不完全労務提供の状況にある場合において会社が社員に対して休職を命令することは、会社、当該社員、他の社員にとって必要な措置です。**メンタルヘルス不調を放置すると、病気が悪化する可能性があります。休職により体調を万全にして、生産性も万全な状態に回復して働いてもらうことが重要です。

7．メンタルヘルス・マネジメント検定試験

　心の健康管理には、1人ひとりが自らの役割を理解し、ストレスやその原因となる問題に対処していくことが大切です。企業としては、社会的責任の履行、人的資

源の活性化、労働生産性の維持・向上を図るうえで、社員のメンタルヘルスケアについて組織的かつ計画的に取り組む必要があります。

　働く人たちの心の不調の未然防止と活力ある職場づくりを目指して、職場内での役割に応じて必要なメンタルヘルスケアに関する知識や対処方法を習得する手段として、メンタルヘルス・マネジメント検定試験を受験するという方法があります。

　メンタルヘルス・マネジメント検定試験は、大阪商工会議所主催・日本商工会議所後援により「公開試験」（統一試験日に全国15都市で実施）と「団体特別試験」（企業等が任意に試験の日時・場所を設定し実施）の2種類の受験方法を設けています。

【メンタルヘルス・マネジメント検定の概要】

コース	Ⅰ種 マスターコース	Ⅱ種 ラインケアコース	Ⅲ種 セルフケアコース
対象	人事労務管理スタッフ・経営幹部	管理監督者（管理職）	一般社員
目的	社内のメンタルヘルス対策の推進	部門内、上司としての部下のメンタルヘルス対策の推進	組織における従業員自らのメンタルヘルス対策の推進
到達目標	自社の人事戦略・方針を踏まえたうえで、メンタルヘルスケア計画、産業保健スタッフや他の専門機関との連携、従業員への教育・研修等に関する企画・立案・実施ができる	部下が不調に陥らないよう普段から配慮するとともに、部下に不調が見受けられた場合には安全配慮義務に則った対応を行うことができる	自らのストレスの状況・状態を把握することにより、不調に早期に気づき、自らケアを行い、必要であれば助けを求めることができる
出題内容	①企業経営におけるメンタルヘルス対策の意義と重要性 ②メンタルヘルスケアの活動領域と人事労務部門の役割 ③ストレス及びメンタルヘルスに関する基礎知識 ④人事労務管理スタッフに求められる能力 ⑤メンタルヘルスケアに関する方針と計画 ⑥産業保健スタッフ等の活用による心の健康管理の推進 ⑦相談体制の確立 ⑧教育研修 ⑨職場環境等の改善	①メンタルヘルスケアの意義と管理監督者の役割 ②ストレス及びメンタルヘルスに関する基礎知識 ③職場環境等の評価及び改善の方法 ④個々の労働者への配慮 ⑤労働者からの相談への対応　※話の聴き方、情報提供及び助言の方法等 ⑥社内外資源との連携 ⑦心の健康問題をもつ復職者への支援の方法	①メンタルヘルスケアの意義 ②ストレス及びメンタルヘルスに関する基礎知識 ③セルフケアの重要性 ④ストレスへの気づき方 ⑤ストレスへの対処、軽減の方法

第4章　懲戒処分等

17. 私生活上の非違行為を理由とする解雇
（東京メトロ（諭旨解雇・仮処分）事件）

18. 労働者への損害賠償
（茨城石炭商事事件）

17. 私生活上の非違行為を理由とする解雇

> 判例
>
> **東京メトロ（諭旨解雇・仮処分）事件**
> （東京地裁平成 27 年 12 月 25 日判決）

負け判例の概要

1．事案の概要

　本件は、東京メトロの運営を営むＹ社（被告）が、通勤電車内で痴漢行為をして略式命令に処せられたことを理由として、Ｘ（原告）を諭旨解雇としたところ、Ｘがこれを不当であるとして雇用契約上の権利を有する地位にあることの確認を請求した事案である。

2．諭旨解雇に至る経緯

　Ｘは、駅係員として勤務する正社員であったが、Ｙ社の運営する鉄道車内で痴漢行為を行った。痴漢行為の具体的態様は、少なくとも 5 〜 6 分程度、14 歳の被害者の右臀部付近及び左大腿部付近を着衣の上から触ったというものであった。

　Ｘは、2014 年 2 月 26 日、上記被疑事実により罰金 20 万円の略式命令を受け、同年 3 月 6 日の罰金納付により同命令が確定した。その後、同年 4 月 25 日に、Ｙ社によって懲戒委員会が開催され、同日諭旨解雇処分を通知された。

　なお、Ｙ社を含む鉄道会社では当時、痴漢撲滅運動が盛んに行われていた。Ｘは、過去に懲戒歴も同種前科もなく勤務態度に問題はなかった。また、本件がマスコミに報道される等、一般大衆に周知された事実はなかった。

3．裁判所の判断

　本判決は、労働者の私生活上（プライベート）の行為であっても使用者による懲戒の対象となり得ることを認めた。そして、その基準について「会社の企業秩序に直接の関連を有するもの及び企業の社会的評価の毀損をもたらすと客観的に認めら

れるもの」である必要があると示し、本件はこれにあたり懲戒対象となるとした。

その上で、Xの行った痴漢行為が悪質性の比較的低いものであったこと、マスコミ報道等の社会的周知がされず企業への悪影響が大きくはなかったことから、駅係員という職業を考慮しても、その身分を失わせる処分（諭旨解雇）は重すぎると判断した。

また、懲戒処分の決定方法についても、労働者の権利、利益に重大な影響を及ぼす処分であるにもかかわらず、それに伴った十分な弁明の機会が与えられていないことは公平ではないとし、この点でも諭旨解雇が相当であったかどうかは疑問であるとして、会社側を敗訴させた。

なぜ会社は負けたのか？　弁護士のポイント解説

社員は、会社に雇用されることによって会社の業務命令に従う義務を負います。社員が会社の業務命令に違反したり企業秩序を乱したりした場合、会社の懲戒権行使に服します。一方で、**会社の業務命令権や懲戒権も、業務時間中のみに及び、私生活上の行為には及ばないのが原則**です。

しかし、社員の私生活上の行為とはいえ、何をしても自由なわけではなく、一定の範囲では会社の業務命令権、懲戒権が及びます。私生活上の行為であっても、雇用関係にある会社に影響を及ぼすことがあり得るからです。そして、私生活上の行為でも懲戒権の対象となるかどうかを判断する基準は、本判決の示す「**事業活動に直接関連を有するもの及び企業の社会的評価の毀損をもたらすもの**」というものです。

痴漢は重大な犯罪であり、決して許されるものではなく、特に鉄道会社の社員が行うとすれば由々しき事態です。この場合、罰金、懲役等の刑事罰は当然として、会社内でも厳しい制裁を下したいと考えるのが通常かと思います。しかし、本判決では、諭旨解雇という社員の身分を失わせる処分は重すぎるとして、会社側を敗訴させる判断が下されました。

本件で会社側が負けた決定的理由は以下の4点です。

第4章　懲戒処分等

1．行為態様の悪質性の低さを考慮しなかったこと

　「痴漢」というのは法律上の犯罪の名称ではありません。いわゆる痴漢行為を行った場合に、該当する犯罪には、**各地方公共団体の条例に定められる「迷惑防止条例違反」**と、刑法に定められる「**強制わいせつ罪」の2種類**があります。この区別は行為態様の程度による区別です。大まかにいうと、着衣の上から触った痴漢行為であれば「迷惑防止条例違反」、着衣の中に手を入れたり陰部に指を挿入したりする悪質な痴漢行為の場合には「強制わいせつ罪」となります。**「迷惑防止条例違反」であれば「6か月以下の懲役又は50万円以下の罰金」であるのに対して、強制わ**いせつ罪となると「**6月以上10年以下の懲役」**（刑法176条）に処せられます。

　当然ながらいずれも犯罪であって許されるものではないですが、本件の痴漢行為は「迷惑防止条例違反」であり、略式命令による罰金で終了しています。悪質な痴漢行為であり、被害者の処罰感情が強くて示談が成立しなかったケースでは、「強制わいせつ罪」によって懲役刑が科せられる事件も少なくありませんので、本件は、痴漢行為の中では軽微な部類といえます。

　懲戒処分には、譴責・戒告等、在職を前提とした軽い処分から、諭旨解雇・懲戒解雇等、職を失う重い処分まで幅があり、**軽微な行為に対しては、軽微な懲戒処分をもって応じなければなりません。**痴漢行為の中では軽微な部類の行為に対して、重い諭旨解雇に処したことが、1つ目の敗因です。

2．会社への影響が小さいことを考慮しなかったこと

　マスコミに報道される等、社会的に周知されることはなかったことで、「駅係員による痴漢」というセンセーショナルな話題でありながら、会社への影響も軽微に止まるものでした。

　したがって、**会社への影響が軽微であるにもかかわらず、懲戒処分の中でも重度な諭旨解雇を選択したことが、**2つ目の敗因です。

3．懲戒処分の判断基準が不適切であったこと

　会社が社員に対して懲戒処分を下すときには、**その行為や影響の程度に応じた適切な重さの懲戒処分を選択しなければならず、**その判断は多くの考慮要素を含んだ

非常に難しいものです。

　本判決の事実認定によれば、会社は過去の同種事例で懲戒処分を選択するにあたり「起訴（略式起訴を含む）されたかどうか」を重要な基準としており、**過去の例との公平性を考え、今回の処分でも同様の基準から諭旨解雇を選択しました。**

　しかし、ここまでの解説でもお分かりのとおり、**諭旨解雇という社員に重大な不利益を与える処分を下すにあたっては労使双方の多くの事情を総合的に考慮して決定しなければなりません。**「起訴されたかどうか」という単純な基準のみで一刀両断することは不適切です。したがって、懲戒処分の判断基準について緻密さを欠いたことが、3つ目の敗因です。

4．弁明の機会が与えられていなかったこと

　諭旨解雇等の社員の身分を失わせる重度の懲戒処分は、社員に与える不利益の大きさから、処分前に十分な調査が必要となります。この際、**懲戒処分の対象となる社員に言い分を聞き、弁明の機会を与えることが重要**です。たとえ、重い懲戒処分が相当な行為を行ったことが事実だとしても、**弁明の機会の付与等の適切な手続を踏まないことが、懲戒処分の有効性に影響を与える**からです。

　本件では、明確に弁明の機会として与えられた場はなく、懲戒委員会の同日に諭旨解雇の通告がなされました。懲戒委員会の同日に諭旨解雇を通告されてしまうと、懲戒委員会の場でいくら弁明しても会社の判断に影響を与えることはできません。また、XはY社に対し、弁護士を通じて複数回、顛末書、始末書等の書面を提出しましたが、いずれも諭旨解雇となることを認識して行われたものではない点で、弁明の機会としては不十分であると判断されました。

　以上のように、**諭旨解雇という懲戒処分の判断過程において、会社が懲戒処分に処することを示しながら弁明の機会を与えなかったことが、4つ目の敗因です。**

　なお、社員が会社に対して行っていた「痴漢行為を行っていない」との主張は、刑事手続、示談活動等との整合性を欠くこと等を理由に認められませんでした。

　本件で会社側が負けたポイントをまとめますと、以下の4つです。

　なお、本件と同様に鉄道会社の社員が、私生活上の痴漢行為を理由とした懲戒解雇を無効であると主張して争ったケースでも、本判決とは逆に懲戒解雇を有効とした裁

第4章　懲戒処分等

判例（東京高判平 15.12.11）があります。比較すると、本判決の負けポイントの理
解がさらに深まります。同裁判例が懲戒解雇を有効にした主な理由は、過去に３度の
痴漢行為で検挙され、問題行為の約半年前にも痴漢行為で罰金刑となり、その際にも
昇給停止、降職という懲戒処分を受け、問題行為について正式起訴を受けて懲役４月
執行猶予３年の刑罰を下される等、本判決よりも顕著な悪質性があったことです。

裁判で負けたポイント	
1	行為態様の悪質性の低さを考慮しなかったこと
2	会社への影響が小さいことを考慮しなかったこと
3	懲戒処分の判断基準が不適切であったこと
4	弁明の機会が与えられていなかったこと

勝つために会社は何をすべきか？　社労士のポイント解説

1．重い懲戒処分適用の注意点

　就業規則で懲戒解雇又は諭旨退職（解雇）をもって臨むと規定しているからといっ
て、直ちにそれらの重い懲戒処分が適用できるとは限らないことを十分に理解して
ください。

　抑止効果を期待して、就業規則で懲戒解雇などの重い懲戒処分に該当する非違行
為を列挙しておくことまでは、公序良俗違反といわれないと思われます。しかし、
その運用は慎重にしなければなりません。後述の懲戒委員会や弁明の機会を有効活
用してください。

2．懲戒解雇に固執しないこと

　懲戒処分の合理性の点で、**初めから懲戒解雇や諭旨退職（解雇）などの重い懲戒
処分に固執しない**ことが大切です。

17. 私生活上の非違行為を理由とする解雇

　まずは可能な限り、減給・出勤停止・降格などの中程度以下の懲戒処分を科して改悛を促すことを検討してください。そして、それでもなお改悛せず非違行為を繰り返すようであれば、懲戒解雇などの重い懲戒処分が有効になる場合もあります。

　しかし、重大な非違行為で初めから社外に放逐することで臨まなくては企業秩序が維持できない場合もあります。

　いずれの場合も、初めから懲戒解雇や諭旨退職（解雇）に固執せずに、普通解雇や退職勧奨をもって社外に出す余地を最後まで検討してください。

３．懲戒委員会の開催

　懲戒委員会の開催を就業規則に規定するメリットは、懲戒処分の合理性が高まるという点です。特に懲戒解雇などの重い処分を行う際に、対象社員の弁明機会の付与など、十分な調査・審議を経ずに懲戒処分を科すと懲戒権の濫用と判断される可能性があります。その点、懲戒委員会を開催することで、十分な調査・審議がなされ、懲戒処分の合理性にプラスになる面があります。

　反面、デメリットとしては、就業規則等で規定しながら懲戒委員会が不開催であると、その懲戒処分は手続きに瑕疵があるとして無効となる可能性が高い点です。

　このように、**懲戒委員会の開催を就業規則に規定することにはメリットとデメリットがあるので、両者を検討して会社として開催するかどうかを決定してください。**

４．弁明の機会の付与

　懲戒解雇などの重い懲戒処分を科す場合には、弁明の機会を付与してください。

　前掲の東京メトロ（諭旨解雇・仮処分）事件は相当性の点で、当該懲戒処分が社会通念上相当であるとは判断されませんでした。そして、この事件の相当性判断で、弁明の機会の不十分さが指摘されました。

　この事件の懲戒委員会を時系列にすると以下のとおりです。

229

第4章　懲戒処分等

年月日	事象
平成 26 年 3 月 17 日	営業部長が人事部長に、本件行為の処置を懲戒委員会に付託する旨の文書を提出
同年 4 月 23 日	人事部長が懲戒委員会に付託
同年 4 月 25 日	懲戒委員会が開催
同日	諭旨解雇処分が決定

　このように平成 26 年 3 月 17 日ごろから懲戒処分の審議が開始されているにも関わらず、社員には弁明の機会が十分に付与されずに、懲戒委員会開催の同日に諭旨退職処分が決定されています。この点についても、同事件では、「本件行為に係る具体的な手続が進行している最中には、当該手続が進行していることを知らされず、かつ、本件行為に係る処分について弁明をする機会を与えられていなかったものというべきである。」と非難しています。

　したがって、今回の事件のような重めの懲戒処分の可能性のある非違行為では、弁明の機会を付与した後、懲戒処分を決定する会議を複数回開催して十分に調査・審議するなどして、結論ありきの懲戒委員会・弁明の機会とならないように注意してください。

17. 私生活上の非違行為を理由とする解雇

（懲戒の手続）

第○条　会社が懲戒解雇（諭旨退職を含む）に該当するおそれのある懲戒処分を行おうとするときは、取締役（代表取締役を含む）及び労働者の過半数を代表する社員1名をメンバーとする「懲戒委員会」を設置し、懲戒について諮問するものとする。なお、懲戒委員会には、会社の顧問社会保険労務士及び顧問弁護士、人事部長がオブザーバーとして参加するものとする。懲戒委員会の議長は社長を原則とするが、当日参加する取締役等会社の役職員からその都度選出し、参加メンバーも会社業務の都合等により全てのメンバーが揃わない場合もありうる。

2．会社が懲戒解雇に該当するおそれのある懲戒処分を行おうとするときは、当該社員に対し、原則として弁明の機会を付与するものとする。

3．会社が降格以下に該当するおそれがある懲戒処分を行おうとするときは、懲戒委員会を開催せず、弁明の機会を付与しないものとする。また、懲戒解雇に該当するおそれのある懲戒処分を行おうとする場合であっても、緊急性を要する場合など会社が必要と判断する場合には、懲戒委員会を開催せず、弁明の機会を付与しない場合がある。

4．懲戒処分が決定されたら、処分及び非違行為、懲戒の事由等を「懲戒処分通知書」で社員に通知するものとする。

5．懲戒解雇に該当するときであって、当該社員の行方が知れず処分の通知が本人に対してできない場合は、会社への届出住所又は家族の住所への郵送により処分の通知が到達したものとみなす。

18. 労働者への損害賠償

> 判例
>
> **茨城石炭商事事件**
> （最高裁昭和 51 年 7 月 8 日判決）

負け判例の概要

1．事案の概要

本件は、石油の輸送・販売業を営むＹ社（原告・控訴人・上告人）が、雇用した運転手であるＸ（被告・被控訴人・被上告人）に対して、Ｘが起こしたタンクローリー同士の事故によってＹ社が負った、相手方車両の修理費及び修理期間中の休車補償、Ｙ社所有車両の修理費及び修理期間中の逸失利益を請求した事案である。

2．事故に対する労使の責任について

Ｙ社は、資本金 800 万円であり従業員約 50 名を雇用し、タンクローリーを含む業務用車両を約 20 台保有していた。しかし、経費削減のため、対人賠償責任保険にだけ加入し、対物賠償保険、車両保険には加入していなかった。

Ｘの勤務成績に問題はなかった。Ｘは、本来小型貨物車両の運転業務に従事しており、この事故の際には臨時的にタンクローリーを運転していた。事故の原因となった過失は車間距離不保持、前方注視不十分等であり、渋滞する国道において急停止した前方車両に衝突して起こったのが本件の事故である。

3．裁判所の判断

本判決は、Ｙ社からＸに対する損害賠償請求権及び求償権を制限する考慮要素として「事業の性格、規模、施設の状況、被用者の業務の内容、労働条件、勤務態度、加害行為の態様、加害行為の予防若しくは損失の分散についての使用者の配慮の程度その他諸般の事情」を挙げ、「損害の公平な分担という見地から信義則上相当と

認められる限度」においてのみＹ社はこれらの権利を行使できると判断した。

その結果、本判決では、Ｙ社がＸに対して行使できる損害賠償請求権及び求償権は、請求額の４分の１であると判断した。

なぜ会社は負けたのか？　弁護士のポイント解説

業務中にミスをした社員に対して金銭請求をしたいという会社が少なくありません。中には、「賃金を支払いたくないので相殺したい」とか、「自主退職させたい」といった動機に基づくものもありますが、本判決のとおり、必ずしも負った損害を全て請求できるとは限りません。

社員が、会社の業務によって社外の第三者に損害を与えた場合、**民法715条に定める使用者責任**によって会社がその責任を負います。この場合に、**社外の第三者に対して社員に代わって損害を賠償した会社は社員に対し、求償を請求することができます**（**求償権**）。本判決では、相手方車両の修理費及び休車補償をＹ社がＸに代わって賠償したことで生じる求償権が、制限されるかどうかが問題となりました。

加えて、雇用関係にある労使間でも、**一方が他方に故意又は過失によって損害を与えれば、賠償を請求できます**（**損害賠償請求権**）。本判決では、Ｙ社所有車両の修理費及び逸失利益についてのＹ社のＸに対する損害賠償請求権が、制限されるかどうかが問題となりました。

求償権、損害賠償請求権は、いずれもＹ社がＸに対して金銭を請求する権利です。しかし、**雇用関係という特殊な対内関係において、直接事故を起こした社員に全ての責任を押し付けるのは不公平であり、損失は労使間で公平に分担しなければなりません。**

本件でＹ社は、賠償した金額及び被った損害の金額を全てＸに対して請求しましたが、損失の公平な分担に対する配慮が足りなかったといわざるを得ません。

冒頭で解説しましたとおり、本判決は一般論として多くの考慮要素を挙げていますが、本件で会社側が負けた決定的理由は以下の２点です。

第4章　懲戒処分等

1．会社が損害の分散を怠ったこと

　労使間で損害を公平に分担するという考え方からすると、通常は会社側の方が、経済的余裕があることが多いでしょう。また、**事業による収益を会社が得ていることから、事業から生じ得る損失もまた会社側で負担するのが公平であるという考え方（報償責任）**もあります。そのため会社側としては**損害を分散させる手立てを講じる必要**があります。この損害の分散が十分でなかった点が、本判決で会社側が負けた1つ目の理由です。

　具体的には、Y社は石油等の輸送という危険の伴う業務を行っており、業務車両を約20台も保有している等、自動車事故が起きることは予想できる状況でした。**にもかかわらずY社が任意保険に加入していなかったことは、会社が行うべき損害の分散として不十分といわざるを得ません**。もし仮に任意保険に加入していれば、対物賠償保険によって相手方車両の修理費及び休車補償を、車両保険によってY社所有車両の修理費及び逸失利益を一定程度補填できますから、本件のような紛争を防ぐことができました。

2．社員側に求償・損賠賠償を制限すべき事情があること

　事故の原因が社員の故意若しくは著しい過失（重過失）にある等、社員側に問題があるケースでは、会社の社員に対する金銭請求が認められる割合が多い傾向にあります。例えば、会社所有車両を無断で持ち出し、無免許運転をしていた最中の事故について、会社から社員に対する求償権を全額認めた裁判例（東京地判昭44.10.22）があります。

　これに対して、本件では、Xの勤務成績に問題がなかったどころか、タンクローリーの運転はXの通常の業務ではなかったという事情があります。タンクローリーのような特殊な車両について、運転に慣れていないと事故を引き起こしやすいことは容易に想像できます。なお、この点の参考にもう1つ負け裁判を挙げますと、運転業務を担当していないペーパードライバーの社員に対し、臨時に運転を命じたために生じた事故について、求償権を制限することを超えて、求償権の行使自体を否定した裁判例（東京地判昭46.9.7）が参考になります。

　本件の負けたポイントをまとめますと、以下の2つです。

18. 労働者への損害賠償

	裁判で負けたポイント
1	会社が損害の分散を怠ったこと
2	社員側に求償・損害賠償を制限する事情があること

勝つために会社は何をすべきか？　社労士のポイント解説

1．社員への損害賠償は、信義則上相当と認められる限度内

　会社から社員に対する損害賠償は、「**事業の性格、規模、施設の状況、被用者の業務の内容、労働条件、勤務態度、加害行為の態様、加害行為の予防若しくは損失の分散についての使用者の配慮の程度その他諸般の事情**」を考慮し、「**損害の公平な分担という見地から信義則上相当と認められる限度**」（茨城石商事件（最判昭51.7.8））しかできません。

　会社が被った損害額から様々な要素を総合勘案して、社員に対する損害額を減額する必要があります。茨城石商事件を整理しますので参考にしてください。

【茨城石商事件（最判昭51.7.8）の損害賠償減額に関する整理】

	分類	損害賠償額が小さくなる要素	損害賠償額が大きくなる要素
1	事業の性格	事故が起きやすい事業	事故が起きにくい事業
2	事業の規模	規模が大きい会社	規模が小さい会社
3	事業の施設	事故が起きやすい施設	事故が起きにくい施設
4	社員の業務の内容	事故が起きやすい業務の内容	事故が起きにくい業務の内容
5	社員の労働条件	・社員の地位が低い ・過重労働等事故が起きやすい労働条件	・社員の地位が高い ・働きやすい労働条件
6	社員の勤務態度	普段の社員の勤務態度が良い	普段の社員の勤務態度が悪い

235

■ 第4章　懲戒処分等

【判例分析表】

事件名	損害額（A）	賠償責任額（B）	損害額に対する賠償責任額の割合（B÷A）	事件の概要／損害・求償の内容	故意・軽過失・重過失
大隈鉄工所事件 （名古屋地判昭62.7.27）	3,336,000	844,000	25%	・夜勤時プレナー（平削盤）を捜査中、約7分間居眠り状態に陥り、プレナーテーブルに損傷を与えた	重過失
株式会社Ｔ（引き受け債務請求等）事件 （東京地判平17.7.12）	17,226,000	1,722,600	10%	・消費者金融業者の従業員が、貸付が紹介屋による紹介案件であり、提示された給与明細の内容が虚偽であること、紹介屋が貸出額から利得を得ていたことを認識しながら、融資をし、回収不確実な融資による損害を発生させた	故意又は重過失

236

18. 労働者への損害賠償

会社側の事情① （事業の性格、規模、施設の状況）	会社側の事情② （加害行為の予防若しくは 損失の分散についての 使用者の配慮の程度）	労働者側の事情 （業務の内容、労働条件、 勤務態度、加害行為の態様）
・工作機械等の製造販売を業とする会社	・機械保険に加入していなかった	・深夜勤務制度は居眠りが不可避という過酷な勤務条件ではなく、居眠り事故が頻発しているわけではない ・わざわざプレナーの右へまわって椅子を持ち出してこれに掛け、自ら居眠りに陥りやすい状況を作り出した
・消費者金融業者。全国各地に多数の支店を有する我が国有数の消費者金融業者であり、貸し倒れ償却によって損失を吸収できる	・営業目標を社員に示し、その達成ができるよう、社員を督促、激励し、あるいは成果に応じた人事の体制を作ることが行きすぎたものになっていた。これが社員に対する過度な圧力になり、貸出基準に違反する行為に走る社員を生み出した	・営業目標を達成したいという支店長の要請にこたえる目的。ノルマ未達成により支店長から一般社員に2段階降格処分になった以外は処分を受けたことはなく、継続的に昇進していることからすれば、業績向上のために行ってきたものと認められる

237

事件名	損害額（A）	賠償責任額（B）	損害額に対する賠償責任額の割合(B÷A)	事件の概要／損害・求償の内容	故意・軽過失・重過失
N興業事件 （東京地判平 15.10.29）	8,139,675	2,000,000	25％	・担当する顧客先 18 社、153 案件、2,134 万 1,500 円について請求書を作成することを怠ったため、813 万 9,675 円が回収不能となった	故意又は重過失
フレックスジャパン・アドバンテック事件 （大阪地判平 14.9.11）	79,650,366	6,289,464	7％	・金沢営業所、富山営業所を退職した役職者 4 名が派遣スタッフ 182 名の 75％にあたる 80 名を同月新たに入社した会社に引き抜きした。同営業所は、会社の売上の 40％を占めている。引き抜きは、派遣スタッフをファミリーレストランに集め、3 万円の一時金を渡し、ベースアップを約束し、その場で念書に署名捺印させた	故意
ケイズインターナショナル事件 （東京地判平 4.9.30）	2,000,000	700,000	33％	・霞が関ビルリニューアル工事のインテリアデザイン契約を受託したため、これを担当させることを十分説明したうえで、男性社員を雇入れした。しかし、男性社員は雇入れ後 4 日で退職した。同契約は解約となった。これにより合計 1,000 万円の得べかりし利益を失った。後日、男性社員と 200 万円の損害賠償を行う旨の確約書を締結した	故意

18. 労働者への損害賠償

会社側の事情① （事業の性格、規模、施設の状況）	会社側の事情② （加害行為の予防若しくは 損失の分散についての 使用者の配慮の程度）	労働者側の事情 （業務の内容、労働条件、 勤務態度、加害行為の態様）
・船舶及び陸上の冷凍設備、空調設備を設計、施工している資本金1億円の株式会社。従業員数230名	①過重労働にも一因がある ②債権回収不能額の約1割は値引き額と考えられる ③同様の事件が起きているのに、再発防止のための適切な体制をとっていない	・勤続約30年の課長。一度も懲戒処分を受けたことがない。平成14年は1年間で1億円の受注高を挙げている。請求書未提出は平成13年秋以降の過重な労働環境にも一因がある
④上司の部長、専務の監督責任でもある。長期債券未回収案件が数多く発生しているのに、照会したり、調査する等の適切な措置を採っていない ⑤部長は、請求書を出しておらず、苦情の電話があったことを知っていたのに対応していない		
・広告代理業、印刷・出版業。労働者派遣法に基づく特定労働者派遣事業等を目的とする会社。金沢営業所従業員5名、派遣スタッフ114名、富山営業所従業員4名、派遣スタッフ68名		・退職前から新会社に対して派遣スタッフを横流ししていた
①室内装飾、トータルコーディネイト等を目的とする会社 ②従業員は社長を含め全員女性	①得べかりし利益は1,000万円であっても給与や経費を差し引けば実損額はそれほど多額にはならない	・期限の定めのない契約、試用期間無、給与月額20万円
②人物、能力等につき、ほとんど調査することなく、紹介者の言を信じたにすぎなかった ③期限の定めのない雇用契約においては、労働者は、一定の期間を置けば、何時でも自由に解約できる。雇用契約上の債務不履行としてその責任を追及できるのは、同月30日までの損害にすぎない		

7	加害行為の態様	社員の違反の程度、不注意の程度が小さい	社員の違反の程度、不注意の程度が大きい（故意・重過失）
8	加害行為の予防の使用者の配慮の程度	・普段から事故予防の指導教育が適切に行われていない ・事故予防の事前措置が十分行われていない	・普段から事故予防の指導教育が適切に行われている ・事故予防の事前措置が十分行われている
9	損失の分散についての使用者の配慮の程度	保険によるカバーが十分になされていない	保険によるカバーが十分になされている

　社員の重過失により会社からの求償を全額認めた裁判例（東京地判昭44.10.22）から求償権を一切認めなかった裁判例（東京地判昭46.9.7）まで求償・損害賠償の額は様々です。

　求償・損害賠償請求を行う場合には、弁護士に依頼することが実務上必須と考えられますので、前述の整理表等を活用し、事実を整理してご相談されることをお勧めします。

2．民間の損害保険活用等でリスク分散

　会社はそもそも指揮命令する立場にあります。事故予防の指導教育、事前措置などを十分行う必要があります。この観点からいえば、会社が完璧であることは極めて考えにくいことから、事前に**民間の損害保険を活用し、リスク分散していくことが肝要です**。

3．損害賠償予定の禁止

　社員に対する損害賠償請求は、会社が現実に被った損害に基づくものでなくてはいけません。事前に損害賠償の額を決めておくことは労基法16条により禁止されています。

　また、事故を起こした際に、損害賠償請求ではなく、**懲戒処分として減給の制裁を行う場合には、「減給は、1回の額が平均賃金の1日分の半額を超え、総額が一賃金支払期における賃金の総額の10分の1を超えてはならない」**（労基法91条）とされていますので注意してください。

第5章　労働契約の終了

19. 能力不足社員の解雇
（ブルームバーグ事件）

20. 精神疾患の疑いのある社員への対応
（日本ヒューレット・パッカード事件）

21. 協調性不足社員の解雇
（大和倉庫事件）

22. 雇止め
（龍神タクシー事件）

19. 能力不足社員の解雇

判例	**ブルームバーグ事件** （東京高裁平成 25 年 4 月 24 日判決）

負け判例の概要

1．事案の概要

　本件は、米国金融情報通信社であるＹ社（被告・控訴人）が、Ｘ（原告・被控訴人）に対して行った能力不足等を理由とした解雇について、Ｘがその無効を主張し、地位確認、未払賃金を請求した事案である。

　Ｘは、以前にも通信社等で記者として就労した経験を有し、当時の年収は 810万円であった。Ｙ社は解雇理由として①上司や同僚との関係を築けないこと、②記者としての能力不足を主張した。このうち、記者としての能力不足について、Ｙ社は、能力不足社員のパフォーマンス改善を目的とした指導の一環として「PIP」を複数回行ったことから、その改善結果を踏まえても解雇が相当であるか否かが争われた。

2．実施された PIP の内容、改善結果

　PIP とは、業績改善計画（Performance Improvement Plan）若しくは業績改善プログラム（Performance Improvement Program）の略称である。能力不足社員に対し、会社が課題と目標を与え、これを達成するために継続的に指導することでパフォーマンスを改善する制度であり、特に外資系企業で行われる指導改善方法である。本件では、Ｙ社はＸに対し 3 回の PIP を行った。3 回目の PIP が終了した頃に、退職勧奨をし、自宅待機を命じ、その後に行われた団体交渉の末、解雇に至った。

　本件で 3 回にわたり行われた PIP では、Ｙ社は、作成記事の本数及び品質を目標として設定したが、1 回目は本数において目標を下回り、2 回目は本数目標を達成したが品質において目標を下回り、3 回目は終了時のフィードバックをしないまま

退職勧奨に至った。

3．裁判所の判断

　本判決は、客観的に合理的な理由がなければ解雇は無効であるとの解雇権濫用法理の一般論を述べた。

　その上で本判決は、能力不足等を理由とする解雇の場合には、「当該労働契約上、当該労働者に求められている職務能力の内容を検討」する必要があるとした。その上で、「当該職務能力の低下が、当該労働契約の継続を期待することができない程に重大なものであるか否か、使用者側が当該労働者に改善矯正を促し、努力反省の機会を与えたのに改善がされなかったか否か、今後の指導による改善可能性の見込みの有無等の事情を総合考慮して決すべきである」とした。

　本判決は、複数回実施された PIP における事情などを総合考慮した結果、X の解雇について客観的に合理的な理由はないと判断し、解雇を無効とする会社側敗訴の判断を下した。

なぜ会社は負けたのか？　弁護士のポイント解説

　日本の労働法においては社員に重大な不利益を与える「解雇」は厳格に制限されています。すなわち、「解雇は、客観的に合理的な理由を欠き、社会通念上相当であると認められない場合は、その権利を濫用したものとして、無効とする」（労契法 16 条）という、いわゆる「**解雇権濫用法理**」の適用を受けます。

　その中でも特に、「能力不足」を解雇理由とする場合、会社側が社員に対して過度な期待をしたり、些細なミスのみで「能力不足」と評価したりしないよう、厳格に判断されています。すなわち、「能力不足」を理由に解雇するためには、**雇用契約等において約束された能力が著しく不足しており、かつ、その程度が、改善の機会を与えてもなお業務遂行が困難な程度のものであることが必要**とされます。

　本判決では、「能力不足」を解雇理由とする場合の、解雇の有効性の判断基準が示されています。この判断基準を理解せず、安易に「能力不足」を理由として性急に解

243

第5章　労働契約の終了

雇してしまうと、思わぬところで不当解雇とされ、会社が不利益を被るおそれがあります。

本件で会社側が負けた決定的理由は以下の３点です。

１．求める能力が共有できていなかったこと

　会社が社員に対して求める能力は、会社ごと、社員ごとに様々に異なるものです。そのため、会社の一方的かつ主観的な「能力不足」との評価を許せば、「能力不足」に名を借りた恣意的な退職勧奨、解雇を許すこととなりかねません。そのため、会社の求める能力が不足していると考えるなら、その前提として、まずは**求める能力の内容を社員に説明し、共有しなければなりません**。特に、Xのように、過去に同業の経験がある**中途採用者の場合、一定程度以上の職務能力を期待して採用していることが通常**です。

　以上のとおり、Y社がXに対して求める能力の内容及び程度が、労使間で十分に共有できていなかったことが、本判決の敗因の１つ目です。

２．改善に向けた具体的な指導、教育が不足していたこと

　最初から完璧な能力を兼ね備えた人材を求めることは困難ですから、指導、教育が重要です。**いかに「能力不足」があろうとも指導、教育により改善するならば、解雇理由としては不十分です**。そこで、「能力不足」と考えた場合には会社は社員を指導、教育しなければなりません。解雇する前に、改善の見込みがないかどうかを、指導、教育により確認するのです。

　本件でXに対する指導、教育の役割を担うのがPIPですが、**複数回実施されたPIPによってもなお、解雇前の指導、教育として不十分であったこと**が、敗因の２つ目です。

　本判決では、PIPを実施してもなお記事の本数、品質に目標未達成の部分があったにもかかわらず、「能力不足」による解雇が不適切と判断された主な理由は、次の２点です。

244

①	Xに、Y社の指導を理解し、改善しようとする姿勢が見受けられたこと
②	Y社に、Xの記事の品質を改善するための具体的な指導がなかったこと

　Xは、平成17年11月29日、Y社に入社し、平成21年12月10日に第1回PIP、平成22年1月28日に第2回PIP、同年3月6日に第3回PIPを命じられましたが、同年4月8日に退職勧奨及び自宅待機命令を受け、団体交渉を経て同年8月20日に解雇となりました。第1回PIPを開始してから退職勧奨に至るまででも4か月程度の期間がありますが、**必ずしも期間を置けば解雇できるわけではなく、具体的な指導、教育の実態が必要**であるとご理解ください。

3．能力不足の重大性を見誤ったこと

　能力は、人によって得意、不得意があります。全ての能力が高い社員は稀であり、解雇するに際しては、**不足している能力の種類とその程度が重大であることが求められます。**

　本判決では行動予定の提出を怠ったこと、協力関係を構築するためのコミュニケーション力が不足していたこと、記事本数が不足していたことなどの問題点について「労働契約の継続を期待することができない程に重大なものであるとまでは認められない」との判示がなされています。

　したがって、**解雇理由とした「能力不足」の中に、重大性の著しいものがなかったこと**が、本判決の敗因の3つ目です。

　本件の負けたポイントをまとめますと、以下の3つです

裁判で負けたポイント	
1	求める能力が共有できていなかったこと
2	改善に向けた具体的な指導が不足していたこと
3	能力不足の重大性を見誤ったこと

第5章　労働契約の終了

勝つために会社は何をすべきか？　社労士のポイント解説

1．解雇権濫用法理

　労契法 16 条では、「解雇は、**客観的に合理的な理由を欠き、社会通念上相当で**あると認められない場合は、その権利を濫用したものとして、**無効とする**」と規定されています。これを「**解雇権濫用法理**」といいます。

　就業規則に解雇事由が列挙されていたとしても、実務的には解雇権濫用に該当しないか慎重に検討しなくてはなりません。

2．解雇の客観的に合理的な理由

　学説上、解雇の客観的に合理的な理由は、以下の4つに大別されます。

1	労働者の労務提供の不能や労働能力又は適格性の欠如・喪失
2	労働者の規律違反の行為
3	経営上の必要性に基づく理由
4	ユニオン・ショップ協定に基づく組合の解雇要求

(出典) 菅野和夫「労働法　第 11 版補正版」弘文堂

　就業規則等に規定した解雇事由が、「**客観的に合理的な理由**」を欠いていると、**解雇権の濫用として無効**になります。

3．能力不足解雇の社会通念上相当性の判断

　「**客観的に合理的な理由**」の1つとして「**労働能力又は適格性の欠如**」が就業規則等に解雇事由として記載されていれば、この点は問題ありません。次に、その能力不足を理由とした解雇が、「**社会通念上相当**」であるかが問題となります。

　これまでの裁判例では、少なくとも以下の両方を満たさなければ相当性を欠くとされています（エース損害保険事件（東京地決平 13.8.10）ほか）。

246

1	事由が重大な程度に達しており、他に解雇回避の手段がない
2	労働者の側に宥恕（ゆうじょ）するべき事情がほとんどない

4．長期雇用を前提とした新卒社員の能力不足解雇

　我が国の長期雇用を前提とした社員を、能力不足だけを理由に解雇することは、解雇権の濫用と判断されやすいです。したがって、この場合には、**会社が教育指導などの解雇回避措置をしなくてはなりません。**

　この事例の有名裁判例であるセガ・エンタープライゼス事件（東京地決平11.10.15）は、大学院卒の新卒社員の能力不足を理由とした解雇の事案でしたが、**「平均的な水準に達していないというだけでは不十分であり、著しく労働能力が劣り、しかも向上の見込みがないときでなければならない」**と、人事考課による成績が下位10％未満である事実は認定されたものの、解雇の有効性は否定されました。

　特に、この事例のような**新卒採用者はゼロから会社が育成することが前提です**ので、能力不足はその会社の採用と育成の失敗を意味します。したがって、それだけを理由とした**解雇は難しく、教育訓練や総合職の場合には配置転換などの解雇回避策を講じなくてはなりません。**

5．中途採用社員の能力不足解雇

　中途採用社員の能力不足を理由とした解雇は、一部の特殊事例を除いて、**新卒採用者より緩やかに認められるという程度で難しさは大差ありません。**

　前掲のブルームバーグ事件のような年収800万円余りの記者の事案や、プラウフットジャパン事件（東京地判平12.4.26）の年収770万円の経営コンサルタントの事案のように、高額報酬で経営幹部として採用されたとまで行かずとも、職種を限定してそれなりの高給で中途採用された者ですら、能力不足だけを理由とした解雇はかなり難しいのが実情です。

　能力不足を理由とした解雇の有効性が許容された事案として、ヒロセ電機事件（東京地判平14.11.22）があります。しかし、これは、翻訳能力を買われて雇用された社員が、誤記・誤訳が多数あり上司から指導をされても改善されず、それに対して反抗的態度を取り、もともと入社時に日本語の読み書きができないことを隠し

第5章 労働契約の終了

ていたり（履歴書は日本人である妻に作成させていた）、履歴書記載の経歴にも虚偽があったという特殊な事案です。つまり、**単に能力不足というだけではなく、それ以外にも非違行為を重ねていた**事案です。

そもそも、中小企業で「即戦力」として期待されて部課長クラスとして中途採用されたとしても、一部の好業績の企業や兼務役員を除き、上記2事件の年収を超えるケースは稀です。こうした事案で、**中途採用してみたものの、「期待と違った」という程度では、解雇はできません。**

6．超高給の経営幹部として採用した社員の能力不足解雇

同じ中途採用であっても、**かなりの高給、かつ、経営幹部として「地位を特定」して採用された社員の能力不足を理由とした解雇は、その地位だけで「労働能力又は適格性の欠如・喪失」を判断して相当性が認められやすい**です。また、**降格や人事異動などの解雇回避措置の必要性も問われません。**

地位特定者の解雇が有効とされた裁判例として有名な事案に、フォード自動車事件（東京高判昭59.3.30）があります。この事案は、元大手外資系IT企業の要職にあった人物が、社長に次ぐ最上級管理職4名のうちの1名である「人事本部長」という地位を特定して中途採用されたものの、期待に反して人事管理能力がないため解雇されたものです。裁判所は、この事案では、他の職種や人事本部長より下位の職位に配置換えしなければならないものではなく、また、業務の履行や能率が極めて悪いといえるか否かの判断も「人事本部長という地位」に要求される業務の履行又は能率性で判断すれば足りるとして解雇の有効性を許容しました。

したがって、**「地位特定者」の採用では、後述する「入社後に期待する成果」を面接時・入社時はもちろん、定期的なフィードバック面談時に示してミスマッチをなくすことが重要**です。

7．面接時・入社時の説明は重要

能力不足を理由とする解雇の難しさを理解した上で、対策を講じていきます。前述のとおり、高い待遇の地位特定者はその地位での能力発揮を前提にしているため、通常の社員より解雇は許容されやすい傾向があります。また、「専門職」でそれなりに高給である社員は、単なる能力不足だけでは解雇は許容されにくく、会社がで

248

きうる限りの指導育成を尽くしたものの改善の見込みがないとまでいえないと解雇ができません。つまり、いずれのケースでも、**会社が能力不足の客観的な証明を行わなければなりません。**

　能力不足かどうかの判断は、新卒か中途採用か、職務経験年数、職種、ポジションなどによって異なります。加えて、この「基準」が不明確ですと、労使の認識の齟齬が発生し、労使トラブルの火種となります。したがって、**高待遇の地位特定者やそれなりに高給の「専門職」の採用では、面接時の説明資料や労働契約書にあらかじめ、以下のような会社が求める業績やスキルについてなるべく定量的に記載してください。**

1	会社が期待する経験・能力の水準 　　（例：実務経験年数、現職での実績の具体的金額など）
2	会社が期待する入社後の業績目標 　　（期限と達成方法、具体的な金額などを明記） 　　（例：入社1年間の目標売上高・新規獲得顧客数、「入社1年後までに○○マニュアルを完成させ社内全拠点で実装させる」など）
3	上記目標達成できなかった場合の処遇 　　（減給、降職、降格、解雇など）

　加えて、採用面接時や入社時、そして下記で記載する一定期間ごとに実施するレビュー面談時にも繰り返し労使で確認していきます。

8．定期面談とフィードバックは必須

　人材育成をする上で人事制度は必須のツールです。人事制度とは、会社の理念・ビジョンを経営計画に落とし込み、それを達成するための評価制度・等級制度と役職体系・賃金制度という3つの仕組みを回し、それを社員の能力開発や日々の業務指導に生かす仕組みです。

第5章　労働契約の終了

【トータル人事システムの体系図】

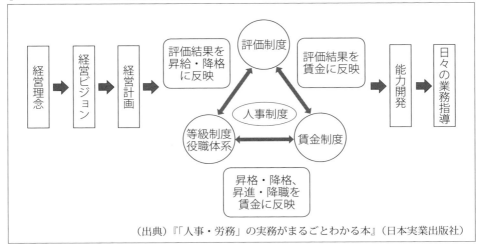

（出典）『「人事・労務」の実務がまるごとわかる本』（日本実業出版社）

　人事評価では、1か月に1回程度の定期面談を所属長と実施し、会社や所属長の期待値とのすり合わせを行います。したがって、**実務的には、この面談を活用して、前述の入社時の条件とのすり合わせとフィードバックを行うことになります。**

　これまで、特に改善を求めるようなフィードバックをしていなかったり、「良くやってくれていると思う」などと好意的なフィードバックしかしていなかったところ、急に状況が悪くなったわけではないのに我慢ができなくなって解雇というのは、労務的にも人材育成的にも不適切です。

　毎月のフィードバック面談では、「事実」のみに着目し、期待点どおりのところは褒め、さらなる精進を促すとともに、期待点に満たない部分に関しても、決して言葉を濁さず「事実」を伝え、期待不足である旨もきちんと伝達した上で、次の1か月での改善策とその具体的な数値目標を社員に書面で報告させてください。そして、**これを何度も繰り返してもなお改善の見込みがほとんどないようであったら、「これが最後」と期限を区切って、会社の指定する形式で改善策報告をしていただきましょう。**

19. 能力不足社員の解雇

【フィードバック早見表】

	会社による評価結果	
	←高評価　　　　　　　　　　　　　　　　低評価→	
自己評価	↑高評価 ①ねぎらいと賞賛 ②奢らず、更にハイレベルな仕事にもチャレンジしていくように動機付け	①ねぎらい ②誉められるところは誉める ③認識の不一致点を探り、本人の認識を傾聴 ④来期の目標達成に向けて、前向きに認識のすり合わせ
	①満足の伝達と賞賛 ②管理者が感じる満足点を具体的に説明 ③本人が感じる不満足点を傾聴 低評価↓	①ねぎらい ②誉められるところは誉める ③うまくいかなかった点を分析し、フィードバック ④来期に向けて励ます

（出典）『「人事・労務」の実務がまるごとわかる本』（日本実業出版社）

　フィードバック面談は「目標達成」「人材育成」のための手段ですが、万が一、**能力不足を理由に解雇する局面になった場合には、前述の面接時・入社時の記録と同様に能力不足を証明する一助となります**ので、この手間を惜しまないでください。

251

20. 精神疾患の疑いのある社員への対応

| 判 |
| 例 |

日本ヒューレット・パッカード事件

（最高裁平成 24 年 4 月 27 日判決）

負け判例の概要

1．事案の概要

　　本件は、Ｙ社（被告・被控訴人・上告人）が、盗聴、盗撮及び日常的な監視等を約３年間にわたって受けたという、実際には存在しない被害妄想を理由とした約40日間にわたる無断欠勤を理由として、Ｘ（原告・控訴人・上告人）を諭旨退職の懲戒処分としたことについて、Ｘが、同欠勤が正当な理由のない無断欠勤には当たらず懲戒処分は無効であると主張し、地位確認と賃金の支払を求めた事案である。

2．無断欠勤の原因となった事情

　　Ｘは、３年間にわたり職場で盗聴、盗撮及び日常的な監視等の嫌がらせ被害を受けている旨を主張し、Ｙ社に対して調査を依頼したが、調査の結果、同被害の事実はない、すなわち、被害妄想であると認定された。しかしＸは、Ｙ社の調査結果に納得できず、同被害を理由に約40日間にわたり欠勤を続けた。Ｘは、有給休暇を消化後、休職を申し出たが、Ｙ社はこれに応じず、休職の申請方法についての質問にも回答せずに出社を命じた。

　　なお、Ｘは、入社後約７年半は特段の問題なく勤務を継続し、上記被害の申出は突然のことであった。

3．Ｙ社の対応と就業規則

　　Ｙ社は、Ｘの求めに応じて調査を行ったが、Ｘの申し出た事実は認定できず、Ｘ

に出社を命じた。

　Y社の就業規則51条には、懲戒理由として「欠勤多くして不真面目なとき、及び正当な理由なしに無断欠勤引き続き14日以上に及ぶとき」との記載がある。また、同就業規則には傷病等やむを得ない理由による欠勤の手続についても規定（就業報告書による事前もしくは事後報告、診断書の提出等）があったが、Xはこの手続きを履践していなかった。

4．裁判所の判断

　本判決では、欠勤の原因及び経緯に鑑みると、Xの欠勤の理由は何らかの精神的不調にあるものと考えられると判示した。

　そして、Y社が就業規則を根拠として健康診断を行ったり、休職処分を命じたりすることができるのに、このような対応をしなかったことから、直ちに正当な理由のない無断欠勤として諭旨退職の懲戒処分にすることは適切な対応とはいえないと判断した。

　その結果、諭旨退職の懲戒処分を無効とする、会社側を敗訴させる判断を下した。

なぜ会社は負けたのか？　弁護士のポイント解説

　懲戒処分とは、企業秩序を維持する目的で、就業規則等に記載することで**企業秩序を乱した社員に対して下すことのできる制裁**のことです。懲戒処分には、懲戒解雇、諭旨解雇、諭旨退職、出勤停止、降格、減給、譴責、戒告等、様々な種類があります。中でも、雇用契約を終了させる懲戒処分は労働者に大きな不利益を与える厳しい処分であり、今回問題となった諭旨退職もその1つです。

　無断欠勤は、**就労義務のある日に正当な理由なく欠勤すること**をいい、会社に雇用されている以上、就労義務に違反すれば、企業秩序違反にあたり、懲戒処分による制裁の対象となります。

　本件では、Y社は、無断欠勤による企業秩序違反があると考えて諭旨退職という厳しい懲戒処分を下しましたが、その理由となったXの行為には、幻覚、幻聴、妄想等

253

第5章　労働契約の終了

とも思えるような節がありました。したがって、**故意に就労義務に違反する無断欠勤とは、異質のものではないかと疑うべき**でした。

　会社は、社員を健康で安全な職場で働かせる義務があり、**社員の心身に不調を発見した場合には、健康を回復、維持させるよう配慮せねばなりません（安全配慮義務、職場環境配慮義務）**。会社がこれらの義務に違反した結果、社員が心身の健康を害し、欠勤せざるを得なくなったとすれば、それは正当な理由のある欠勤であって、無断欠勤ではありません。

　本件で会社側が負けた決定的理由は以下の2点です。

１．欠勤理由を精査すべきであったこと

　本件では、Y社は、Xの被害申告の内容は事実でないと判断していますが、同僚への事情聴取を行う等の一定の調査をしています。ただ、休職の申請方法に関するXの質問には回答していません。

　社員が会社を欠勤したとき、その欠勤理由によって、会社の適切な対応は異なります。社員が会社を欠勤する理由が心身の故障による場合、就業規則等で会社に休職制度が用意されていれば、この活用を検討すべきでした。**休職制度は、社員側の事情による心身の故障等によって就労ができないとき、一定の期間、解雇を猶予する制度**という意味合いを有しているからです。

　本件では、Xの被害申告の内容が事実ではない、すなわち、被害妄想であるとY社が判断すれば、精神疾患にり患しているのではないかと想定すべきでした。この点についての調査が不十分なまま、正当な理由のない欠勤によって企業秩序を乱した社員に対する対応である、懲戒処分を下したことが、本判決の敗因の1つ目です。

　なお、本件とは異なりますが、社員が会社を欠勤する理由を調査した結果、**会社の業務を理由とする心身の故障であることが明らかになった場合には、業務上災害（労災）となり、療養期間中の解雇は禁止されています**から、さらに慎重な配慮が必要となります。

254

２．疾患が疑われる場合には安全配慮義務を尽くすべきであったこと

社員の欠勤理由が精神疾患であると疑われる場合には、まず、その**精神疾患の原因が業務にあるのか、私傷病であるのかを特定します**。その上で、精神疾患による欠勤社員への対応について、**会社の負う安全配慮義務に基づいた適切な対応**を行わなければなりません。精神的に不調のある社員は、懲戒処分という制裁を下して反省をさせても、それによって欠勤を止めて出社することは期待できず、まずは精神的な不調から回復させることが先決です。

本判決においても、Ｘの被害申告の内容から精神的不調を想定した上で、**精神科医への健康診断の実施、健康診断結果に応じた適切な治療の勧奨、休職処分、その後の慎重な経過観察等の対応**をすることが適切でした。

以上のとおり、**精神的不調を疑わせる社員に対して、その原因を特定しようとせず、適切な対応を欠いたこと**が、本判決の敗因の２つ目です。

本件の負けたポイントをまとめますと、以下の２つです。

裁判で負けたポイント	
1	欠勤理由を精査すべきであったこと
2	疾患が疑われる場合には安全配慮義務を尽くすべきであったこと

勝つために会社は何をすべきか？　社労士のポイント解説

１．安全配慮義務

「使用者は、労働契約に伴い、労働者がその生命、身体等の安全を確保しつつ労働することができるよう、必要な配慮をするものとする（労契法５条）」と規定されています。また、「使用者は、必ずしも労働者からの申告がなくても、その健康に関わる労働環境等に十分な注意を払うべき安全配慮義務を負っている」（東芝うつ病事件

第 5 章　労働契約の終了

（最判平 26.3.24）) とされています。

　労契法で規定される安全配慮義務については、平 24.8.10 基発 0810 第 2 号「労働
契約法の施行について」が参考になりますので整理します。

**【平 24.8.10 基発 0810 第 2 号「労働契約法の施行について」労働者の安全への配
慮（法第 5 条関係）】**

趣旨	通常の場合、労働者は、使用者の指定した場所に配置され、使用者の供給する設備、器具等を用いて労働に従事するものであることから、判例において、**労働契約の内容として具体的に定めずとも、労働契約に伴い信義則上当然に、使用者は、労働者を危険から保護するよう配慮すべき安全配慮義務を負っている**ものとされているが、これは、民法等の規定からは明らかになっていない。 　このため、法第 5 条において、使用者は当然に安全配慮義務を負うことを規定した。
	次の裁判例が参考となる。 　・陸上自衛隊事件（最判昭 50.2.25） 　・川義事件（最判昭 59.4.10）
内容	ア　法第 5 条は、使用者は、労働契約に基づいてその本来の債務として賃金支払義務を負うほか、**労働契約に特段の根拠規定がなくとも、労働契約上の付随的義務として当然に安全配慮義務を負う**ことを規定した。 イ　法第 5 条の「労働契約に伴い」は、**労働契約に特段の根拠規定がなくとも、労働契約上の付随的義務として当然に、使用者は安全配慮義務を負う**ことを明らかにした。 ウ　法第 5 条の「生命、身体等の安全」には、**心身の健康**も含まれる。 エ　法第 5 条の「必要な配慮」とは、一律に定まるものではなく、使用者に特定の措置を求めるものではないが、**労働者の職種、労務内容、労務提供場所等の具体的な状況に応じて、必要な配慮をする**ことが求められる。 　なお、労働安全衛生法（昭和 47 年法律第 57 号）をはじめとする労働安全衛生関係法令においては、事業主の講ずべき具体的な措置が規定されているところであり、これらは当然に遵守されなければならない。

2．医師の診断（受診命令）

　遅刻や欠勤が増えた場合、本人から体調不良の訴えがある場合、仕事のスピード
や質が明らかに落ちた場合、盗撮・盗聴・嫌がらせを受けているなどの被害妄想的
な発言、独り言がある場合、睡眠不足の訴えが増える場合等**精神疾患が疑われる場
合には、専門の医師への受診命令を下してください。**就業規則に健康管理上必要な

20．精神疾患の疑いのある社員への対応

措置について会社の指示に従う旨が規定されていれば、**社員に対して受診命令を下すことができます**（帯広電報電話局事件（最判昭 61.3.31））。

3．配置転換の検討

医師による診断の結果、その他の状況を総合判断して、**現在の職種、労務内容、労務提供場所等就業できるかどうかを判断**してください。他の部署に配置転換したならば業務を遂行することができるのであれば、配置転換を検討してください。

4．休職命令の検討

①**メンタルヘルス不調状態にあり**、②**現在の業務で就業することが難しく**、③**配置転換は適当でなく**、④**療養させることが適当**と判断した場合、休職を命令してください。就業規則に休職を規定していれば会社は休職を命令することができます。

メンタルヘルス不調状態等で現在の職務では就業することができないものの配置転換や業務の軽減を行って就業することができるのであれば、就業させる義務があります。

裁判例では、「労働者が職種や業務内容を特定せずに労働契約を締結した場合においては、現に就業を命じられた特定の業務について労務の提供が十全にはできないとしても、その能力、経験、地位、当該企業の規模、業種、当該企業における労働者の配置・異動の実情及び難易等に照らして当該労働者が配置される現実的可能性があると認められる他の業務について労務の提供をすることができ、かつ、その提供を申し出ているならば、なお債務の本旨に従った履行の提供があると解するのが相当である」（片山組事件（最判平 10.4.9））とされています。

5．メンタルヘルス不調者とやる気がない人の区別

メンタルヘルス不調者とやる気がない人は区別して対応する必要があります。メンタルヘルス不調者は前述のような対応を行う必要がありますが、メンタルヘルス不調者ではなく、やる気がない人は、指導教育を繰り返していく必要があります。

| 第5章　労働契約の終了

6．就業規則の整備

　　メンタルヘルス不調者やメンタルヘルス不調に伴う休職に対応する規定が整備されていない就業規則が散見されます。**受診命令の規定、メンタルヘルス不調に伴う休職命令と休職、復職、その他の対応について規定**されていないと前述の対応をとることができない場合があります。再度、自社の就業規則を精査してください。

　　参考までに、休職命令と受診命令の規定、受診命令書を挙げます。

（休職）

第○条　会社は、社員が次の各号の１つに該当するときは休職を命令する。

　　　　（○）業務外の傷病により完全な労務提供が困難であり、その回復に
　　　　　　　相当の時間を要すると認められること

（受診命令）

第○条　会社は、社員に対して、医師の診断を受診するように命令することが
　　　　ある。社員はこれに従わなければならない。

258

20. 精神疾患の疑いのある社員への対応

平成○年○月○日

○○　○○　殿

株式会社○○○○
代表取締役○○　○○

受 診 命 令 書

　貴殿に対し、就業規則第○条にもとづき、当社の指定医の診察を受け、会社指定書式による診断書を提出することを命じる。

記

1　指定医
　　　○○病院○○科○○医師

2　診断書提出期限
　　　平成○○年○○月

以上

21. 協調性不足社員の解雇

| 判例 | **大和倉庫事件** |

（大阪地裁平成 4 年 9 月 8 日決定）

負け判例の概要

1．事案の概要

　　本件は、Y社（債務者）が、X（債権者）に対して、業務態度における協調性不足を示すいくつかの事情を理由に解雇を行ったところ、Xが同解雇の有効性を争い雇用契約上の権利を有する仮の地位と、賃金の仮払いを求めて行った保全処分の事案である。

2．解雇の理由となった協調性不足を示す事情

　　本件において、Y社がXの解雇理由として主張する事情は、次の3点である。

---

① 　Xが、他の従業員との協調性に欠け摩擦・衝突が絶えず、そのため他の古参従業員が退職を申し出る事態まで発生したこと

② 　雇用保険加入手続に際し、Y社の依頼した労務事務所の担当者に対して非礼な態度をとったこと

③ 　Y社の営業方針に対して批判を繰り返すのみで、Y社の指揮命令に従わなかったこと

　　なお、本判決によれば、これ以上にXが他の従業員に対して具体的な加害行為に及んだり、重大な紛争を生じたり、Y社の業務に支障が生じていた事実はない。

3．裁判所の判断

　本判決では、上記の通り認定されたXの協調性不足を示す事情について、Xの性格に一定の問題があることを認めながら、Y社の解雇が解雇権の濫用にあたると判断し、解雇を無効とする、会社側敗訴の判断を下した。

　ちなみに、本件は、「仮の地位を定める仮処分」及び「賃金仮払い仮処分」といわれる保全手続によって争われている。これらの保全手続は、労働者の生活上の不安など、解雇を受け無収入となったことによっても、解雇無効を争う期間中に困窮しないよう労働者を保護するために用いられる制度であり、民事保全法に定められた仮処分の一種である。特に、労働関係の訴訟は長期化することが多いため、労働審判、仮処分など、短い期間で裁判所の判断を得ることができる方法が、労働者側に活用されることがある。あくまでも「仮」の処分であることから、労働者保護のためにも審理は迅速に進むが、下された判断が本訴訟において覆る可能性もあり、また、本訴訟が終了するまで待っていては著しい損害や、急迫の危険があるという、保全の必要性が存在する必要がある。

なぜ会社は負けたのか？　弁護士のポイント解説

　協調性は、日本の雇用慣行の中で、とても重要視される要素の１つです。「和の精神」という言葉もあるとおり、日本では、他の社員と協調的に、協力して業務を遂行する能力が大事だと考えられているからです。

　協調性に欠け、他の社員とコミュニケーションが不足することで業務をうまく進められなかったり、自己の考え方に独善的に固執するあまりに他の社員を排斥したり、迷惑をかけたりといった行為が問題であることは明らかです。

　しかし一方で、**協調性という能力は、客観的な評価が困難です。そのため、「協調性がない」との評価が、逆に会社の一方的な見解に過ぎない場合もあり、裁判になると会社に不利な判断が下ることもあります。**

　会社が社員を解雇する場合には、労契法16条に定めのある「解雇権濫用法理」に

261

第5章　労働契約の終了

より、**客観的に合理的な理由を欠き、社会通念上相当であると認められない場合は、解雇権を濫用したものとして、無効**となります。

　協調性不足は、解雇の理由とはなり得ます。しかし、会社が協調性不足を理由に社員を解雇するには、**十分な指導教育を加えたり、規模の大きい会社であれば他部署に配転させて人間関係を再構築させたりするなど、できる限り解雇を回避することが必要**となります。

　本件で会社側が負けた決定的理由は以下の３点です。

１．業務への支障が小さいことを考慮しなかったこと

　Ｘは、Ｙ社の駐車場において、駐車場に出入りする車両の監視、誘導と料金徴収の業務を行っていました。本判決では、同業務が比較的単純な作業であって、社員間の緊密な連携が必要な業務ではないと認定しています。つまり、Ｘの**担当する業種それ自体が、協調性をそれほど必要としない**のです。その上、Ｘの協調性不足に対して、他の社員が漠然とした嫌悪感情を抱くにとどまり、それ以上に具体的な社員間の紛争などが生じているなど、Ｙ社の業務への支障は生じていませんでした。

　したがって、**Ｘの協調性が不足していたとしても、その協調性不足が業務に与える支障が小さいことを考慮すれば、解雇は行き過ぎ**でした。これが本判決の負けポイントの１つ目です。

２．具体的な注意指導、教育が不足していたこと

　本判決では、ＸがＹ社の具体的業務命令に違反した事実はないとしています。労務事務所の担当者に対して非礼な態度をとった件についても、翌日に注意を与えたのみでした。

　協調性不足というのはとても抽象的であり、客観的評価の難しいものですから、社員にとって大きな不利益となる解雇に至るまでには、**社員が反省し、改善をする機会を与えなければなりません**。このような抽象的かつ客観的評価の難しい協調性不足について、改善の機会を与えるためには、**より具体的な行動に落とし込んだ注意指導、教育をし、社員の改善を促す必要がありました**。このような対応が不足していたことが本判決の負けポイントの２つ目です。

21. 協調性不足社員の解雇

　なお、協調性不足を解雇理由とする事例には、勤務態度、業績、勤怠など、その他の点にも問題点が多く、総じて「社員として不適格である」と判断をした事例もあります。このような事例であっても同様に、よほど重大な問題でない限りは、具体的な注意指導、教育をし、社員に改善の機会を与えなければ、解雇が無効となるおそれがあります。

3．人間関係の調整、修復の努力を怠ったこと

　本判決では、Ｙ社がＸに対して、その態度を改善するよう注意を与えたり、Ｙ社や他の社員との人間関係の調整、修復を図って努力したりした形跡は窺われません。
　たとえ社員に性格的な難点があり、業務に多少の支障が生じる状態であったとしても、会社は、雇用した社員間の人間関係が円滑に進むよう調整する努力をする必要があります。その役目を担うのが、会社の上司や管理職です。**上司や管理職の命令に対しても反抗的な態度を示し、注意指導や懲戒処分を下しても改善の余地がない場合にはじめて、解雇に進むべき**と考えたほうがよいでしょう。
　会社が人間関係の調整、修復の努力を怠ったことが、本判決の負けポイントの３つ目です。

　本件の負けたポイントをまとめますと、以下の３つです。

裁判で負けたポイント	
1	業務への支障が小さいことを考慮しなかったこと
2	具体的な注意指導、教育が不足していたこと
3	人間関係の調整、修復の努力を怠ったこと

263

第5章　労働契約の終了

勝つために会社は何をすべきか？　**社労士のポイント解説**

1．業務への支障と就業規則違反の明確化

　　協調性不足社員への対応については、具体的にどのような言動が①業務に支障を
きたしているか、②就業規則のどの条文に違反しているか、という観点で検討する
ことが必要です。「周りの社員が不満を漏らしている」といった抽象的な理由では
なく、具体的な言動を調査してください。
　　次のような形式で具体的に整理してください。

【協調性不足社員の具体的言動と就業規則懲戒処分規定違反】

	内容 （何を）	具体的な態様・程度等 （いつ・どこで・どのように）	就業規則の懲戒処分規定
1	同僚が納期前で忙しくしているのに手伝わない	○月○日○時、○○室で、行うべき業務を行わなかった	第○条　下記に該当する場合は懲戒処分を行う （○）職務上の指揮命令に従わず職場秩序を乱したとき
2	自分の意見と違うとその業務をやらない	○月○日○時、○○業務を行うべきであったが○○業務を行わなかった	
3	不機嫌になると早退する	○月○日○時、業務をすべきという命令を無視し、早退した	
4	暴言を吐く	○月○日○時、○○室で、○○氏に「クソ野郎」と発言した	第○条　下記に該当する場合は懲戒処分を行う （○）会社内で暴行、脅迫、傷害、暴言又はこれに類する行為をしたとき
5	ふてくされた態度をとる	○月○日○時、○○会議で、○○氏が発言した際、舌打ちした	
6	無視する	○月○日○時、○○室で、○○氏が「仕事手伝って」と依頼したが無視した	
7	にらむ	○月○日○時、○○室で、○○氏が「○○」と発言した際、○○氏を眉を吊り上げにらんだ	

264

2．注意指導、教育と業務命令（面談）

　上司や同僚へのヒアリングにより、**社員の言動が①業務に支障をきたしている、②就業規則に違反していると判断された場合、社員と面談を行ってください。**

　まずは、関係者からヒアリングした内容を前述のとおり、具体的に、社員のいつ、どこで、どのような言動が問題であり、①業務に支障をきたしていること、②就業規則に違反していることを伝えてください。

　次に、本人の言い分を聞いてください。関係者からのヒアリングと本人の言い分を突き合わせてください。

　そのうえで関係者の言い分が正しいのであれば、本人に対して注意指導、教育、さらに、今後は、具体的にやらなければならないこと、やってはいけないことに分けて業務命令として伝えてください。

　万が一、本人の言い分が正しい場合や再調査が必要な場合は、性急な判断を下さず、改めて面談を行ってください。やはり関係者の言い分が正しいと判断された場合は、前述と同じ手順を踏んでください。

　協調性不足の社員に対しては、会社は「本来的業務ばかりでなく、付随的業務も労働契約に基づき命じることができる」（電電公社帯広局事件（最判昭 61.3.13））ことを理解させてください。

3．注意指導、教育と業務命令（文書）

　面談により注意指導、教育と業務命令を行ったにもかかわらず、なおも同じような言動が繰り返される場合には、再度面談を行い、「厳重注意書」を交付してください。

　「厳重注意書」には決まりはありませんので、自由に作ることができます。当該労働者に対して注意指導する内容を具体的に書くことを心掛けてください。一例を挙げておきますので、参考にしてください。

　「労働者は企業秩序の遵守義務を負う」（富士重工業事件（最判昭 52.12.13））ことや、**「企業秩序に違反する行為があった場合には、制裁として懲戒処分を行う」**（前掲同）ことを「厳重注意書」で指導するとよいでしょう。

第5章　労働契約の終了

4．人間関係の調整、修復の努力（話し合い、配置転換）

　文書による注意指導、教育、業務命令を行ったにもかかわらず、**改善が見られない場合には、懲戒処分を検討する**ことになります。「厳重注意書」により指導した就業規則の条文に従って懲戒処分を検討します。ただし、懲戒処分についてもけん責処分などの軽微な懲戒処分から始めていくことが肝要です。懲戒処分は注意指導、教育の証拠となります。

　人間関係の調整、修復の努力も重要です。当該社員、会社の人事労務部門、所属長、その他関係者を集めて**コミュニケーションを良くするための前向きな話し合いの機会を設ける**ことは有効な手段です。会社内部だけで解決が難しいようであれば、コミュニケーションの専門家に講師を依頼し、コミュニケーションを活性化させるためのワークショップを開催することもよいでしょう。

　それでもなお当該社員と関係者の**人間関係の調整、修復が難しいようであれば、当該社員の配置転換を検討してください。**新しい人間関係やコミュニケーションをあまり要しない部署への配置転換で問題が解決する場合があります。

266

21. 協調性不足社員の解雇

平成○年○月○日

○○　○○　殿

株式会社○○○○
代表取締役○○　○○

厳　重　注　意　書

　貴殿に対して、平成○年○月○日、○○室において面談を行い、協調性を保つべきこと、暴言を吐かないこと、上司の指示に従うべきことについて注意指導を行った。また、貴殿が注意指導された件は業務に関することであり、弊社の業務に支障をきたしていることを伝え、改善するように業務命令を行った。ところが、貴殿は、これを改善することなく、再度、下記のとおり、業務命令違反を行った。これは、風紀秩序を乱す行為であり、看過することはできない。よって、文書により厳重に注意する。

　なお、業務態度を改めず、再度、業務命令違反を行った場合には、懲戒処分を科す。

記

1．具体的な言動

日時	内容
平成○年○月○日○時頃	上司○課長が「皆が掃除しているので、○さんも掃除をしてください」と指示したところ、舌打ちし、上司○課長を睨みつけ、「掃除は、オレの仕事じゃないよ。バカ野郎」と大声で発言し、就業時間中にも関わらず、掃除をせず、無断で早退した。

2．抵触する就業規則の条文

　　第○条　下記に該当する場合は懲戒処分を行う

　　　（○）職務上の指揮命令に従わず職場秩序を乱したとき

　　　（○）会社内で暴行、脅迫、傷害、暴言又はこれに類する行為をしたとき

┃ 第5章 労働契約の終了

【判例分析表】

事件名	解雇の有効性	業種	協調性不足を示す労働者側の事情
ユニスコープ事件 （東京地判平 6.3.11）	有効	英文技術文書の編集等	・自己のやり方に固執するあまり、会社において定められた仕様に従わない態度をとったり、度重なる修正変更を加えたり、あらかじめ合意したスケジュールどおりに仕事を進めないことによって、他の共同作業者、管理者に困惑や迷惑を与えた ・他の共同作業者、管理者としばしば争いとなるほど、勤務態度が非協調的、独善的なものであった
古川製作所事件 （東京地判平 9.6.9）	有効	営業職職員 雇用期間1年の嘱託社員として採用後、嘱託期間経過後に平社員の正社員として雇用された	・部長職等の役職につけることを執拗に要求し、役職につけず平社員にしかしないというならそれだけの仕事しかできないと主張し、期待された独自の情報収集活動、外訪活動、新規顧客開拓活動などの職責を積極的に果たそうとしなかった ・役職につけなければ納得できないという理由で労働契約書の提出を拒んだ ・自己の主張に固執して独断的な行動が多く、他の営業職員との協調性に欠けた
日本火災海上保険事件 （東京地判平 9.10.27）	有効	保険営業業務	・自己中心的、独断的で、同僚や代理店の都合を顧みずに自己の都合を優先するなど協調性に欠け、また、身だしなみがだらしなく不衛生であったり、代理店に挨拶をしなかったり、態度が横柄であったりした ・女性社員、女性代理店を黙ってじっと見つめたり、わざと接触したりするなどして、職場内の雰囲気を悪化させた ・自分を副長に昇格させないことは不当であるとして、社内の苦情処理委員会に対して繰り返し異議申立書を提出し、独自の主張を繰り返した

会社側の対応	その他の事情
・約1年5か月の間、勤務態度の問題点を度々指摘して注意を喚起したり、勤務体制に配慮する等して非協調的勤務態度の改善を求めた ・これに対して労働者は、改善しなかったばかりでなく、反抗手段としてタイムカードを押さなかったり、無断欠勤をするなどした	・労働者は英国籍を有する外国人である ・協調性不足以外の労働者側の問題点として、納期に間に合わないことが明らかになってもそのことを納期直前まで編集責任者に告げず、納期当日になって業務上の混乱を生じさせる等、納期を遵守する態度にも欠けていた
・会社が、勤務ぶりを見た上で役職に就けないと明言しているにもかかわらず、執拗に部長職を要求し、勤務態度を改善しなかった ・平成5年2月に嘱託社員として採用され、平成6年2月に正社員として雇用後、平成6年9月、平成7年5月に部長が話し合いの機会を設けたが、従前の主張を繰り返し、あくまでも部長職を要求し続けた	・役職に登用するか否かは、人事権に属し、会社の裁量が尊重される事項である
・担当する代理店の数を減らしたり、営業所を異動させたりしたが、勤務態度は改善されず、対外的な折衝の少ない仕事を担当させることとなったが、協調性不足によって同僚のひんしゅくを買い続けた ・任意退職を勧告し、退職金の支払を提案したがこれを拒否したため、労働組合との協議の上、解雇に至った	・協調性不足、劣悪な勤務態度により、代理店からの契約の更新を断られるなど、業務に支障が生じていた

第５章　労働契約の終了

事件名	解雇の有効性	業種	協調性不足を示す労働者側の事情
山本香料事件 （大阪地判平 10.7.29）	有効	調香師	・職場の配置図から、予定されていた自身の机を削除したことに抗議する目的であったものの、上司に対して電話をかけて激しい言葉で抗議し、上司の弁解を聞かずに一方的に切ったことは、抗議の態度として程度を超えたものであった ・香料のサンプル瓶を発注した原告に対して、これを知らなかった経理担当者が、経理担当者の当然の対応として原告に問い合わせをしたのに対し、「一々丁さん（筆者注：上司の名前）に言われることはありません。」と応答し、これをとがめた上司に対して「上司らしいことを何もしてくれず、上司面するな。」等と怒鳴った ・その他、複数の上司と、複数回にわたって口論となり、怒り出し暴言を吐いたり怒鳴ったりするなどの行為があった
（札幌地判平 16.11.10）	無効	病院の介護員	・雇用契約の更新時に行われる考課において、笑顔がなく不満そうであるという点、疲れが見えやる気が感じられないような態度があるという点の他、患者対応における考課項目について低い評価が下された
セコム損害保険事件 （東京地判平 19.9.14）	有効	保険会社のメディコム・ナースコールセンター	・採用当初から、社長を含む上位の職制に対して批判的な言辞を繰り返し行い、自分の信念、考え方に固執して周囲の人間を一方的に批判した ・上司や同僚、さらには会社そのものについても、自分自身が正しいという考え方のもと、周囲が改めるべきであるとの批判を繰り返し行った

270

21. 協調性不足社員の解雇

会社側の対応	その他の事情
・上司に対する攻撃的、過激な言辞を注意してもその指示には素直に従わず、不穏当な言動をしていた ・入社から解雇に至るまで約半年弱程度であった	・1つひとつの事実だけで解雇理由とするには小さな事実であるとしながら、部下の上司に対する言動としてみれば程度を超えており、総合的に判断することで解雇を有効と判断した ・他の従業員2名（うち1名は直属の上司）からセクハラ行為等の嫌がらせを受けたとの主張は、証拠がないとしてセクハラ行為の存在が認められなかった
・有期雇用契約の準職員として入社し、3か月の試用期間経過後、5回更新し、3年3か月在籍した ・雇用契約の更新時に行われる考課の結果、雇止め直近2回の考課で、患者対応についての項目で最低の評価を受けており、かつ、改善が見込めない状態であると判断されたが、雇止めの前年の考課では、合格点に達しており、勤務成績が向上しており、上記考課の低下は、その後所属長に就任して評価基準が上がったことが影響していると考えられる	・介護員は準職員であるが、労働条件において看護師等の正職員とほとんど際がないことから、長期間雇用することを意図していたものであって、実質的に期間の定めのない労働契約と異ならないと判断し、雇止めが著しく合理性、相当性を欠く場合には権利の濫用として無効となるものと判断した
・他の懲戒処分を経ずに懲戒解雇されたが、通告書による指導、人事部門や部長からの指導、警告、厳重注意が複数回なされ、面談による指導も複数回行われたが、改善されなかった ・入社後約1年での解雇であった	

271

22. 雇止め

> 判例
>
> **龍神タクシー事件**
> （大阪高裁平成 3 年 1 月 16 日判決）

負け判例の概要

1．事案の概要

　　本件は、Ｙ社（被申請人・相手方）が、Ｘ（申請人・抗告人）を、1 年間の雇用期間を定め、臨時雇のタクシー運転手として雇用した後、1 年間の期間満了を理由として更新拒絶（雇止め）をしたことの有効性が争点となった「仮の地位を定める仮処分」（前項参照）の事案である。

　　仮処分一審決定では、形式的に、一度も更新がなされておらず 1 年間の雇用期間が満了したことをとらえてＸの申請を却下した。これに対して、仮処分二審決定及びこれに対する異議事件である本判決は、「臨時雇」の実態をより詳細に検討している。

2．「臨時雇」の実態について

　　Ｙ社は、一般乗用旅客自動車運転事業を主たる業務とする会社であり、ＸはＹ社に臨時雇運転手として雇用されたタクシー運転手である。

　　Ｙ社の雇用するタクシー運転手 69 名のうち、36 名が本雇、13 名が臨時雇であった。臨時雇の運転手は、乗客の需要に即応するため、勤務条件については強い拘束のない自由勤務とし、賃金体系は毎月の売上額に比例する歩合制とする雇用形態であった。

　　そして、本件で最も問題となる臨時雇運転手の雇用期間であるが、契約書上は 1 年間の雇用期間が定められていたものの、昭和 54 年に臨時雇運転手制度が導入されて以降、自己都合による退職者を除いては例外なく雇用契約が更新されており、Ｙ社側から契約の更新を拒絶した事例はなかった。また、必ずしも期間満了の都度

22. 雇止め

ただちに次期の契約書締結をしていなかった。さらには、同制度の導入後は、本雇運転手は臨時雇運転手から補充する慣行となっており、直接本雇運転手として採用された者はいなかった。

本件においてXは、Y社から、契約書どおり雇用期間1年間で辞めてもらうなどの説明を受けた事実もなかった。

3．裁判所の判断

本判決では、上記のような臨時雇運転手制度の実態を考慮して、Xの雇用期間について、雇用契約書上は1年間の雇用期間を定めてはいるものの、「実質は期間の定めのない雇用契約に類似するもの」であると判示した。このことから、Xは、契約期間満了後も、雇用継続を期待する合理性を有するものとした。

そして、「臨時雇運転手制度の趣旨、目的に照らして、従前の取扱いを変更して契約の更新を拒絶することが相当と認められるような特段の事情が存在しない」とし、本件の更新拒絶は信義則に照らして許されないものという、会社側敗訴の判断を下した。

なぜ会社は負けたのか？ 弁護士のポイント解説

雇用契約期間に定めのある場合には、期間満了によって雇用契約が終了するのが原則です。しかし、判例において確立された、いわゆる「**雇止め法理**」では、**①雇用契約期間の定めのない社員の解雇と社会通念上同視される場合と、②社員が更新を期待することに合理的な理由がある場合には、会社が有期契約社員の更新を拒絶すること（雇止め）が、客観的に合理的な理由を欠き、社会通念上相当であると認められないときは、従前の雇用契約と同一の条件で雇用契約が更新されるもの**とされます。この「雇止め法理」を改めて法文に明記したのが、労働契約法19条です。

社員が更新を期待することに合理的な理由がある場合（上記②）の典型例としては、**有期雇用契約を反復更新し、勤続年数が長期に渡るケースや、代表取締役が採用面接等で更新を確約する発言をしたケース**が挙げられます。しかし、これに限らず社員の

273

第 5 章　労働契約の終了

期待が保護される可能性があることを示したのが本判決です。本判決では、たとえ更新が繰り返されておらず**1回目の更新であっても、社員の雇用契約更新への期待が保護に値する場合がある**ことを示しました。

　本件で会社側が負けた決定的理由は以下の3点です。

1．「臨時雇」の趣旨・目的を見誤ったこと

　本判決の負けポイントの1つ目は、**臨時雇運転手制度の実態が、社員に対して「雇用が継続されるはずだ」という期待を生んでいたこと**を理解していなかったことです。

　「臨時雇」という名称からすれば、雇用契約書記載のとおり、あくまでも1年間の雇用期間をもって繁忙期に対処し、業務が少なくなれば辞めてもらうことができるという印象を持ちます。しかし、Y社における「臨時雇」の実態は、前述のとおり、文言から受ける印象とは全く異なるものでした。

2．従前の取扱いを変更する理由を説明しきれなかったこと

　Y社における臨時雇運転手制度の実態が雇用継続を期待させるものである以上、**これとは異なる取扱いをする可能性があれば、その旨を予め社員に明確に説明しなければなりません**。しかし、本件では、Y社はXに対し、採用時などに、雇用契約書の記載のとおり1年間の期間満了によって雇用契約を終了するのが原則であると説明していませんでした。

　Y社の主張によれば、経営不振による人員削減の方針が、今回の雇止めの理由とのことです。このような方針によって、従前の臨時雇運転手制度の実態が変更される可能性があるのであれば、入社前にきちんと説明をしておくべきでした。

　これが、本判決の負けポイントの2つ目です。

3．更新拒絶の理由が不十分であるのに、安易に雇止めしたこと

　社員の更新への期待が保護に値するとしても、雇止めが全く許されないわけではありません。期間の定めのない社員の解雇と同様、**雇止めも、客観的に合理的な理**

274

由があり、社会通念上相当であれば、有効です。

　Ｙ社は、経営不振、勤務成績の不良を、雇止めの理由として挙げていますが、いずれも本判決では却下されています。そして、本判決では、これらの会社の主張を却下するに際して、「臨時雇運転手制度の趣旨、目的に照らし、従前の取扱いを変更して本件雇用契約の更新を拒絶することが相当と認められるほど」の雇止めの理由が必要であると判示しました。つまり、「臨時雇」の実態に鑑みると社員の更新への期待がとても強く、通常よりも高いハードルが雇止めに課されていると考えてよいでしょう。

　本件の負けたポイントをまとめますと、以下の３つです。

裁判で負けたポイント	
1	「臨時雇」の趣旨・目的を見誤ったこと
2	従前の取扱いを変更する理由を説明しきれなかったこと
3	更新拒絶の理由が不十分であるのに、安易に雇止めしたこと

勝つために会社は何をすべきか？　社労士のポイント解説

１．更新の形骸化は厳禁

　いまだに以下のような有期労働契約の「更新の形骸化」が多いです。

1	新しい契約期間の始期を過ぎての、遅れての労働契約書などの締結
2	始めの労働契約書は締結されていたものの、更新の際の労働契約書が締結されていない、漏れている
3	契約更新が半自動的になされており、更新面談も行われない　など

　こうした更新の形骸化を防ぐ第一は、有期労働契約の社員の「労働契約書」「労働条件通知書」を整備することです。そして、前述の形骸化の類型の１及び２のような、**労働契約書及び労働条件通知書が更新期間の始期に間に合わないようないい**

第 5 章　労働契約の終了

加減な更新管理を今すぐやめてください。

2．雇止めのルール

　労基法 14 条 2 項に基づき、厚生労働省が「有期労働契約の締結、更新及び雇止めに関する基準」（平成 24 年厚生労働省告示 551 号）にて、雇止め予告に関しての基準が規定されています。つまり、**以下のいずれかに該当する場合で、労働契約を更新しない場合には契約期間終了日の少なくとも 30 日前の雇止め予告が必要に**なります。ただし、あらかじめ更新しないことを明示していた場合を除きます。

1	有期労働契約が 3 回以上更新されている
2	1 年以下の契約期間の労働契約が更新又は反復更新され、最初に労働契約を締結してから継続して通算 1 年を超える場合
3	1 年を超える契約期間の労働契約を締結している場合

3．形骸化防止のための具体策

(1)　更新は本社で一括管理すること

　以下のような更新事務を拠点長や部署長、事業部内の管理担当者ではなく、本社の総務部など労務管理を所管する部署が担当する体制に改めて、本社で正しく管理していきましょう。

1	有期労働契約の期間の管理
2	労働契約書等の発行
3	各拠点で行われる更新面談のマニュアル作成
4	更新面談実施時期の指示　など

　なぜなら、**拠点長や部署長、事業部内の管理担当者などは、ほとんどの場合、労務管理の基礎素養がないので、更新の形骸化が起こりやすい傾向にある**からです。

　本社の総務部などで一括管理をして拠点長・部署長に指示を出す形式に改めれば、更新の形骸化は防げます。

276

22. 雇止め

(2) 更新のタイミングを全社統一に合わせること

　更新の煩雑さをなくすために、一定回数以上契約更新をしていった有期労働契約の更新のタイミングを、全社で統一の日に合わせていく方法をお勧めします。

(3) 契約期間終了日の1か月半前にフィードバック面談を実施すること

　有期労働契約の社員に対しても、フィードバック面談を必ず行ってください。具体的な手法は、本書第19節「能力不足社員の解雇」で詳述しております。

　そして、**このフィードバック面談は、契約期間終了日の30日前より余裕をもって、契約期間終了日の1か月半前頃には実施してください。**なぜなら、本書第19節で解説したとおりフィードバック面談は人材育成のために実施するべきものですから、有期労働契約の更新の有無に関係なく実施すべきですし、雇止めを行う場合もフィードバック面談の内容が基礎資料となるからです。

　なお、このフィードバック面談を行うのは、拠点長や部署長です。しかし、フィードバック面談の抜け漏れがないように、総務部などの本社の労務管理担当者は、総務部業務の年間カレンダの中に、必ず契約終了1か月半前のフィードバック面談を入れておいてください。そして、実施時期が近づいてきたら、具体的には更新面談を実施するべき1週間程度前には、各拠点長・部署長に面談実施を指示するとともに、具体的な面談報告書を事後に速やかに提出させることも忘れないようにしてください。

4. 募集時・入社時の注意点

　有期労働契約の社員の採用時及び更新時には、「**更新への期待を抱かせる言動」は絶対にやめてください。**候補者に「いいことばかり」をいって都合の悪い事実を隠していると、そこで生じた齟齬が後々になって労使紛争に発展するケースも少なくありません。

　期間の定めのない労働契約の「いわゆるフルタイムの正社員」ではない、有期労働契約で募集する「趣旨・目的」は必ずあるはずです。また、これまでの会社の慣行で、有期労働契約の社員の雇止めがほとんど行われず、新しく入ってくる有期労働契約の社員やその候補者にも「更新への期待」を抱かせてしま

いやすい会社の体質になってしまっているかもしれません。

したがって、まず募集時・入社時には、有期労働契約の社員の「趣旨・目的」を正しく説明することと、「雇止めになる場合」について就業規則や労働条件通知書等で明示して、包み隠さず「事実」を伝えてください。くれぐれも、「長く働いてもらいたいと思っている」「正社員とほとんど変わらない」などという、**更新に過度の期待を抱かせる言動はやめてください。**

5．更新時の注意点

前掲の**フィードバック面談を形骸化させないでください。**

契約更新のたびにフィードバック面談を重ね、その中で改善に向けたフィードバックを施し、それでもなお改善されない場合は、**更新時に「今回の契約期間で改善されなければ次回更新は行わない」ことを口頭だけではなく併せて書面でも伝えてください。**

6．更新限度を定めそれまでに正社員化・無期雇用の可否を判断

平成25年4月1日施行の労契法18条で、いわゆる「無期転換ルール」が法制化されました。つまりこれは、同一の労働者との間で**有期労働契約が繰り返し更新**されて**通算5年を超えた場合は**、労働者の申込により、無期労働契約に転換できる規定です。

【平成25年4月開始で契約期間が1年の場合の例】

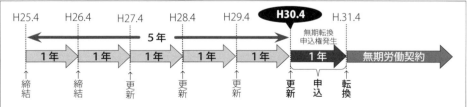

※無期労働契約の労働条件（職務、勤務地、賃金、労働時間など）は、別段の定め（労働協約、就業規則、個々の労働契約）がない限り、直前の有期労働契約と同一となります。労働条件を変える場合は、別途、就業規則の改定などが必要です。

（出典）厚生労働省資料「安心して働くための「無期転換ルール」とは」

22. 雇止め

　この規定は、**有期労働契約を反復更新して、平成30年4月1日以降に通算5年を超える有期労働契約の社員に適用**されます。なお、この5年超のカウントでは、平成30年3月31日以前からの労働期間も通算されます。有期労働契約の更新が杜撰な会社では、「気がついたら有期労働契約の社員に無期雇用転換申込権が発生していた」などということが発生しやすいです。したがって、前述のとおり、「**更新の形骸化**」にはくれぐれも気をつけてください。

　つまり、少なくとも、有期労働契約の社員の通算契約期間が5年超になる前に、会社は以下の3つのいずれかの判断をしなくてはなりません。

1	正社員や短時間正社員に登用する
2	現在の労働条件で無期転換する（無期パート社員、無期契約社員など）
3	雇止めする

7. 短時間正社員制度の創設を

　いわゆる「フルタイムの正社員」と同等以上の能力と意欲がありながら、子育て等の理由でフルタイム勤務ができず、パート社員等の有期労働契約でしか就業機会が無いケースは少なくありません。この対策として、「短時間正社員」の創設をお勧めします。

　短時間正社員は、「フルタイムの正社員」と同等の権限と責任がある、**勤務時間だけがフルタイムではない正社員**です。したがって、**基本給や諸手当、賞与、退職金やその他の福利厚生などの、時間当たりに直した単価は同格の正社員と同水準**になります。

　フルタイムであるが有期労働契約である契約社員等の登用の受け皿としてはいわゆる「フルタイムの正社員」が、パート社員等の登用の受け皿としては短時間正社員があると整合性も取れます。また、パート社員から短時間正社員に登用された社員が、子育てがひと段落するなどしてフルタイム就業が可能になった際には、いわゆる「フルタイムの正社員」への転換もしやすくなります。また、その逆のケースとして、「フルタイムの正社員」が育児・介護などの事情で短時間勤務を希望した際には、短時間正社員に転換できると極めて公正な運用になります。

　この短時間正社員制度は、正しく活用すれば本来は離職してしまうことで就業機

279

第5章　労働契約の終了

会が得られなかった人材を社内に残すことができる有益なものです。しかし、短時間正社員として正社員と同等の責任を負わせながら、パート社員並みの、新卒未満の時間単価で体よくこき使うなどの、悪用はくれぐれもしないでください。

参考文献

- 堀下和紀・穴井隆二・渡邉直貴『女性活躍のための労務管理Ｑ＆Ａ 164』労働新聞社
- 堀下和紀・穴井隆二・渡邉直貴・兵頭尚 『訴訟リスクを劇的にダウンさせる就業規則の考え方、作り方。』 労働新聞社
- 堀下和紀・穴井隆二・渡邉直貴・兵頭尚 『労務管理は負け裁判に学べ！』 労働新聞社
- 堀下和紀・穴井隆二・渡邉直貴・兵頭尚 『労働トラブル対応５５の秘策』 日本法令
- 堀下和紀・穴井隆二・渡邉直貴・兵頭尚 『問題社員ぶった切り四十八手』 日本法令
- 堀下和紀 『なぜあなたの会社の社員はやる気がないのか？』 日本法令

- 望月建吾・水野浩志・堀下和紀・岩本浩一・杉山晃浩 『「人事・労務」の実務がまるごとわかる本』 日本実業出版社
- 望月建吾・木村純一 『小さな会社でもできた！働き方改革 残業ゼロの労務管理』 第一法規
- 望月建吾・木村純一 『小さな会社でもできた！残業ゼロの労務管理 Labor Management for Zero Overtime』 レクシスネクシス・ジャパン
- 望月建吾 『労使共働で納得できる WG 式就業規則づくり』 経営書院
- 望月建吾 『会社を劇的に変える！残業をゼロにする労務管理』 日本法令

- 厚生労働省労働基準局監督課編 『労働裁判における解雇事件判例集』 労働新聞社
- 労働判例研究会 『労働判例に学ぶ中小企業の労務管理』 労働新聞社
- 髙井・岡芹法律事務所監修 『解雇事件判例集』 労働新聞社
- 村中孝史・荒木尚志編 『労働判例百選』第 8 版 有斐閣
- 大内伸哉 『最新重要判例２００労働法』増補版 弘文堂
- 労務行政研究所編 『年間労働判例命令要旨集』 労政時報
- 厚生労働省監修 『新・労働法実務相談』 労務行政研究所
- 東京弁護士会労働法制特別委員会編 『新労働事件実務マニュアル』 ぎょうせい
- 安西愈 『採用から退職までの法律知識』十一訂 中央経済社
- 安西愈 『労働時間・休憩・休暇の法律実務』全訂六版 中央経済社
- 菅野和夫 『労働法』第１０版 弘文堂
- 鈴木銀治郎 『事例にみる解雇効力の判断基準』改訂版 新日本法規
- 丸尾拓養 『解雇・雇止め 懲戒Ｑ＆Ａ』補訂版 労務行政
- 河本毅 『判例から考える懲戒処分の有効性』 経営書院

- 石井妙子・西濱康行・石井拓士　『懲戒処分　適正な対応と実務』労務行政
- 弁護士法人御堂筋法律事務所　『懲戒処分をめぐる法律実務』新日本法規
- 塩原将　『ソーシャルメディアリスク対策の実務』秀和システム
- 中嶋聡　『「新型うつ病」のデタラメ』　新潮新書
- 石嵜信憲編　『就業規則の法律実務』（第3版）　中央経済社
- 大内伸哉　『就業規則からみた労働法』（第3版）　日本法令
- 渡辺弘　『リーガルプログレッシブシリーズ労働関係訴訟』　青林書院
- 白石哲　『労働関係訴訟の実務』　商事法務
- 加茂善仁　『労働条件変更の実務Q＆A』　三協法規出版
- 中村克己等編著　『就業規則の変更をめぐる判例考察』　三協法規出版
- 荒井太一編著　『就業規則見直しマニュアル』　労務行政
- 倉重公太朗ほか編　『問題社員対応マニュアル　上』　労働調査会
- 倉重公太朗ほか編　『問題社員対応マニュアル　下』　労働調査会

著　者　略　歴

社会保険労務士　**堀下　和紀**（ほりした　かずのり）

　1971年生まれ。堀下社会保険労務士事務所所長。同志社高等学校、慶應義塾大学商学部卒業。明治安田生命保険、エッカ石油経営情報室長を経て現職。事前法務による企業を防衛する手法を中小企業から大手企業まで提供し、13年間の社会保険労務士業務において顧問先200社超。指導した企業は1000社を超える。自らもエナジャイズコンサルティング㈱代表取締役、社会保険労務士事務所所長として職員30名超を抱え、経営者視点の課題解決法を提供する。経済団体等の講演会毎年30回以上。
＜著書＞
『なぜあなたの会社の社員はやる気がないのか？～社員のやる気をUPさせる労務管理の基礎のキソ～』日本法令　平成21年11月20日発行
『織田社労士・羽柴社労士・徳川弁護士が教える　労働トラブル対応55の秘策』日本法令　平成24年4月20日発行
『三国志英雄が解決！問題社員ぶった切り四十八手』日本法令　平成25年4月20日発行
『労務管理は負け裁判に学べ！』労働新聞社　平成26年5月29日発行
『訴訟リスクを劇的にダウンさせる就業規則の考え方、作り方。』労働新聞社　平成26年6月22日発行
『ブラック企業ＶＳ問題社員』労働新聞社　平成28年7月4日発行
『女性活躍のための労務管理Ｑ＆Ａ１６４』労働新聞社　平成29年7月6日発行
『社労士事務所に学ぶ　中小企業ができる「働き方改革」』労働新聞社　平成30年2月10日発行
『「人事・労務」の実務がまるごとわかる本』日本実業出版社　平成30年4月19日発行
＜住所＞
　　　　沖縄県浦添市西洲２－２－６　組合会館２Ｆ
　　　堀下社会保険労務士事務所　http://www.horishtia.com
　　　TEL 098-942-5528　　FAX 098-942-5529

社会保険労務士　**望月　建吾**（もちづき　けんご）

　1979年生まれ。社会保険労務士法人ビルドゥミー・コンサルティング 代表社員。特定社会保険労務士／残業ゼロ将軍®。静岡県立藤枝東高等学校、中央大学文学部卒業。
外資系大手コンサル会社、アイエヌジー生命保険 人事部を経て、2010年に上記社労士法人の前身の事務所を開業。残業ゼロの労務管理™支援実績250社以上、人事制度づくり支援実績250社以上、就業規則づくり支援実績750社以上。
ＮＨＫ「クローズアップ現代」「あさイチ」など、専門家としての全国ネットのテレビ出演多数。
＜著書＞
『会社を劇的に変える！残業をゼロにする労務管理』日本法令　平成25年5月31日発行
『労使共働で納得できるWG式就業規則づくり』経営書院　平成26年10月26日発行

『小さな会社でもできた！残業ゼロの労務管理 Labor Management for Zero Overtime』レクシスネクシス・ジャパン　平成 28 年 5 月 23 日発行
『小さな会社でもできた！働き方改革 残業ゼロの労務管理』第一法規　平成 30 年 2 月 15 日発行
『「人事・労務」の実務がまるごとわかる本』日本実業出版社　平成 30 年 4 月 19 日発行
＜住所＞
　　東京都杉並区荻窪 5 － 11 － 17　荻窪第二和光ビル 2 階
　　社会保険労務士法人ビルドゥミー・コンサルティング　https://buildme-consulting.com/
　　TEL 03-5347-2385　　FAX 03-5347-2386

弁護士　渡邉　直貴（わたなべ　なおき）

1977 年生まれ。ブレイス法律事務所所長。大阪府立大手前高校、京都大学法学部卒業。税理士会や社会保険労務士主催セミナー等で労働トラブル対応セミナー、問題社員対策セミナー、労働組合対策セミナー等を行い、労働問題（使用者側）の専門家として日々活動している。その他、税理士登録、社会保険労務士登録、メンタルヘルス・マネジメント I 種の資格も有しており、労働問題以外にも、中小企業の法律問題を幅広く対応している。
＜著書＞
『織田社労士・羽柴社労士・徳川弁護士が教える　労働トラブル対応 55 の秘策』日本法令　平成 24 年 4 月 20 日発行
『三国志英雄が解決！問題社員ぶった切り四十八手』日本法令　平成 25 年 4 月 20 日発行
『労務管理は負け裁判に学べ！』労働新聞社　平成 26 年 5 月 29 日発行
『訴訟リスクを劇的にダウンさせる就業規則の考え方、作り方。』労働新聞社　平成 26 年 6 月 22 日発行
『ブラック企業ＶＳ問題社員』労働新聞社　平成 28 年 7 月 4 日発行
『女性活躍のための労務管理Ｑ＆Ａ１６４』労働新聞社　平成 29 年 7 月 6 日発行
＜住所＞
　　大阪市北区西天満 3 － 14 － 16　西天満パークビル 3 号館 10 階
　　ブレイス法律事務所　http://brace-law.jp/
　　TEL　06-6311-1378　　FAX　06-6311-1379

弁護士　浅野　英之（あさの　ひでゆき）

1985 年生まれ。弁護士法人浅野総合法律事務所所長。愛知県立旭丘高校、東京大学法学部卒業、東京大学法科大学院修了。
企業側労働問題を得意とする大手事務所にて、労働問題に関する数多くの相談対応、顧問先企業の労務管理を行ってきた経験を活かし、弁護士法人浅野総合法律事務所を設立。
特に、自らも法律事務所を起業し、経営してきた経営者的視点から、成長中のベンチャー企業、中小企業の人事労務のコンサルティングを行う。
＜住所＞
　　東京都中央区銀座 2 － 10 － 8　マニエラ銀座ビル 9 階
　　弁護士法人浅野総合法律事務所　https://aglaw.jp/
　　TEL　03-6274-8370　　FAX　03-6274-8371

労務管理は負け裁判に学べ！2

著　者　社会保険労務士　堀下　和紀　　社会保険労務士　望月　建吾
　　　　弁護士　渡邉　直貴　　　　　弁護士　浅野　英之

2018 年 10 月 22 日　　初版
2019 年　5 月 30 日　　初版 2 刷

発 行 所　　株式会社労働新聞社
　　　　　　〒 173-0022 東京都板橋区仲町 29 － 9
　　　　　　TEL：03（3956）3151　FAX：03（3956）1611
　　　　　　https://www.rodo.co.jp　　　　pub@rodo.co.jp
印　　刷　　アベイズム株式会社
表　　紙　　稲木　秀和（株式会社アイディープランニング）

ISBN978-4-89761-720-6

乱丁本・落丁本はお取替えいたします。
本書の一部あるいは全部について著作者から文書による承諾を得ずにいかなる方法においても無断で転載・複写・複製することは固く禁じられています。

私たちは、働くルールに関する情報を発信し、経済社会の発展と豊かな職業生活の実現に貢献します。

労働新聞社の定期刊行物の御案内

人事・労務・経営、安全衛生の情報発信で時代をリードする

「産業界で何が起こっているか？」労働に関する知識取得にベストの参考資料が収載されています。

週刊　労働新聞

※タブロイド判・16ページ
※月4回発行
※年間購読料　42,000円＋税

- 安全衛生関係も含む労働行政・労使の最新の動向を迅速に報道
- 労働諸法規の実務解説を掲載
- 個別企業の労務諸制度や改善事例を紹介
- 職場に役立つ最新労働判例を掲載
- 読者から直接寄せられる法律相談のページを設定

安全・衛生・教育・保険の総合実務誌

安全スタッフ

※B5判・58ページ
※月2回（毎月1日・15日発行）
※年間購読料　42,000円＋税

- 法律・規則の改正、行政の指導方針、研究活動、業界団体の動きなどをニュースとしていち早く報道
- 毎号の特集では、他誌では得られない企業の活動事例を編集部取材で掲載するほか、災害防止のノウハウ、法律解説、各種指針・研究報告など実務に欠かせない情報を提供
- 「実務相談室」では読者から寄せられた質問（安全・衛生、人事・労務全般、社会・労働保険、交通事故等に関するお問い合わせ）に担当者が直接お答え
- デジタル版で、過去の記事を項目別に検索可能・データベースとしての機能を搭載

労働新聞データベース　統計資料から審議会情報（諮問・答申）や法令・通達の「速報資料誌」

労経ファイル

※B5判・92ページ
※月1回（毎月1日発行）
※年間購読料　42,000円＋税

- 労働経済・労働条件、労使関係についての各種調査資料をなまの形で提供
- 政府機関と審議会（諮問答申）情報はじめ行政通達など労働法令関係も
- 経営団体・労働組合の研究報告や提言も随時掲載

《収録資料例》
- 厚労省・毎月勤労統計調査（年間）
- 厚労省・就労条件総合調査
- 総務省・消費者物価指数（年間）
- 人事院・民間給与の実態
- 生産性本部・仕事別賃金
- 厚労省・賃金構造基本・統計調査
- 総務省・労働力調査（年間）
- 中労委・賃金事情等総合調査
- 日経連・定期賃金調査
- 東京都・中小企業の賃金事情 等々

上記の定期刊行物のほか、「出版物」も多数
労働新聞社　ホームページ　https://www.rodo.co.jp/

労働新聞社

〒173-0022 東京都板橋区仲町29-9　TEL 03-3956-3151　FAX 03-3956-1611